# 幼儿行为管理的方法与策略
## ——给幼儿教师和家长的教育建议

莫源秋 著

中国轻工业出版社

图书在版编目（CIP）数据

幼儿行为管理的方法与策略：给幼儿教师和家长的教育建议／莫源秋著．—北京：中国轻工业出版社，2019.3（2022.6重印）

ISBN 978-7-5184-2205-0

Ⅰ．①幼⋯　Ⅱ．①莫⋯　Ⅲ．①学前教育－教学参考资料　Ⅳ．①G613

中国版本图书馆CIP数据核字（2018）第297673号

总策划：石　铁
策划编辑：吴　红　　　　　　　责任终审：滕炎福
责任编辑：吴　红　　　　　　　责任监印：刘志颖

出版发行：中国轻工业出版社（北京东长安街6号，邮编：100740）
印　　刷：三河市鑫金马印装有限公司
经　　销：各地新华书店
版　　次：2022年6月第1版第2次印刷
开　　本：710×1000　1/16　印张：15.25
字　　数：155千字
印　　数：5001—7000
书　　号：ISBN 978-7-5184-2205-0　定价：46.00元

读者服务部邮购热线电话：010-65125990，65262933　　传真：010-65181109
发行电话：010-85119832　传真：010-85113293
网　　址：http://www.wqedu.com
电子信箱：1012305542@qq.com

如发现图书残缺请直接与我社读者服务部（邮购）联系调换
180398Y1X101ZBW

# 前　言

商务印书馆2017年出版的《现代汉语词典》将"行为"界定为"受思想支配而表现出来的活动"。受思想支配而表现出来的活动包括言和行，因此，我们可以这样给"幼儿行为"下定义：幼儿行为是指幼儿的言和行。

幼儿行为管理就是指对幼儿的言和行进行指导及强制性约束，以达到让幼儿的言和行符合社会规范要求的活动与过程。它有两个任务：一是指导，二是管束。许多教育者只看到对幼儿行为的管束，没有看到对幼儿行为的指导，他们将幼儿行为管理简单理解为对幼儿不良行为的管束。其实，幼儿行为管理包括对幼儿良好行为习惯的培养和对幼儿不良行为的引导与矫正(管束)。

大家可以从下面这些名言中体会到幼儿行为管理的重要性：

种下一个行为，收获一种习惯；种下一种习惯，收获一种个性；种下一种个性，收获一种命运。

——（美）威廉·詹姆士（心理学家）

如果你希望出类拔萃，也希望生活方式与众不同，那么你必须明白一点——是你的习惯决定着你的未来。

——（美）杰克·坎菲尔德

（全球畅销书《心灵鸡汤》的作者）

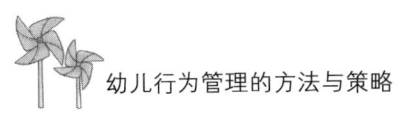

教育其实是一种早期习惯的培养。

——（英）弗朗西斯·培根（哲学家、作家）

什么是教育？简单一句话，就是养成良好的习惯。

——叶圣陶（教育家、文学出版家）

习惯是所有伟人的奴仆，也是所有失败者的帮凶。伟人之伟大，得益于好习惯的鼎力相助；对于失败者的失败，坏习惯的罪责不可推卸。

——佚名

好的行为习惯使孩子受益终生，而坏的行为习惯则会使孩子终生受害。孩子养成了受益终生的良好行为习惯，是家庭教育的成功；而孩子沾染上了坏的行为习惯，父母难辞其咎。

——佚名

普天下的家长都有"望子成龙""望女成凤"的殷殷之心，因此，家长必须努力使孩子养成良好的行为习惯，戒除各种不良行为习惯，让其成为一个行为习惯良好的人。

教育者重视幼儿行为管理的合理性在于：

(1) 幼儿园教育旨在促进幼儿个体的社会化。许多幼儿只有在有秩序的环境中才能正常健康地生活与成长。每个幼儿遵守幼儿园各项活动的常规本身就是一种社会学习，有利于幼儿社会性的发展。

(2) 幼儿期是行为习惯培养的关键期，在幼儿期对幼儿进行良好行为习惯的培养可以取得事半功倍的效果。

(3) 幼儿期的孩子可塑性大，好的和坏的行为习惯都容易形成，也容易改变。因此，教育者要为幼儿的行为发展把握好方向，让幼儿的良好行为经过不断练习，逐渐转化为良好的行为习惯，让幼儿的不良行为得到及时矫正。

良好的行为习惯对于幼儿的生活、学习乃至长大后事业上的成功都至关重要。

### 案例1　幼儿园里学到的东西最重要

1987年，75位诺贝尔奖获得者在巴黎聚会。有一位记者问其中一位老人："您认为自己在哪所学校学到的东西最重要？"老人平静地回答："是幼儿园。"记者又问："您在幼儿园里学到了什么？"老人回答说："我在幼儿园里学到：要乐于同别人分享一切东西；要公平正直、光明正大地与别人竞争；永远不要打人；不要拿不属于自己的东西；伤害别人时要道歉；吃饭之前要洗手；要知道害羞，要有廉耻之心；热牛奶有利于身体健康；要让生活过得丰富多彩；不仅每天都要有所学、有所思，还要在工作的同时作作画、唱唱歌、跳跳舞；每天下午要小睡一会儿；在踏入社会的时候，要随时注意交通安全；要互相团结，彼此扶助；要始终保持一颗善于发现惊喜、好奇的心。"

诺贝尔奖获得者所讲到的在幼儿园里学到的东西，正是幼儿行为管理的主要内容。幼儿行为管理旨在让幼儿形成良好的行为习惯，从而成就他们幸福的人生。

### 案例2　细节决定成败

有一个流传很广的故事：
有家招聘高级管理人才的公司，对一群应聘者进行复试。尽管先来的

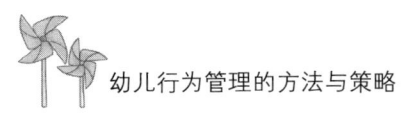

应聘者都很自信地回答了考官们的简单提问,但是他们都未被录用,只得怏怏离去。这时,有一位应聘者走进房间,看到地毯上有一个纸团。地毯很干净,那个纸团显得与环境很不协调。这位应聘者弯腰捡起了纸团,准备将它扔到纸篓里。这时考官发话了:"您好,朋友,请打开您捡起的纸团看看吧!"这位应聘者迟疑地打开纸团,只见上面写着:"热忱欢迎您到我们公司任职。"几年以后,这位捡纸团的应聘者成了这家著名大公司的总裁。

这道显然是专门用来考察求职者行为细节的试题,使一些志在必得的应聘者纷纷铩羽而归。一个不经意的行为细节就决定了面试的成败。

### 案例3  中国外交官的奇遇

我国的一位外交官在瑞士访问。一天他上厕所出来时,一位妈妈着急地对他说:"我儿子进厕所十多分钟了还没有出来,请您帮忙看一下。"中国外交官再次进厕所之后,看到一个七八岁的男孩正在满头大汗地修冲水马桶。

原来,冲水马桶坏了,这孩子觉得"上厕所不冲水"是违反规则的,所以他要把冲水马桶修好。这个男孩能这么自觉地遵守社会行为规则,反映了瑞士国民的普遍文明素养。

小男孩负责任的精神和行为值得我们学习!

### 案例4  "可怕的"日本人

A

一位北京学者在日本遇到一次严重的堵车,成千上万辆车首尾相连排了上百公里。然而令他感到震撼的是,所有的车辆都很有秩序地排在道路的一边，而另一边的逆向车道空空荡荡的，无人占用。

B

1995年阪神大地震后，一家信用社向很多灾民提供了一笔数额不菲的无息贷款。这些贷款无须担保，只要借贷人把姓名和联系方式留下即可。三年后，"可怕"的事情发生了——所有贷款全部还清，没有一例拖欠。

C

2018年的"世界杯"赛中，日本球迷成为一道亮丽的风景线。

据外媒报道：在日本对阵哥伦比亚的比赛结束后，日本球迷并没有离场，而是准备了蓝色的大塑料袋，留在球场上收拾垃圾。这暖心的一幕既得到了对方球迷的称赞，也得到了全世界观众的称赞。

看完上述材料，你是不是和我一样觉得日本人实在是"太可怕了"呢？

一个人的行为习惯，反映出他的文明素养水平；一个国家国民的行为习惯，则反映出这个国家、这个民族的普遍文明素养水平。我国有些有钱人周游世界时给别人留下的印象是什么？我们看到过一些中国游客在国外表现出不良行为习惯的报道，这激发我们要给予幼儿行为问题更多的关注。

本书在写作的过程中使用了"教育者"一词，其内涵是对幼儿进行教育的人，包括幼儿教育工作者和家长。因为对幼儿的行为进行管理，单靠幼儿教师不行，单靠幼儿家长也不行，在这方面需要双方齐心协力、相互支持。

本书是《幼儿情绪管理的方法与策略——给幼儿教师和家长的教育建议》的姐妹篇。我曾几度想放弃本书的写作，其中主要原因是：关于幼儿行为管理方面的内容，我在拙著《幼儿情绪管理的方法与策略——给幼儿教师和家长的教育建议》《幼儿常规教育指导手册》《幼儿常见心理行为问

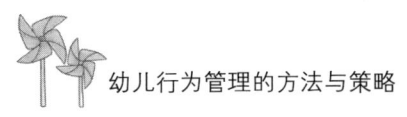

题——诊断与教育》等书中已经有较全面的阐述,自己十分担心本书的相关内容无法超越上述著作,进而无法给予读者更多的新知识。正是由于这种担心,我在选择本书的内容时慎之又慎、选了又选。为了避免内容与上述著作的重复,在写作过程中我并未过度地追求本书内容和体系上的完整性。如果某些条目与之前有重复,那一定是因为我有一些新的研究结果要呈现。因此,敬请读者多多谅解本书在内容和体系上的不完整性。如果您想更全面地了解本人关于幼儿行为管理的主张,那就请您有空去读读我上面提到的三本著作。

本书的写作异常艰辛,其艰难程度并不亚于我去年写《幼儿情绪管理的方法与策略——给幼儿教师和家长的教育建议》。章节条目几易其稿,写作体例调整数次,这些变化导致我不得不多次收集资料。虽然本书写得很辛苦,但是如果本书在幼儿行为管理方面能给幼儿教师和家长带来一些启迪和帮助,那么我一定会感到十分欣慰。

我在编写本书的过程中借鉴和参阅了大量国内外同行的相关研究成果,在此对他们表示由衷的谢意!同时,由于种种原因,对于书中引用的小部分资料,我未能标明相关作者及资料的出处,在此对相关作者表达歉意!

由于时间仓促,加上作者水平有限,书中一定存在着许多不足之处,敬请阅读和使用本书的老师及朋友批评指正。

莫源秋

2018年10月10日

# 目 录

前言 ································································· I

## 第一章　幼儿行为管理的基本原理 ·············· 001
　　一、对幼儿行为管理的理解 ······················ 001
　　二、幼儿行为发展的特点 ·························· 003
　　三、幼儿行为习惯发展的路径 ··················· 007
　　四、幼儿应形成的行为习惯 ······················· 010
　　五、幼儿行为管理的原则 ·························· 015
　　六、幼儿行为管理的方法 ·························· 025

## 第二章　幼儿良好行为习惯的培养 ················ 033
　　一、培养幼儿善良意识和行为的方法与策略 ··· 033
　　二、培养幼儿劳动意识和行为的方法与策略 ··· 049
　　三、培养幼儿独处意识和行为的方法与策略 ··· 065
　　四、培养幼儿纪律意识和行为的方法与策略 ··· 077

## 第三章　幼儿不良行为习惯与应对 ················ 097
　　一、幼儿哭闹任性行为的预防与应对 ········· 097

二、幼儿破坏行为的预防与应对 ………………………………… 104

三、幼儿咬人行为的预防与应对 ………………………………… 112

四、幼儿腼腆害羞行为的预防与应对 …………………………… 120

五、幼儿过度寻求关注行为的预防与应对 ……………………… 134

六、幼儿打小报告行为的预防与应对 …………………………… 147

七、幼儿说谎行为的预防与应对 ………………………………… 155

八、幼儿黏人行为的预防与应对 ………………………………… 170

九、幼儿偷拿行为的预防与应对 ………………………………… 182

十、幼儿自慰行为的预防与应对 ………………………………… 191

十一、幼儿孤僻行为倾向的预防与应对 ………………………… 198

十二、幼儿逆反心理行为的预防与应对 ………………………… 213

# 第一章 幼儿行为管理的基本原理

幼儿是社会中的人，他通过自己的行为来与社会互动。在与社会互动的过程中，只有其行为符合社会的规范要求，他才能更好地融入社会，才能与同伴、老师、亲人建立良好的关系。对幼儿行为管理的不同理解，会影响到教育者对幼儿的不同教育行为，甚至影响到最终的行为教育效果，因此，教育者只有正确地理解了幼儿行为管理的含义、幼儿行为发展的特点和幼儿行为发展的路径，才能有效地促进幼儿行为的健康发展。

## 一、对幼儿行为管理的理解

幼儿行为包括幼儿的行和言。幼儿行为按其适宜性来分，可分为适宜行为和不良行为。幼儿行为管理的目的和任务就是培养幼儿的适宜行为，防止幼儿不良行为的产生，矫正幼儿的不良行为。其重点在于培养幼儿的良好行为。

幼儿行为管理，可以理解为对幼儿行为的"管"和"理"。

"管"的本原含义是"管道"的"管"，"水管"的"管"。"管"对其内流动的物质有管束的作用："管"中的物质，如水、空气等，只能在"管"里面流动，其流动方向、空间是由"管"决定的，"管"对水或空气有管束和引导的作用。"管"有宽的，有窄的；有硬度很大的，也有硬度不大的。"管"

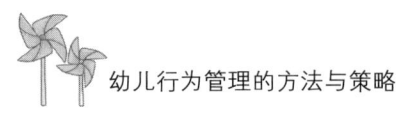

的这些特性，决定了在其内流动的水或空气流动的自由度和方向——"管"越大、越软，在其内流动的水或空气的自由度就越大，反之则越小。铺设"管道"就是为了对水或空气的流动进行管束和引导。

"理"是指水或空气堵住了或者漏了，就要去梳理或修补"管"。

我想借用上述"管""理"的含义来诠释幼儿行为管理中的"管"和"理"：幼儿行为管理中的"管"就是指为幼儿行为设置"管道"（规则），让其只能在"管"内运转，发现幼儿行为有"问题"时，教育者就要用"管"来引导幼儿行为进入正确的"管道"；幼儿行为管理中的"理"就是指幼儿行为进入行为"管道"后，如果出现"堵塞"现象——幼儿不理解，不接受行为"管道"对他的约束，甚至出现了抵触情绪和行为，那么教育者就对幼儿行为进行及时疏通，让行为"管道"变得通畅，让幼儿的"行为流"变得顺畅、欢快。

教育者给幼儿铺设的"行为管道"，有的宽、有的窄，有的硬、有的软。"行为管道"的宽窄度和软硬度，代表着教育者对幼儿行为的管束力度，它决定着幼儿在行动时的自由度。教育者对"行为管道"宽窄度和软硬度的把控非常重要。"行为管道"过宽、过软，不利于幼儿良好行为习惯的形成；过窄、过硬，则不利于幼儿自主性的发展，当然也不利于幼儿良好行为习惯的形成。

## 案例1-1  疯狂踢妈妈

前两天，在网上看到一个视频。"我想要一部好一点的手机，你都满足不了，你以后还能给我什么好生活？！"——无论外婆在中间如何阻拦，都没有拦住男孩对妈妈的踢打。

许多人看了视频后都会谴责那个不懂事的十多岁的男孩，可是我更想表达的是，这个男孩之所以如此蛮横无理、没有人性，其根本原因在于在他很小的时候教育者没有为其行为设计好"行为管道"，以致他到了如此年龄仍然不懂事——不知道怎么做人、不知道尊重自己的母亲。孩子的行为习惯培养是有时效性的。这个男孩已经十多岁了，教育者已很难把他往正常的"行为管道"引导。对其行为习惯的矫正，我真的有点儿悲观。

另外，"行为管道"对幼儿的行为有引领作用。教育者在为幼儿铺设"行为管道"时，一定要清楚你要将幼儿的行为引向何方，否则，方向错了，"行为管道"就会成为阻碍幼儿发展的桎梏。比如，媛媛有一天来到幼儿园的活动室里就找了一把椅子静静地坐下，一动不动。李老师看见后表扬了她："媛媛，你真乖！"然后李老师号召全班小朋友向媛媛学习。从此，李老师班上的孩子们都变得乖乖的——一到班上就找椅子在那里静静地坐着，一动不动，一句话也不说，完全失去了童年应有的活力和热情，毫无灵性。李老师所带的班之所以静悄悄的，其根本原因在于她为幼儿的行为铺设了一个会导向静悄悄的"行为管道"。

## 二、幼儿行为发展的特点

研究表明，幼儿行为发展具有好模仿、不稳定、易变性、自控力比较差等特点。幼儿行为训练要根据这些特点来进行方能取得预期的教育效果。

### （一）好模仿

好模仿，是幼儿的一大特点。幼儿的言语、习惯、技能等多是通过模仿获得的，幼儿的模仿是方方面面的，包括一句口头禅，一种语气、手势，一种态度、气质等。

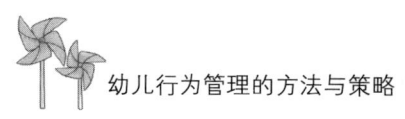
幼儿行为管理的方法与策略

**案例1-2 "讨厌"**

有一天,食堂的张师傅告诉范老师:"我发现你们班的孩子太没礼貌,逢人就爱说'讨厌'。"范老师听后很不舒服,回来一观察,发现果真如此。"谁让你踩我脚的,讨厌!""讨厌,就不给你玩!""讨厌……"天哪,什么时候"讨厌"成了孩子们的口头禅了?范老师仔细思量,发现原因竟出在她自己身上。"讨厌"二字也是范老师整天挂在嘴边的。小朋友们上课回答不出问题——"讨厌";小朋友们做了错事——"讨厌";小朋友们哭哭啼啼地来告状——"讨厌"……

由于幼儿的善恶观念、是非观念都很淡薄,所以别人好的行为,他喜欢模仿,别人坏的行为,他也喜欢模仿。正如儿童教育家陈鹤琴先生所言:"若家中人之举动文雅,他(儿童)的举动大概也会文雅;若家中人之言语粗陋,他的言语大概也是粗陋的。所以做父母的不得不时时谨慎,务使己身堪有作则之价值。"

教育者要为幼儿树立良好的行为榜样,让幼儿去模仿和学习,特别应该注意的是教育者自身的表率作用。另外,教育者要注意对幼儿的价值引导,让他们在面对大千世界时能择善而从。

## (二)不稳定

由于年纪小,其行为稳定性较差,易发生变化,行为变好或变坏都比较容易。幼儿年龄越小,其行为的稳定性越差,其可塑性就越强。3岁之前幼儿行为的可塑空间和可能性都很大,随着年龄的增长,幼儿行为的稳定性逐渐增强,可塑性逐渐减弱。

因此,教育者对幼儿进行行为训练要趁早,越早进行行为训练,其效果和效率越佳。

### （三）易变性

幼儿行为易受到其情绪、兴趣的影响，易随情绪、兴趣的变化而变化——高兴时一个样，不高兴时另一个样；有兴趣时就做，没兴趣时就不做。幼儿行为的理性成分较少，并且幼儿的情绪、兴趣是易变化的，所以幼儿的行为具有易变性。

因此，教育者在对幼儿进行行为训练时，要促使他们产生良好的情绪体验，引发他们对相关行为的兴趣，这样行为训练就可以收到事半功倍的效果。

### （四）自控力比较差

幼儿行为极易受到其情绪的影响，而其情绪又具有极强的冲动性，此外，幼儿的神经系统功能发展尚未完善，兴奋功能与抑制功能不平衡，兴奋强于抑制，因此，幼儿对行为的自控能力较差，极易受到情绪的支配。许多时候，明明知道不该做某些事情，但真正面对相关情境时，他们又控制不了自己。比如，上街前爷爷跟孙子说好："今天上街不能再买玩具，要不然，就不能上街玩。"可是，一经过小区里的小商店看见那些玩具后，孙子还是控制不住自己，非要购买那些玩具，否则就跟爷爷闹个没完没了。

#### 案例1-3 好玩

龙老师刚刚拖完教室的地板，地面上很滑。关三峰在教室里跑来跑去，还时不时地做出危险动作——"快速跑＋急速刹住"，然后让身体在惯性作用下向前滑行。

龙老师发现他做这个危险动作后立即叫住了他。还没等龙老师开口，

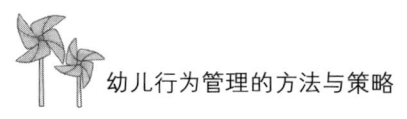

关三峰就对龙老师说:"龙老师,我不乱跑了!"龙老师问:"跑来跑去很好玩吗?"关三峰如实地回答:"好玩!"龙老师又问:"你应该这样做吗?"关三峰回答说:"不应该那样做,因为那样容易摔倒。"说完便做了一个摔倒的动作。

龙老师又问:"那你刚才跑的时候在想什么呢?"关三峰不好意思地回答说:"龙老师,别问了,我以后不这样玩了。"说完,他笑着跑开了。

在现实中,幼儿确实普遍地存在这样的行为——他们知道某些事情不该做,也知道"道理",但真正面对该情境时,他们又无法控制自己。

### 案例1-4 不要逼孩子许诺

4岁的易汀犯了错误,妈妈在跟他讲了许多道理后,十分生气地对他说:"好,现在你要答应我,你以后再也不这样做了!"易汀十分诚恳地回答说:"好!我再也不做这样的事了。"妈妈说:"妈妈相信你!过来,我们用小拇指拉拉钩!"妈妈让易汀和她拉拉钩,并且和她一起念:"拉拉钩,拉拉钩,一百年不变,一万年不变……"

可是,让妈妈意想不到的是,没过多久,易汀的老毛病又犯了。妈妈觉得自己受了骗,大怒地骂道:"你答应过妈妈的,怎么又不乖啦?!"妈妈狠狠地打了几下易汀的屁股,易汀感到非常委屈和难过。

易汀妈妈的错误在于她不了解幼儿期孩子的行为具有自控力差的特点。

由于幼儿在行为上的自控力较差,因此,让幼儿许诺不做某种行为是没有意义的。许诺和恐吓是一对难兄难弟,对幼儿期的孩子不会起积极的作用。假使碰上敏感的孩子,逼他许诺反而会使他再度犯错后感到更加紧张和难过；即使孩子不太敏感，也会使孩子形成口是心非的人格特点。

## 三、幼儿行为习惯发展的路径

教育者要了解幼儿的行为习惯是怎么发展、通过哪些路径得到发展的，这样才能更好地促进幼儿的发展。

### （一）幼儿的行为习惯是模仿的结果

儿童教育家陈鹤琴先生也曾对幼儿的模仿做过如下生动的描述：

小孩子未到1岁大的时候，就能模仿简单的声音和动作了。他一听见鸡啼羊叫，也要啼啼看叫叫看；一看见别人洗面刷牙，也要洗洗看刷刷看。到了2岁光景的时候，他能模仿复杂的动作了。倘若他看见母亲扫地洗衣，他也要扫扫洗洗看；倘若他看见父亲吐痰吃烟，他也要吐吐吃吃看。

到了三四岁的时候，他的模仿能力发展得更大了。什么娶亲，什么出殡，他都要模仿了。

幼儿的许多行为是通过模仿而获得的。幼儿对行为的模仿，有些是有意的，有些是无意的。1987年秋，我在华中理工大学幼儿园实习时，就发现该班幼儿都有一个很奇怪的行为习惯：从座位上站起来，首先往上提几下裤子，然后再走路。在寻找幼儿这一怪异行为的原因时，我终于发现这源自他们班的丁老师——丁老师当时经常穿着运动裤，裤子穿了多年后，其松紧带有些失去弹性了，因此，丁老师从座位上站起来时，会下意识地往上提几下裤子再走路。

幼儿模仿的对象，有的来自教育者，有的来自同伴，有的来自影视作品。比如，有一天小朋友们正在进行户外活动，邹明小朋友忽然跑到我跟

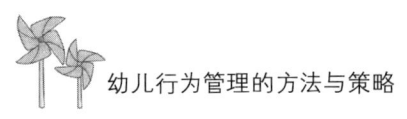
幼儿行为管理的方法与策略

前酸溜溜地说:"亲爱的,我的小甜心,我爱你!"说完就亲我,当时把我吓了一跳!我连忙问他:"这些话你是跟谁学的?"邹明很骄傲也很自然地说:"我是从电视上学的!卡通片上就是这么说的。"

### (二)幼儿的行为习惯是教育者回应的结果

幼儿的许多行为往往是教育者回应的结果。对于幼儿的同一种行为,教育者做出不同的回应,幼儿的行为发展就会呈现出不同的结果。

#### 案例1-5 孩子摔倒为什么会哭

在小冬蹒跚学步时,如果他跌倒了,母亲从不去扶他,只是在一旁给予他鼓励:"站起来,自己站起来!"因此,小冬在3岁前摔跤了从来不哭。

但是,在小冬3岁多时,有一次他因跌得很严重而哭出来了,母亲赶紧跑过去扶他起来。自此以后,小冬跌倒,不管跌得轻还是重,每次都等待母亲过来扶他,否则就哭个不停。

小冬在3岁前后摔跤的不同反应,跟母亲的不同回应有着极大的关系。教育者在回应幼儿的行为之前,一定要细细想一想:我这样回应会对幼儿的行为产生哪些影响?如何做更有利于他们形成良好的行为习惯?

#### 案例1-6 不再说晚安

小捷4岁半,晚上睡觉的时间到了,他便到厨房找妈妈,见了妈妈脱口而出:"妈妈晚安!"结果妈妈没有任何反应,可能是妈妈和爸爸在闹脾气,闷闷不乐,也可能是妈妈昨天向邻居张太太借钱,遭一顿冷言冷语,余怒未息。妈妈连正眼都没瞧小捷一下。小捷傻愣愣地站在那儿,大惑不解。不过,第二天晚上,他还是对妈妈说了一声:"妈妈晚安!"结果妈妈仍没有任何回应。如此一来，小捷的"妈妈晚安"就不再出现了。

小捷本来已经形成了晚上睡前向妈妈道晚安的习惯，但由于得不到妈妈的积极回应，连续几天遇到冷漠后，小捷的这一良好行为就消失了。这真是太可惜了。

## （三）幼儿的行为习惯是训练的结果

幼儿的许多良好行为习惯是通过反复训练而形成的。比如，为了培养孩子分享的习惯，有一位妈妈是这样做的：她经常要求孩子亲手将好吃的东西分给爷爷一份、奶奶一份、爸爸一份、妈妈一份、自己一份。在孩子2岁多的时候，有一次她买回来二斤多橘子，没想到橘子很好吃，但她仍然让孩子给爷爷一份、奶奶一份、爸爸一份、妈妈一份、自己一份。当橘子吃到最后只剩下几个时，孩子不舍得分，求妈妈把剩下的几个留给他，但妈妈还是坚持一定要分。于是，2岁多的孩子含着眼泪将橘子分给爷爷奶奶和爸爸妈妈。分完以后，孩子眼巴巴地望着他们，希望他们不要真的把橘子吃下去，但是他们都狠下心吃了，"虽然一瓣一瓣的橘子朝肚里吞，谁也不知道橘子的味道"。——就这样不断坚持，孩子五六岁后，凡有好吃的东西都主动分给爷爷奶奶和爸爸妈妈吃，在幼儿园里也乐于将好东西与小伙伴们分享，在与同龄小伙伴交往中显得特别大方。

### 案例1-7 "不懂事"的外公

外公第一次见到3岁多的外孙小明时，小明正在吃柑子。外公问："小明，给外公吃不？"小明很爽快地将一个柑子递给外公，外公一边夸奖一边真的把外孙递过来的柑子吃掉了，但让外公意想不到的是，小明竟然哇哇大哭起来。因为在小明的印象中，大人们总是只夸奖他的大方，却从来不

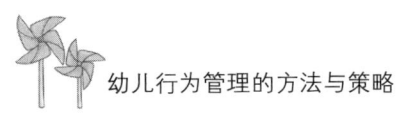

会真的吃他的东西。看到孩子哭，其他家人竟然还连连埋怨外公不懂事："你怎么能真的吃小孩子的东西呢？！真是的……"

上述案例中的小明并不是真的愿意与他人分享，而只是为了得到别人的夸奖。在这样的教育影响下，小明将来可能会形成"虚情假意"的性格特点，这无助于其分享意识和分享行为的发展。

## 四、幼儿应形成的行为习惯

根据社会发展需要和幼儿发展的需要，教育者应该努力培养幼儿以下的行为习惯。

### （一）良好的生活习惯

教育者应该让幼儿形成的良好生活习惯主要包括睡眠行为、饮食行为、卫生行为、物归原处等习惯。

- 良好的睡眠行为习惯：按时睡眠、起床，不蒙头睡觉、安静睡眠并有正确的睡姿。
- 良好的饮食行为习惯：吃得优雅（闭嘴咀嚼、吃喝无声、适时擦嘴、交谈时嘴里不能有食物），不挑食、不偏食，细嚼慢咽，大人不动筷子就不能先吃饭。
- 良好的卫生行为习惯：饭前便后要正确洗手，早晚刷牙，饭后漱口，咳嗽、打喷嚏时要用手遮挡，不让嘴里的食物和唾液飞到别人身上，等等。
- 物归原处的习惯：玩完的玩具、看完的书、用完的工具等都要放回原处，逐渐养成有条理的好习惯。

## （二）良好的文明礼貌习惯

文明礼貌看起来是一种外在行为的表现，实际上它反映着人的内心修养，体现一个人自尊和尊重他人的意识。教育者要训练幼儿学习使用文明礼貌用语，如："您好！""请……""谢谢！""多谢了！""不客气！""对不起！""没关系！""请原谅！""麻烦您……"同时，要注意培养幼儿的文明举止，要引导其做到举止优雅，见人要热情打招呼，别人问话要学会倾听并有礼貌地回答，等等。

## （三）良好的道德行为习惯

要从小就努力让幼儿养成良好的道德行为习惯，这样，幼儿才能和别人友好相处，积极追求美好的事物，自觉遵守社会行为规范，具有高度的责任感。良好的道德行为习惯包括：尊敬长辈、尊重他人，能换位思考，友好微笑，团结友爱；不随便丢垃圾，不随地大小便，不随地吐痰；在公共场合不大声说话；不损坏花草、树木，爱护公共财物；遵守交通规则，不闯红灯；在任何场合都遵守秩序排队办事，上下楼梯、乘坐电梯靠右边站，在公共交通工具上不争抢座位，主动给有困难的人让座，等等。

## （四）亲社会技能

美国的克劳迪娅·伊莱亚森（Claudia Eliason）和洛亚·詹金斯（Loa Jenkins）在《美国幼儿教育课程实践指南》一书中指出，幼儿应该掌握的亲社会技能有：

- ◆ 遵守教室或活动区的规则。
- ◆ 学习如何处理社交冲突，如对骂或戏弄。
- ◆ 待人礼貌、亲切，学习如何运用"请"和"谢谢"之类的礼貌用语。

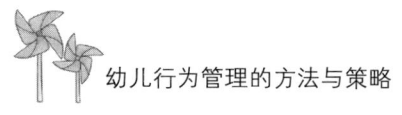

- 能够分享他人的注意,包括教师的注意。
- 与同伴和成人之间进行眼神交流。
- 学会对他人微笑。
- 乐于助人,善待他人。
- 当别人遇到困难时,对他人的感情或情况表示感同身受,并安慰他人、表达同情。
- 与他人交流时,做个好的倾听者。
- 遵守游戏的规则,愿意轮流和合作。
- 以积极的、建设性的方法引起朋友的注意。
- 负责任的行为,如管理自己的物品。
- 学会称赞而不是批评别人。
- 接纳他人和他人的不同之处。
- 在游戏中与他人分享和合作。
- 当自己的行为或言语伤害了他人时,应表达歉意。
- 能够承担行为带来的后果。
- 学会站在他人的角度看问题。
- 在游戏和工作时与他人合作,包括小组活动中的合作。
- 积极参加班级讨论,并将其作为一种用文明的方式来讨论和解决冲突的手段。

上述两位美国学者在社会性教育方面的主张值得我们借鉴。他们所提出的许多目标是我们在平时的教育中容易忽视的。

美国著名政治家、科学家富兰克林所提出的道德标准,可供我们在对幼儿进行道德行为习惯训练时参照。

## 富兰克林提出的道德标准

★ 节制欲望：在吃饭和喝酒上要节制。

★ 自我控制：对待别人要能克制忍让，不可怀有仇恨。

★ 沉默寡言：少说废话。

★ 有条不紊：所有的物品都要摆放得井然有序，所有的事情都要按时去做。

★ 信心坚定：信守诺言，出色地完成你所承诺的任务。

★ 节约开支：把钱用在对自己、对别人都有益的事情上，不要乱花一分钱。

★ 勤奋努力：永远抓紧时间做有益的事情，不浪费时间。

★ 忠诚老实：不说有害于人的谎话，要表里一致。

★ 待人公正：不以不端的行为或者办事不诚实去伤害他人。

★ 保持清洁：保持身体、衣服及房间的清洁卫生。

★ 心胸开阔：不要为令人不快的琐事而心烦意乱。

★ 谦虚有礼。

家长应该给孩子什么东西来保障其一生幸福呢？有人提出，给孩子以下7种行为习惯可让其受益终生。

## 让孩子受用的礼物

### 礼物一：做事有计划

做事有计划的人才会赢得信任，不至于临时抱佛脚。养成这个好习惯，孩子绝对终生受益！

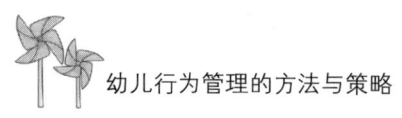

**礼物二：讲道理，善待他人**

每个人都愿意面对一张微笑的脸。微笑待人的人，真诚友善、宽容大度，他们走到哪里都会是受欢迎的人。平时多关心他人……长久以往，孩子会收获比礼貌更有意义的人生财富。

**礼物三：自己的事自己做**

请让孩子养成"自己的事自己做"的好习惯。在孩子学会自理之前，父母要做的是放手。

**礼物四：别人的东西不能拿**

帮孩子建立物权意识，区分自我和他人的界限。告诉孩子："自己的东西可以自己支配，可是别人的东西不能拿。如果想要拿别人的东西，一定要征求别人的同意，不能偷偷地拿，也不能明着抢。"

**礼物五：遵守时间**

合理的生活安排、规律的作息可以使孩子增强秩序感，树立时间观念，提高做事效率。但让孩子学会守时并不是件容易的事。

**礼物六：保持一颗谦虚的心**

学会发现别人的优点，向他们学习。

**礼物七：在错误中反思自己**

孩子在生活中做错事是常见的，如何做到下不为例，这就需要孩子能在错误中反思自己，从而彻底改正过来。

家长应该铭记：与其为孩子留下万贯家财，不如帮助孩子从小养成良好的习惯。多一种好习惯，孩子就会多一份自信；多一种好习惯，孩子就会多一次成功的机会；多一种好习惯，孩子就会多一种享受美好人生的能力。

## 五、幼儿行为管理的原则

为了让幼儿行为管理更加有效，教育者在培养幼儿良好行为习惯和矫正幼儿不良行为习惯的过程中，应该遵循以下几条原则。

### （一）行为训练与价值观念引领相结合的原则

教育者不仅要重视对幼儿进行行为训练，还要注意对幼儿进行行为背后的价值观念的引领。只有这样，幼儿的行为才更具有可持续性，碰到类似的行为情境时，幼儿才更能主动、有效地采取适宜的行为进行应对。比如，训练幼儿在教室里搬椅子的行为时，不仅要让幼儿知道标准的动作要求——"双手将椅子抬起来，然后移动"，还要让幼儿知道这一行为背后的价值观念——"爱护物品，不让物品被损坏""心中有他人，不给别人带来麻烦——避免弄出噪声影响室内的人和楼下的人的学习、生活和休息"。再比如，在训练幼儿在洗手间洗手时，不仅要让幼儿知道洗手的最后一个环节——"洗完手后，在洗手池上方甩几下手，让手上的水珠全部落在水池里"，还要让幼儿知道这一行为背后的价值观念——"心中有他人，不给别人添麻烦——不让水珠掉落在地上，给别人行走带来麻烦"。这样不断地强调各种行为背后的价值观念，久而久之，幼儿心中就会形成坚定的价值观念——"心中有他人，不给别人添麻烦。"幼儿今后就会以此作为一切行动的指南。

不同的价值观念引领，其教育效果是不同的。比如，比尔·盖茨的女儿2岁时自己穿鞋子，她对妈妈说："妈妈，穿鞋子很困难喔，不过，我最喜欢做困难的事情！"一个2岁的孩子之所以能如此积极地克服困难，是因为每天比尔·盖茨先生和太太出门前都会跟女儿讲："爸爸、妈妈今天又要

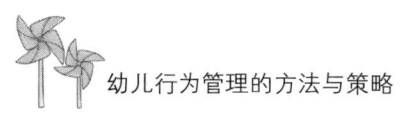

去挑战自己,做困难的事情了。不过,我喜欢做困难的事情!"无数次重复后,孩子也形成了这样的行为价值取向。为什么中国很多家庭里的孩子都那么消极?因为每天孩子听到的都是:"烦死了!""不可能的!""没办法!"这样的语言给孩子的价值观念导向是消极的、悲观的,因此,孩子在面对困难时也是消极的、悲观的。

### 案例1-8 能说"谢谢"就不说"对不起"

**发脾气后**

不该说:对不起!我刚才太冲动了。

而该说:谢谢你关注我的感受!

**当别人安慰你时**

不该说:对不起!占用了你那么多时间。

而该说:谢谢你那么关心和理解我。

**对别人表达自己的主张后**

不该说:对不起!我只是乱说而已。

而该说:谢谢你那么认真地听我讲。

**别人鼓励你时**

不该说:对不起!我总是让你失望。

而该说:谢谢你一直对我抱有期待。

**占用别人的时间后**

不该说:对不起!我占用你太多时间了。

而该说:谢谢你把那么多珍贵的时间给我。

**参加活动迟到时**

不该说:对不起!我迟到了。

而该说:谢谢你这么耐心地等我。

说"对不起"和说"谢谢",其背后的理念和价值观是不同的。说"对不起"代表我们内心的歉意,进而让双方心情沉重;说"谢谢"代表说话者心里充满了感激之情,其内心无比愉悦,而听者也会因为说话者真诚的感激而开心起来。因此,教育者要引导幼儿多说"谢谢",尽量少说"对不起"。

平时,教育者不仅要注意在行为训练方面对幼儿进行正确价值观念的引导,同时,还要注意努力避免错误的价值观念对幼儿的误导。

### 案例1-9 妈妈,你压到停车线了

我们学校的前门是民族大道,后门是新竹路。

有一天,我从后门出去买菜,当我在斑马线处等红绿灯时,听到一对骑着电动自行车的母女如下的对话:

女儿:妈妈,你压到停车线了。

妈妈:不要紧的。

女儿:不可以的。

妈妈:新竹路这里没有警察,不要紧的!在民族大道那边小心点就好,因为那边有警察。

妈妈如此不遵守交通规则,会误导孩子产生这样的认识:"遵守交通规则不是必需的,而是因为有警察。"这样,孩子今后就会出现"只要没有警察在,就可以不遵守交流规则"这一行为导向,可能会给孩子今后的人身安全带来很严重的危害。

### (二)一致性原则

为了取得更好的行为训练效果,教育者要注意坚持一致性原则,要做到:前后要求一致,不同教育者的要求一致,家园要求一致,说的和做的一

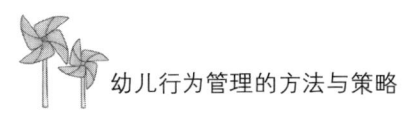

致。只有坚持了一致性原则，教育才有可能形成合力，才有可能取得1+1>2的教育效果；否则可能使教育无效，甚至会出现负向教育效果。比如，一个幼儿被问及为什么打人时，竟然十分果断地说："爸爸说，你和别人打架，打不过人家，那怪爸爸这个师父没有教好；如果你打赢了，爸爸给你庆功！打伤人了，爸爸拿钱去帮你赔人家的医药费！"如此教子，孩子哪有不打架的？再比如，某幼儿园中班的老师曾在本班做过调查："在幼儿园里，如果有小朋友欺负你，你怎么办？"结果班里30个小朋友，有28人回答是"打他"。老师问："老师不是告诉过你们，在幼儿园里不可以打架吗？你们为什么要打人家呢？"令老师没有想到的是，小朋友们的回答竟然非常一致："我爸爸（妈妈/爷爷/奶奶/外婆/外公）教我的。"如此一来，幼儿教师的教育目标就会落空。

### 案例1-10　你就狠狠地打他

许斌的父母刚刚离婚不久。有一天许斌打了聂毅，聂毅回家告诉了妈妈。妈妈说："如果他再打你，你就狠狠地打他，看他还敢不敢打你！"第二天聂毅的妈妈找到老师："我们希望聂毅像个男子汉，不能软弱让人欺负，所以不想让聂毅再靠近许斌，因为他的家庭不好。"

### 案例1-11　教孩子打架

洪威是樊老师班上比较好动、爱打架的孩子之一。他有时候会有意无意地打其他小朋友，汤懿被洪威打的次数比较多。后来，渐渐地汤懿的攻击性行为也增多了。樊老师问汤懿："汤懿小朋友，你以前都不和小朋友打架的，可是，近来你怎么那么喜欢打架了？"令樊老师没有想到的是，汤懿竟然这样回答："我把以前洪威打我的事告诉了爸爸。爸爸说，以后不管是谁打我了，我都一定要打回去，不能受人欺负，更不要受那种窝囊气。爸爸还教我如何和别人打架,让小朋友不敢欺负我。"

战国时期的思想家韩非子说过:"一家二贵,事乃无功。夫妻持政,子无适从。"意思是说:一个家庭里父母之间争权夺利,家里什么事也做不成;父母对孩子的教育各持己见,孩子就不知道该听谁的教导。幼儿教师和家长的要求不一,在教育上"一人一把号,各吹各的调",是无法取得预期的教育效果的。

在对幼儿进行行为训练方面,不仅要做到教育者的要求一致,还要做到对幼儿的要求前后一致,只有这样,才能有效地促进幼儿良好行为习惯的养成。

## (三)示范性原则

按照示范性原则,教育者在训练幼儿的行为习惯时,要求幼儿做到的,教育者自己首先要做到。教育者要给幼儿树立良好的行为榜样。坚持示范性原则的理由有:第一,幼儿喜欢模仿,模仿是幼儿行为习得的一个重要途径。第二,教育者就是幼儿最喜欢模仿的榜样之一。第三,幼儿行为方面的模仿学习,许多都是一种潜移默化的影响,无意识、无痛苦,是在不知不觉中受到影响、习得行为的。第四,"其身正,不令而行;其身不正,虽令不从"。

### 案例1-12 如此的父母

妈妈在家里给5岁的苗一帆制定了严格的作息制度:每天晚上8:00准时睡觉,早上7:30必须起床。

刚开始,苗一帆能按照妈妈的要求去做。

可是,每晚当苗一帆睡觉的时候,客厅里还隐隐约约传来爸爸妈妈看

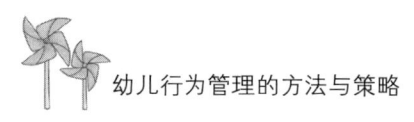

电视的声音；有好多次苗一帆早上近8:00醒来时，妈妈还在睡懒觉……

渐渐地，苗一帆不再按妈妈制定的作息制度睡觉和起床。

教育者要求幼儿做到的，自己首先要做到，否则，其要求是没有说服力的。

### 案例1-13  以身作则

一天，小虎的妈妈带小虎过人行道时，恰好遇到了红灯。妈妈看见左右两边都没有车辆行驶，便一把拉住小虎的手直往前冲。小虎不解地问："妈妈，你不是告诉我不能闯红灯的吗？"妈妈却不耐烦地说："一会儿妈妈还有事，要赶时间，哪有时间浪费在这里！"

妈妈如此"灵活地"处理过马路问题，会给孩子造成很坏的影响：孩子今后可能很难形成"红灯停，绿灯行"的过马路行为习惯，并且孩子受到误导，将来可能遇事总是找理由来违反公共行为规则。

### 案例1-14  致歉信

2017年3月28日上海飞往悉尼的CA175航班上，旅客们刚上飞机，空姐就给头等舱里所有的旅客送上了巧克力和一封《致歉信》。此信用中英文打印，其内容如下：

各位爷爷奶奶、叔叔阿姨：

晚上好！

我是一个刚满6个半月的小宝宝，在此向你们请安了！今天有幸和你们同乘一个航班去悉尼，在乘机过程中我也许会因哭闹而影响到大家的休息，对此我深感不安和歉意！我妈妈会尽可能地安抚好我，请大家多多包涵。谢谢大家！

小宝宝敬上

去年我在网上看到相关的报道后，深深地被这位年轻妈妈的行为感动了。看完相关报道后，我想：如此有修养的妈妈，对她孩子的将来会有何影响呢？在这样的妈妈影响下，孩子今后会怎么样呢？

我坚信，有如此的母亲，应该是孩子人生最大的幸运。

我更加坚信：有其母必有其子！

### （四）21天原则

"21天原则"源于"21天效应"。在行为心理学中，人们把一个人的新习惯或理念的形成并得以巩固至少需要21天的现象，称为"21天效应"。就是说，一个人的动作或想法，如果重复21天就会变成习惯性的动作或想法。

21天效应的理论基础源于一位整形医学专家马尔茨博士。他发现对于截肢患者来说，手术后的头21天中，他们往往不适应已经失去的身体部分，经常还能"感觉到"它的存在。而21天后，他们就不再无意识地要去"使用"它了，已经习惯了截肢后的状态。

因此，教育者在对幼儿进行行为习惯训练时，不要天真地期望通过一两次活动或一个故事就能让幼儿形成相应的行为习惯！

在幼儿行为习惯训练方面，教育者要做好打持久战的准备，至少要坚持21天的不断强化和训练，在坚持21天的基础上，如果能再坚持到90天，那么，幼儿的行为习惯就能达到稳定的自动化程度。

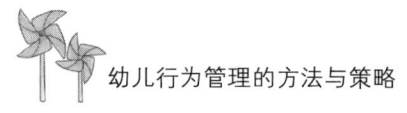

幼儿行为管理的方法与策略

## （五）激励性原则

在幼儿表现出良好行为的萌芽状态时，教育者就应该开始不断地给予幼儿激励——教育者要多看到幼儿行为的积极一面，行为效果好就可以表扬幼儿，效果不佳则肯定其动机不错，同时，给予其改进的建议，只有这样才能不断激励幼儿向好。齐小力五六岁时，常常喜欢在家里没人的时候收拾房间。妈妈每次回来后，总是故作惊讶地问："哇！这么干净！这是谁干的？"当齐小力高兴地从门后跑出来"坦白"时，妈妈就说："真没想到是你干的，你可真能干，比我收拾得都干净！"从此以后，齐小力总是利用一切机会收拾房间。

相反，如果教育者在幼儿有良好行为表现后，不仅没有给予肯定和鼓励，还对幼儿的行为效果做出吹毛求疵的评价，那么幼儿做事的热情就会迅速冷却。比如，4岁多的孟一航起床以后自己整理了房间，高兴地去告诉爸爸妈妈："今天我自己把房间整理好了。"孟一航这么说，无疑是希望得到爸爸妈妈的表扬和肯定，可是让孟一航意想不到的是，爸爸很不耐烦地对他说："你都这么大了，早就应该自己整理房间了，有什么可得意的？！爸爸小时候收拾房间比你强多了！"从此以后，孟一航不再收拾房间了。

教育者要善于发现幼儿行为中的积极因素，并及时给予肯定和鼓励，进而不断激励幼儿去做他应该做的事。

### 案例1-15　妈妈错在哪里

大清早，嘉琪的妈妈催她快点起床。嘉琪拿起衣服就要自己穿，妈妈赶快过来阻止她说："你哪会穿衣服？每次让你自己穿衣服，不是把裤子穿反了，就是把上衣的扣子扣错了，让妈妈快点帮你把衣服穿上吧。"

"妈妈，我自己洗脸。"

"你什么时候学会洗脸了？上次让你自己洗脸，结果眼角的眼屎还在，又不洗耳朵，脏死了！"妈妈一边责备，一边帮她洗好。

"妈妈，我要自己吃饭。"

"你会自己吃饭，妈妈就不用那么操心了。每次让你自己吃饭，你都把衣服弄脏了不算，还搞得满地都是掉下来的饭菜。地板我刚拖干净，还是让妈妈喂你吧。"

嘉琪的妈妈犯了如下几个错误：

① 以追求所谓的效率而剥夺嘉琪做事的机会。

② 对嘉琪所做的事总是不断地挑剔，如此一来，嘉琪独立做事的愿望和信心全部被打消了。

③ 帮嘉琪做事，却不教嘉琪做事。

④ 以自我为中心，不舍得为嘉琪做出牺牲（牺牲时间、精力），进而在抱怨中强势地帮助嘉琪做本该她自己做的事。

## （六）发展性原则

幼儿行为管理的目的是为了促进幼儿的发展，幼儿行为管理的一切工作都应该成为幼儿成长的促进剂，而不应成为幼儿发展的障碍。幼儿行为管理，其目的不是为了把幼儿的手脚管住，"管是为了不管"——管理的最终目标一定是幼儿实现了自我管理、自我成长。某年秋天，我在一所幼儿园观摩体育活动，看见一个男孩满头大汗。我问他："小朋友，你出了那么多的汗，为什么不脱一件衣服呀？"没想到那个小朋友说："老师没有叫我脱，我哪敢脱呀！"我们教育者对幼儿行为的不当管理让幼儿失去了灵性，失去了自主性，失去了自我判断能力，进而失去了正确行动的能力。这在幼儿教育领域绝非个别现象！

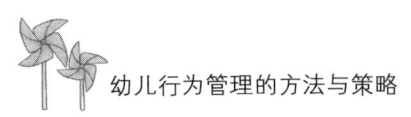
幼儿行为管理的方法与策略

**案例1-16 老师，可以……了吗**

在一次小班的美术公开课中，许多幼儿在下笔之前不停地张望、等待，直到一个幼儿问："夏老师，我们可以拿笔画了吗？"夏老师说："好，现在可以开始画了。"这时，小朋友们像接到圣旨一般，齐刷刷地开始画画。

又过了一会儿，又有幼儿问："夏老师，我们可以涂色了吗？"夏老师回答说："可以，开始涂吧。"

……

整个活动进行得有条不紊：没有一个幼儿扰乱活动秩序，没有一个幼儿大声讲话，幼儿的行动都要经过老师的允许。

后来带班的夏老师在总结时毫不掩饰内心的得意，对前来听课的老师们说："我们这个班的纪律非常好，小朋友们不论是吃饭、上厕所还是排队做操，都特别守规矩——无论干什么都要先问老师，经过老师允许才去做；而且老师一说什么，他们很快就能按要求做到，很少违反纪律。"

现实中，有许多这样"优秀"的夏老师，他们工作很用心，对幼儿要求很严格，幼儿被他们管理得很听话、很守纪律，他们对自己的工作很满意，对班里幼儿的表现很满意。

但从内心而言，我希望在幼儿教育领域这样的夏老师越少越好，因为在夏老师所带的班，许多老师看到的是井井有条、有条不紊，而我看到的则是压抑、刻板、机械、沉闷……

**案例1-17 洗手可知人**

有一位极其崇尚严格行为训练的园长曾经自豪地说："从我们幼儿园毕业的孩子，即使到了30岁，我也能从他们的洗脸、洗手等习惯动作中辨别出他们是否是我园的毕业生。因为我们对此有严格的规定,并且进行严格的训练,我们花在行为训练上的时间比别的幼儿园都要多。"

在许多幼儿园,为了营造安静、有序的环境,教师严格约束幼儿的一举一动,甚至规定幼儿喝水的次数和喝水的量,教师对幼儿事事监管、处处控制、时时提醒,幼儿行为单一、思想单一。教师如此进行行为管理,不可能促进幼儿的自主性发展,不可能让幼儿具有真正的主体性。它极有可能产生两种结果:第一,孩子变得驯良、死板;第二,孩子变得叛逆、反抗。这两种结果都是教育应极力避免的。

幼儿行为管理不是把幼儿管死,而是要促进幼儿的发展,促进幼儿自主性的发展,促进幼儿"自由纪律"的形成。

## 六、幼儿行为管理的方法

幼儿行为管理方法,是对幼儿行为进行管理的手段、方式、途径和程序的总和。了解幼儿园行为管理方法,有利于教育者更加有效地对幼儿进行行为管理。

### (一)自然后果法

法国著名教育家卢梭指出,我们可以"通过孩子体验其过失的不良后果,来纠正他们的过失"。有时候幼儿出现不良的行为,教育者不必直接教育他,可以让他通过亲身体验,体味到不良行为所带来的自然恶果,从而使他记住教训,明白事理。这就是自然后果法。

◆ 幼儿在吃饭时间不好好吃饭,而是不停地玩玩具——这,没关系,让他随意地玩,和他约定好一餐饭的就餐时间就是30分钟,

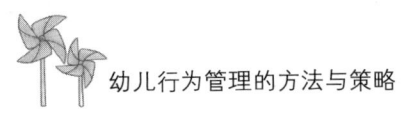

时间到了就收碗。在下一餐到来之前,让他体验到挨饿的痛苦,无论他如何哀求,就是不给他食物。让他多次体验到"不好好吃饭"的后果,以后他就不会再有"不好好吃饭"的不良行为。

◆ 幼儿喜欢抢别人的玩具,后果是其他孩子不再愿意跟他玩——在幼儿没有感受到这种痛苦之前,教育者不要介入动员其他幼儿和他一起玩。

◆ 幼儿做事拖拖拉拉,教育者不用警告和教训他,应让他体验到由于做事拖拉,导致后面他很喜欢的活动被错过时间或者被取消的后果,如此一来,他就知道了做事不能拖拉。

◆ 幼儿玩玩具后不收拾,到处乱丢,那就让他尝尝想玩某种玩具时找不到它的痛苦。

……

采用自然后果法时,在确保安全的前提下,要让幼儿体会到自己的不良行为所带来的足够的痛苦。教育者不要轻易地进行补救,这样效果更佳。

## (二)表扬奖励法和批评惩罚法

表扬奖励法就是在幼儿表现出教育者所期待的良好行为后对其进行表扬奖励,进而提高其良好行为发生概率的一种行为训练方法。批评惩罚法就是在幼儿表现出不良行为后对其进行批评惩罚,进而降低不良行为发生概率的一种行为训练方法。

表扬奖励法和批评惩罚法都是促进幼儿健康发展的常用方法,而且两种方法都是必要的。表扬奖励法有利于增强幼儿的自信心,使幼儿明白行为的正确方向;批评惩罚法有利于增强幼儿的心理承受能力,使幼儿明白行为的界限。表扬奖励法与批评惩罚法的理想比例为3∶1,即以表扬奖励为主,以批评惩罚为辅,但这不等于说批评惩罚不重要,两者都是促进幼儿健康发展的重要且必要的手段。

使用表扬奖励法和批评惩罚法时，要注意把握及时性原则，让良好行为与良好情绪、不良行为与不良情绪建立紧密联系，这样，才更容易取得好的行为训练效果。另外，还要让幼儿知道今后行为的正确方向——表扬奖励要让幼儿知道他的行为具体好在哪里，批评惩罚要让幼儿知道他的行为具体错在哪里，并且要让他知道正确的做法是什么，越具体越好。教育者不要抽象地跟幼儿说："你真乖！""你真棒！""你真是个好孩子！""你怎么这么坏？""你真是坏透了！"……教育者在使用表扬奖励法和批评惩罚法时，要努力做到具体、再具体，让幼儿真正明白今后行为的方向。

教育者在表扬奖励幼儿时，可参考如下步骤来进行：

① 陈述事实。教育者可以把幼儿表现出来的良好行为表现重复陈述一遍，这是对幼儿行为的认同和肯定。

② 确认事实的可贵。教育者可以对幼儿说"你是一个诚实（勤劳）的孩子"，将幼儿行为提升到一个品行塑造的高度。

③ 表达教育者的内心感受。教育者可以对幼儿说："你……，我很开心、很高兴！""你能够……，我真的很开心，我为你感到骄傲！"幼儿成长的一个强劲动因就是让教育者高兴。

④ 鼓励。教育者让幼儿继续努力，为幼儿指明今后发展的方向。

## （三）行为榜样法

幼儿是喜欢模仿的，教育者可为幼儿模仿学习做人做事提供榜样，进而促进幼儿良好行为的发展。榜样可来自教育者自身，也可来自幼儿的同伴、幼儿自己（幼儿会有意无意地表现出良好行为），还可来自文学艺术作品，特别是来自幼儿喜欢的影视人物。

教育者自身的表率作用更有说服力。教育者一般在幼儿心目中都有着

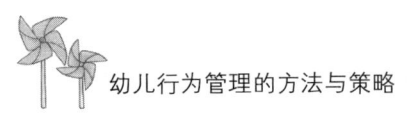
幼儿行为管理的方法与策略

无比崇高的地位，因此，其一言一行更容易被幼儿模仿。另外，由于教育者经常与幼儿在一起，所以他们的行为示范作用更加明显。

除了发挥自身的表率作用外，教育者还应该注意充分发挥幼儿园同伴、幼儿自身、公众人物、文学艺术作品中的人物等的良好行为模范作用，当然还要引导幼儿发现其中的不良行为，引导幼儿进行分析，避免盲目模仿。

## （四）代币法

代币是一种符号，可以是小红花、五角星、小红心、小红旗，也可以是记分卡、点数等。代币法就是运用代币来激励幼儿良好行为的一种方法。当幼儿做出良好行为时，就奖励他若干个代币；当他做出不良行为时，就扣除他若干个代币，进而促使他不再做出不良行为。为了更好地发挥代币法在促使幼儿形成良好行为习惯方面的作用，教育者应注意以下几个方面。

### 1. 让幼儿知道如何获得代币

让幼儿知道，他表现出良好行为（如按时上床睡觉、自己吃饭、自己上厕所、按时起床去幼儿园、高高兴兴地去上幼儿园，等等）时就可获得代币，比如：按时上床睡觉可得2个代币，自己吃饭得3个代币，等等。当然，还要让幼儿知道不按要求去做就会被扣除代币，比如：不按时上床睡觉扣2个代币等。

### 2. 让代币具有兑换功能

告诉幼儿代币可以用来兑换他想要的物品或活动，比如：赚够20个代币可以到儿童乐园玩一次，赚够15个代币可以到书店选购一本他喜欢的绘本图书，等等。在这方面幼儿教师和家长要沟通合作，让幼儿从幼儿园赚得的代币在家里也可以兑换他想要的活动或物品。只有代币具有兑换功能，幼儿才有去挣代币的动力，也只有这样，代币对幼儿良好行为的形成才有促进作用。许多幼儿在小班第一学期很喜欢老师给他们发的小红花，但后来却逐渐不喜欢了,其根本原因就是幼儿发现老师发的那些小红花对他来说毫无意义。

教育者应该注意在设计代币可兑换的物品或活动时,要选择那些具有积极的发展意义的,比如,幼儿喜欢的图书,科技馆或博物馆的活动等。这样,可以让代币发挥"双倍"教育功能,既可强化幼儿原有的良好行为,又可引导幼儿去选择有意义的新物品或新活动。

代币法的最大优点在于奖励上有灵活性(幼儿可以根据自己的爱好在一定范围内选择自己喜欢的物品或活动),同时有利于培养幼儿的自控能力(幼儿为了得到自己想要的物品或活动,就得控制自己的行为,努力挣更多的代币,在代币数量不足之前学会忍耐、等待),有利于幼儿过一种有目的、有主题的生活。

3. 灵活兑换

一般情况下,教育者可每周在固定时间安排一次活动,让幼儿兑换他想要的物品或活动,让幼儿每周都有所期待并为兑换而努力。这种不断的兑换活动,可以进一步激发幼儿的活动兴趣。当然,碰到特殊节日时,也可以进行兑换活动。在十分特殊的情况下,如果代币量不足,也可以让幼儿预支代币来参加他特别喜欢的某项活动,以后再还回来。如果处理得好,"欠代币"会让幼儿更加努力地表现自己。让幼儿预支代币也表明教育者对幼儿的信任,这种信任更能激发幼儿不断进步。

### (五)环境暗示法

环境暗示法是指通过具有暗示性的环境间接地对幼儿的心理和行为造成影响,进而促使幼儿产生教育者所期望的行为这种训练方法。教育者要通过让环境"说话",帮助幼儿了解在不同环境里的行为规范要求,进而达到规范幼儿行为的目的。例如,在需要幼儿排队的地方绘制排队的小脚印,

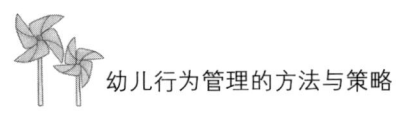

帮助幼儿学会排队（要排出直线，人与人之间要保持一个拳头的距离等）。

采用环境暗示法，可避免教育者简单命令、重复命令的组织行为方式，让幼儿感悟环境所蕴含的教育指令，进而自觉地遵守相应的行为规范。比如，为了培养幼儿物归原处的行为习惯，教育者用简笔画标识标出各种玩具的正确存放位置，这样，幼儿在玩完后，就能准确地将玩具放回原处。在这一过程中，没有人向幼儿发号施令，也没有人对幼儿进行说教，在环境的暗示下，幼儿就逐渐养成了物归原处的行为习惯。

环境对幼儿的行为有暗示作用，并且这种作用是潜移默化的，不需要教育者下命令，因此幼儿一般不会产生抵触心理，较容易接受环境暗示的引导，进而形成良好的行为习惯。

以下是一些采用环境暗示法的例子。

◆ 靠右走。为了让幼儿学会上下楼梯和在走廊里行走时靠右走，教师在楼梯和走廊上画上一条中线，同时贴上小脚丫的图标，表示前进的方向。孩子们可以借助于图标的提示，正确地沿着楼梯、走廊的右侧行走。

◆ 安静地看书。在图书阅读区域，教师和孩子们一起商量设计了一个小嘴巴上竖着一根小手指的图标，意思是保持安静，看书的时候不能影响和干扰别人。

◆ 鞋子放整齐。教师在幼儿床前的地面上贴上两只鞋子的图案，幼儿上床睡觉时就会自觉地将鞋子整齐地放在图案上。

◆ 吃饭时不大声说话。教师可以在幼儿餐厅画一个张大的嘴巴，并在上面打上一个"×"，提醒幼儿在用餐时不要大声说话。

◆ 正确的吃饭姿势。教师可以在幼儿餐厅较为显眼的地方贴上正确的坐姿以及握勺的图片，以此来提醒幼儿，使其能够随时模仿。

◆ 人数限制。用标志标明进入区域的人数，比如用"6个小朋友"表示"该区域可以进入6个人进行游戏",用"5双脚印"表示"该区域可以进入5个人进行游戏"等。

◆ 洗手行为规范。在盥洗池上张贴醒目的图画,让孩子明确"洗手了,排排队,卷起袖,抹香皂,手心手背手指间,洗完关掉"这一规则内容,并在洗手过程中自觉遵守。

## (六)说理法

说理法就是指教育者通过摆事实、讲道理,提高幼儿对行为的认识,培养幼儿良好行为习惯的一种方法。它是教育者对幼儿进行行为训练时常用的一种方法。说理法是将一个深奥的道理用浅显易懂的话语表达清楚,而且让幼儿理解、懂得这样做的道理。一般在中、大班用说理法比较适合,因为中、大班的幼儿已有了一定的生活经验,而且有了一定的知识基础,比较容易听清、听懂和理解。对幼儿"说理",教育者一定要结合具体的事例,甚至通过幼儿自身的感受来让幼儿明白事理,切不可仅仅用嘴巴来对幼儿进行说教,否则幼儿会无法理解。

教育者可以通过幼儿喜欢听的故事,让幼儿明白行为背后的道理。比如,教育者针对把饭粒撒在桌上和洗手不认真的情况,给幼儿讲《大公鸡和漏嘴巴》《农民伯伯种粮食》《蛔虫大战》的故事,让故事感染幼儿,使幼儿明白要爱惜粮食、把手洗干净,进而促使幼儿养成良好的个人卫生习惯。

另外,教育者还可以创设相关的情境,让幼儿亲身体验,明白某些行为背后的道理。比如,为了让幼儿理解多喝水对身体的好处,教师可以在教室里种两株植物,给一株常浇水,不给另一株浇水,让幼儿观察两者的变化,并思考结果为什么不一样,让幼儿感受水与自己健康的关系,懂得每天要适量地喝水的道理,进而乐于喝水、自主地喝水。

# 【参考文献】

[1] 陈鹤琴. 家庭教育 [M]. 北京：教育科学出版社，1994：15，35-36.

[2] 傅芳芳. 幼儿园班级常规教育研究：以上海市某一郊区幼儿园为例 [D]. 上海：上海师范大学，2011：41.

[3] 马金凤. 蒙台梭利纪律教育思想对幼儿园常规教育的启示 [J]. 教育观察，2018（6）：47-49.

[4] 吴铎，罗国振. 生活德育论 [M]. 上海：华东师范大学出版社，2002：21.

[5] 张永英. 幼儿教师儿童学习观变革之路探寻 [D]. 南京：南京师范大学，2007：34.

# 第二章 幼儿良好行为习惯的培养

培养幼儿的良好行为习惯是幼儿行为管理最重要的任务。幼儿期是个体行为习惯形成的关键期,幼儿一旦形成了良好的行为习惯,将会受益终生。因此,教育者要注重培养幼儿的良好行为习惯。

## 一、培养幼儿善良意识和行为的方法与策略

请看下面的案例。

**案例2-1　妈妈的伤心**

有一天晚上,妈妈烧好开水,灌满热水瓶后,还剩一点水,就顺手倒进了儿子的杯子里。没想到水太烫了,导致杯子裂开了,滚烫的开水顺着桌面滴到妈妈的脚背上。儿子见状大叫道:"我最喜欢的杯子啊,你怎么这么不小心?!"妈妈很伤感:"我亲生的儿子,竟然认为妈妈的脚烫伤了并不重要,重要的是他的杯子。"

善良是一个人应该具有的最基本的品德。教育者要从小就对幼儿进行善良教育,让他们从小就具有善心善行,最终成为一个善良的人。一个善良的人内心充满了爱和和平,内心坦荡,不论走到哪里,都会散发出人性

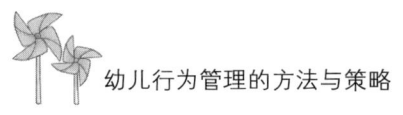

的光芒。

朋友胡军跟我讲过他儿子阿勇（正在幼儿园读大班）的几件"傻事"（见案例2-2）。

### 案例2-2 心地善良的阿勇

**故事1**

妈妈教3岁多的阿勇连线，要求将吃和被吃的个体用线连在一起（食物链）。当阿勇将狼和青草连在一起时，妈妈说："狼要和羊连在一起，因为狼要吃羊。"阿勇迟迟不动手连线，妈妈催阿勇将狼和羊连起来，并强调狼喜欢吃羊。阿勇却难过极了，哭着说："羊疼！羊疼！"

**故事2**

一天傍晚，爸爸去接参加讲故事兴趣班的阿勇。阿勇一见到爸爸就说，他快要饿死了。爸爸翻开阿勇的书包，发现给他带的饼干都没有吃。爸爸很好奇地问他："宝贝儿子，肚子饿了，为什么不吃饼干呢？"没想到阿勇毫不犹豫地回答说："饼干是榴梿味的，故事班里有的小朋友嫌它臭，所以我就忍着没有吃！"

**故事3**

有一天下班时天下起了倾盆大雨，爸爸被堵在路上，很晚才到幼儿园。

老师说，看到班里的小朋友一个个地被接走，阿勇急得一直在抖脚，只要一有脚步声，他就站在教室门口张望。当老师准备打电话给他爸爸时，他却拦住老师说："爸爸在加班，还是不打扰他吧！"

阿勇虽然已经焦虑到极点，却牢牢记住了爸爸那天早上跟他说过的话："爸爸今天会加班到很晚，所以不要随便给爸爸打电话。"

**故事4**

有一次散步时，一颗刺槐的种子粘到了阿勇的衣服上。阿勇小心翼翼地捧着这颗种子,轻轻地把它埋进了花园的土壤里,并对爸爸说:"春天到了,它一定会发芽的。"

胡军说,他也不知道自己的儿子阿勇怎么会变成这样。话语中胡军不停地说儿子"很傻",但他的表情却告诉我:他对儿子的表现很满意,他甚至因此而很得意。

有一个能为他人着想、心地如此善良的孩子,做父母的哪能不得意呢?!

能为他人着想,心地善良,这样的品质比任何一种所谓的才能都强!

拥有一颗善良的心,不仅能让幼儿受益终生,还能让其周围的人受益。

教育者要努力让幼儿从小就具有善心善行,并逐渐成为一种习惯,成为一种内在品质。

## (一)了解幼儿善良行为品质的发展状态

要对幼儿进行善良行为习惯的培养,就要先了解幼儿善良行为品质的发展状态,然后,根据其发展状态进行有针对性的教育。教育者可以通过以下测试了解幼儿善良行为品质的发展状态。

### 孩子的善良程度小测验

请根据给出的5种分值,按照孩子的真实情况打分:

5分——一贯这样;

4分——经常这样;

3分——有时这样;

2分——偶尔这样;

1分——从来不这样。

①无须提示能进行令人感觉舒适、和善的表达。

②真诚地关心受到冷遇的人。

③就算大家反对,仍坚持陪伴受到捉弄或冷遇的人。

④总是善待小动物,从不虐待它们,并在别人虐待它们时照顾它们。

⑤帮助、安慰别人,不图回报。

⑥从不参与侮辱、威胁或嘲笑别人的事,并能勇敢制止。

⑦总能去注意别人的需要并尽量满足。

⑧敏锐地发现需要帮助的人和伤心的人,并予以关爱。

⑨乐意去做任何能使别人高兴的、正确的事。

⑩平时愿意并且能够模仿和学习别人善良、关爱他人的行为。

**评分标准**

★ 40~50分——你的孩子很善良,请继续支持和鼓励。

★ 30~39分——你的孩子有一定的善心善行,但还需要加强教育和引导,进而促进其善良品质的发展。

★ 20~29分——你的孩子在善良品质发展方面存在问题,你应该加强对孩子进行善良教育。

★ 10~19分——你的孩子在善良品质发展方面存在严重问题,孩子善良之心和善良之举匮乏,应反思孩子的教育环境,同时有目的、有计划地对孩子进行全面的善良教育。

### (二)明确善良行为习惯培养的目标

幼儿善良行为习惯的培养主要包括以下三个方面的目标。

1. 善待一切生命

努力让幼儿善待一切生命,包括善待每一个人,善待一切花草树木,善待一切动物。教育者最好不要当着幼儿的面无情地消灭其他动物,可以采取驱赶的方式来减少它们对人类的伤害。我们强烈期待幼儿的爱扩展到对人类自身以外的各种生命的关切。

2. 同情、帮助弱者

教育者要鼓励幼儿主动帮助有困难和有特殊需要的人,为他们排忧解难,甚至对人类之外的其他生命也抱有同样的同情心。

3. 宽容仁慈,反对暴力

宽容仁慈是幼儿心地善良的一个重要的行为体现。幼儿只有以宽容仁慈的心态对待别人,才能与人和谐相处。教育者应要求幼儿在处理与同伴的关系时,学会"将心比心""以心换心",采取非暴力方式解决问题。

### (三)将善良教育纳入幼儿园课程

善良是人性的一种体现,是良好品德形成的基础。为了让善良教育更富有成效,我们主张将善良教育纳入幼儿园课程体系。

1. 营造一种相互关爱的善良的心理环境

为了培养幼儿善良的行为习惯,教育者应该为幼儿营造一种相互关爱、相互帮助、相互尊重的心理环境。在这样的环境里,所有的人都是关爱者——他们时常关注别人,照顾别人的需要;他们时常被别人关爱,同时他们也关爱别人。比如,在中班的一次"找朋友"的讨论活动中,杨扬小朋友找了错错(一个刚刚转来该班的新生),原因并不是"他漂亮"或者"他和我玩",而是"他没有朋友"。这说明杨扬就是一位关爱者,他有一颗善良的心,他自然而然地、发自内心地关照错错的需要。

生活在一个充满友善和关爱的环境里的幼儿,自然而然地也会成为一

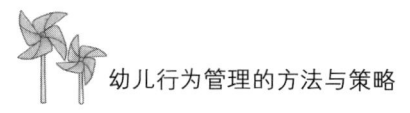

名关爱者，他们关爱世间万物：有生命的，无生命的；人类，非人类；熟悉的人，陌生的人；老师，家长，同伴，自己。

为了营造友善和关爱的环境，教育者要淡化知识传授者的角色，增强关爱者的角色。教育者，不仅是知识的传播者，更是幼儿的知心朋友，要敏锐地体察他们的需要和变化，为幼儿解决生活中的问题与困惑，让幼儿感受到教育者的友善和关爱，并在感受与体验友善和关爱的过程中自然而然地产生对他人的友善和关爱。教育者要对幼儿友善和关爱的行为进行鼓励，让他们更加明确什么样的行为是友善和关爱的行为，并强化这些行为。应将友善和关爱渗透到幼儿的实际生活中，让他们感受到在他们的友善和关爱下周围人、事、物的变化。还可以与幼儿探讨和分享友善和关爱的经验——与幼儿一起讨论友善和关爱他人及被他人友善相待和关爱时的感受，让幼儿理解何为友善和关爱、如何友善和关爱，进而促使整个班级形成友善和关爱的心理氛围。

幼儿园要禁止有暴力倾向的游戏和材料。在这方面，德国的做法值得我们借鉴。德国为了培养幼儿善良的品质，对于可能引起儿童暴力倾向的游戏材料等均严格制止。如，不赞成玩具商开发高科技"暴力玩具"，更不支持儿童（尤其是男孩）沉迷于玩坦克、战斗机、枪、刀等暴力玩具，他们对影视节目中的暴力镜头和生活中的暴力事件等都十分在意，会引导幼儿用"批判"的眼光来审视那些暴力行为，让幼儿学会以非暴力方式解决问题。

**2. 引导幼儿帮助那些需要帮助的人**

教师可经常组织幼儿讨论哪些人最需要帮助、人在什么情况下最需要帮助及最需要什么样的帮助等，让幼儿知道在身体、智力上有残疾或障碍的人，身处困境和不幸的人都是需要帮助的人，他们最需要获得有尊严的帮助。

如果班里的某位小朋友有身体或智力上的残疾或障碍，那么，他不应该成为大家取笑、捉弄的对象，而应该成为大家关爱、帮助的对象。

**3. 利用充满暖意的文艺作品激发幼儿的善心善行**

文艺作品中有许多充满温暖和善良的故事，因为它们直观形象并且生动感人，很容易激发幼儿的善心，激励幼儿以善良的方式和态度做人、做事。比如，教师可以让幼儿在唱《好朋友》这首歌的过程中相互结伴，边唱边给对方梳头、扣纽扣；让幼儿在表演《迷路的小花鸭》的过程中，进入充满友善、友爱的情境，不知不觉地融入角色，从而引起情感上的共鸣，产生从善的意向。

### 案例2-3　苏珊戴帽子的故事

俊俏、可爱的小女孩苏珊身体里长了肿瘤。经过化疗，她的头发全部掉光了。一个光秃秃的脑袋对于一个爱漂亮的小女孩来说是多么残酷！她不知道以后应该怎样面对她身边的老师和小伙伴们，怕他们笑话她，对她指指点点。然而，在苏珊返校之前，她的班主任——一位年轻的女教师郑重地对班里的小朋友们宣布："从下星期开始，所有的小朋友都要戴着自己的帽子来上学。帽子越新奇越好！"

一个星期后，苏珊站在校门口却迟迟没进去，她担心，她犹豫，因为她戴了一顶帽子。

可是让她感到意外的是，她班上的每个小伙伴都戴着帽子，和他们五花八门的帽子比起来，她的那顶帽子显得那么普通，几乎没有引起任何人的注意。一下子，她觉得自己和别人没有什么两样，没有什么可以妨碍她与伙伴们自如地见面。她轻松地笑了，笑得那样甜，笑得那样美。

日子就这样一天天过去了。老师那慈母般的爱心巧妙地激励着小姑娘。时间一长，苏珊和小伙伴们对上学戴帽子都已经习惯了。

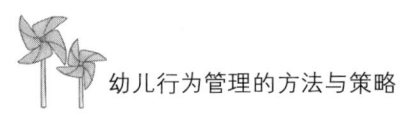

在听完上述故事后,许多幼儿都能有所醒悟地说:"如果苏珊在我们幼儿园上学,我也会为了她而戴上一顶特别的帽子。"

**4. 充分利用社区资源,促进幼儿善良品质的发展**

幼儿园、家庭可通过"请进来""走出去"的方式利用社区的善良教育资源,对幼儿进行善良教育,让幼儿在聆听、体验中萌发善心和善意。

所谓"请进来",就是将社会、社区的善良楷模以及关爱社会和人民的警察、消防员等请进幼儿园,使幼儿通过聆听他们的善良事迹而受到感染,激活幼儿做出善良行为的愿望。

所谓"走出去",就是教师或家长带领幼儿走出幼儿园、走出家庭,到敬老院或者孤寡老人的家去看望老人,到儿童福利院或特殊学校去看望那些需要帮助、需要关爱的儿童,到流浪人员经常出现的地方献爱心;每到节日来临时,教育者还可教育幼儿给贫困国家或地区的孩子捐款或寄发礼物;当小伙伴生病时,教师可组织幼儿通过微信视频通话或打电话表达对生病小伙伴的关心。

**5. 让幼儿种养一些植物和动物**

可在家中或幼儿园里,为幼儿喂养小兔、小金鱼、小仓鼠、小鸡、小鸭、小蚕等小动物,并让幼儿在亲自照料小动物的过程中,学会体贴入微地照顾弱小的生命,要求幼儿注意观察小动物的成长、发育和游戏,有条件的还可让幼儿做好"饲养记录"(用那些成人的废弃手机的摄像功能来记录)。此外,教育者还可以引导幼儿利用自己的零用钱来"领养"动物园里的动物,或参加捐款拯救濒临灭绝动物的活动。

此外,教育者还可以引导幼儿在家中或在幼儿园里种一些对水和阳光特别敏感、需要特别照顾的植物,这同样能起到促进幼儿的善心善行发展的作用。

不过,需要提醒的是,许多幼儿园的种养活动多是用来育智的(只重视种植区、养殖区的育智功能,如让幼儿获得有关动物、植物的知识),却鲜有用来育情的(如培养幼儿对动植物的喜爱、关爱之情),因此,幼儿在种养活动中没有情感的投入,只是例行公事地进行观察、记录,在整个活动过程中幼儿只感到好奇和兴奋,却没有产生对生命自然、持久、发自内心的关爱。

因此,教育者要转换观念,从爱护和关爱生命的角度来设计幼儿园或家庭中的种养活动,让幼儿感受到动植物是我们自然大家庭中的一分子,我们应该关爱它们并与其共同成长。同时,教育者和幼儿可一起观察和记录动植物的每一点变化,体会生命的脆弱和可贵,逐步培养幼儿善待生命的情感和行为。

### (四)让幼儿了解善的行为和思维方式

要想培养幼儿的善心和善行,教育者就要尽早让幼儿学会辨别善与恶——让幼儿知道什么样的行为是善的行为,什么样的行为是恶的行为。为此,我们首先要告诉孩子伤害别人的事情,如打人、骂人、过度打扰别人、破坏别人的物品、破坏自然、抨击别人,以及那些挑衅的、找茬的、傲慢的、冷漠的、别人听起来会不舒服、会使别人感觉不好的话语,都是恶的行为。而爱护自然、尊重他人、爱护别人的名誉和物品、尽可能地给别人带来快乐,都是善的行为。

教育者应告诉幼儿:对人要态度和善,即使生气的时候也不要发火,要努力控制自己的情绪。不管与别人有怎样的分歧,都应试图通过沟通的方式来解决,而不是发脾气或者通过攻击来解决,这样有利于幼儿养成温和、友善待人的习惯。

教育者可以结合现实中具体的事例或者幼儿喜闻乐见的文艺作品,让幼儿明白善恶标准,进而更加自觉、更加坚定、更加准确地弃恶从善。比如，幼儿在走路时不小心被地板绊了一下摔了一跤，此时，如果教育者采用"狠狠地踩地板或踢地板"的方式给幼儿"报仇"，就会把对待世界的"恶意"传达给幼儿，让幼儿学会"遇到不痛快、不顺心之事就可以去责怪或攻击别人"，时间久了，幼儿就会变得不宽容、富有攻击性。当幼儿摔倒时，教育者可以先走过去安抚他，然后与他共情，告诉他地板也被踢疼了，这样幼儿就会把"伤害是相互的"这种同理心带到与他人相处的情境之中，进而在与人相处时更多地采取友善的态度，做出友善的行为。

### 案例2-4 天下第一等学问

一个6岁的女孩问妈妈："为什么您在屋里走动时，总像怕踩地雷似的？"妈妈笑了，说："楼下不是也住着一户人家吗？"

女孩虽然明白妈妈的意思，但她还是觉得在自己的家里该轻松地生活。妈妈认真地接着说："咱们家地板的下面是楼下张爷爷家的天花板，我们走路声音大了，爷爷奶奶肯定受不了。"

女孩噘着小嘴："那为什么咱家楼上那家人不这样想，他们总是把声音弄得很响？"

妈妈说："楼上有一个3岁的小弟弟，他要长大，蹦呀跳呀的，需要运动。"女孩的小嘴噘得更高了："那受委屈的就该是咱家了？"

妈妈更认真地说："能为别人着想，是天下第一等学问。"

相信上述案例中妈妈的善意一定会影响女儿的善心善行。

当幼儿在公共场合被他人指责时，教育者的引导很重要。

A教育者："别吵了！等下又要被别人骂！"

B教育者："别吵了！像你们这样做会影响别人休息和思考的。"

同样是短短一句话，不同的提醒就会有不同的结果。

A 教育者似乎在提醒孩子：停止吵闹，是为了自己不被别人骂——让幼儿"心中只有自己"；当吵闹不被别人骂时，我就可以随便吵闹——不用考虑别人的感受。这样幼儿会认为，我吵闹不是问题，你说我才是问题的根源。

B 教育者则在提醒幼儿：要停止吵闹，是因为你的吵闹影响了别人的正常生活和学习——让幼儿"心中有他人"；当你吵闹或做其他事时，一定要思考自己的所作所为是否影响到了别人。这样会让幼儿认识到，他自己是原因，他吵闹了，才会被别人说。如此幼儿就会积极地自省。

### （五）注意榜样的作用

模仿是幼儿学习、成长的主要路径之一，幼儿喜欢模仿，好的喜欢模仿，不好的也喜欢模仿。榜样有直观形象、生动、易学的特点，另外，榜样示范可避免单调的说教，强调潜移默化，让幼儿在不知不觉中获得成长。因此，教育者要注意榜样对幼儿善良行为发展的影响。幼儿善良学习的榜样主要来自教育者的示范、小伙伴的善良、幼儿自己的善举、文艺作品中各种角色的善心善行。

榜样有正面榜样，也有反面榜样。当榜样呈现在幼儿面前时，教育者要提醒幼儿哪些是善心善举、哪些是恶言恶行，并且分析这些行为对自己、对他人、对社会的影响，让幼儿逐渐学会辨别善恶，择善而从。

平时，教育者要注意在幼儿面前表现出善待他人的善良言行、态度，比如：在家中，父母尊老爱幼，夫妻互敬互助、互相关心，会在孩子心里留下深刻的印象，孩子在潜移默化中也就学会了与人友善地相处；如果父母经常以言语攻击、肢体攻击的方式来处理人际关系问题，那么，孩子也会在不知不觉中学会这些不友善的处理问题的方式。另外，家长仅仅在家中给孩子做友善的表率是远远不够的，在公共场合也要为孩子做表率，比如：

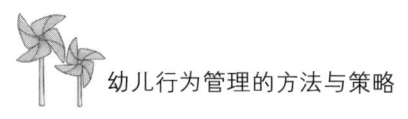

在拥挤的公交车上，父母不仅不应带着孩子去争抢座位，还应主动给老、弱、病、残、孕让座；看到盲人过马路，父母要主动帮助他们过马路；看到沿街乞讨的流浪者，父母应带着孩子向他们伸出援助之手。父母是孩子的第一任老师，父母的善良言行对孩子的成长起着非常重要的作用。

案例2-5中表现出来的善心善行深深地感动了我。

### 案例2-5 地铁上的感动

**感动1**

今天（中秋节）我从西乡塘坐地铁回家，在民族广场站上来一位小小的乘客（估计2岁多）和她的爸爸妈妈。我见到他们，就主动让座。结果小女孩一直摇头，自己用双手紧紧地抓住栏杆。她的父母说："她抓住栏杆可以站稳的！"

我对小姑娘竖起大拇指，而她只专注地抓住栏杆。

我为小姑娘的选择点赞！

我也为小姑娘父母的做法点赞——他们没有像其他父母一样，一上地铁就疯狂地占座位或者别人让座就理所当然地坐下去。

**感动2**

有一天我坐地铁到南宁东站赶火车。我一出地铁车厢就随拥挤的人流往电梯处走。在拥挤的人群中，我看见一位母亲急速地拉着随人流往前冲的儿子，对他说："儿子，不用急，我们还有时间，让那些赶车的叔叔阿姨先走，我们后面走。"

后来，我也停下了追赶的脚步，因为我也还有很长时间才到发车时间。

最后，所有的人走完了，我才随那对母子走进电梯……

**感动3**

地铁上，一位妈妈怀里抱的孩子睡着了。

妈妈怕孩子踢到别人,也怕孩子的鞋子弄脏别人的衣服,就一直用手捧着孩子的鞋子。

直到地铁到站,这位妈妈一直保持着这个动作。

**感动4**

在高峰期拥挤的地铁上,小男孩站累了撒娇闹着要坐座位。

外婆蹲下来,贴在外孙的耳旁轻声说:"这些叔叔阿姨上了一天班,很累了。你现在都5岁了,不需要别人给你让座了。"

父母再多的说教也不如身体力行。父母应该用行动教会孩子在公共场合多为他人着想,尽量不给别人添麻烦。你能如此善良,你的孩子也一定会成为善良的人。

**案例2-6 父母是孩子的榜样**

前几天在上海迪士尼乐园,一个小男孩(可能不小心)碰到了一个姑娘的敏感部位。

姑娘本能地表示了不满,结果小男孩的妈妈暴跳如雷,说姑娘对其儿子进行了语言攻击,于是对姑娘又打又骂。

这位妈妈的做法无疑是在告诉自己的孩子这些很坏的信息:有意无意地冒犯别人无须道歉;与别人有冲突时,要么恶言攻击,要么武力攻击。孩子没有从中学会与人为善,而是学会了与人为恶,这将让其孩子终生受害。

在幼儿园里,教师的善言善举也会成为幼儿的学习榜样。如,在一次户外活动时,谭老师看到笼子里的小白兔腿上包着纱布,同情之心油然而生,于是谭老师轻轻地抱着并抚摸这只小白兔,用温柔、亲切的声音说:"小白兔,你疼吗?是谁把你的腿弄伤的?"所有的幼儿都被谭老师的真

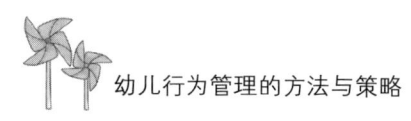
幼儿行为管理的方法与策略

情打动了,他们纷纷学着谭老师的样子关心起小白兔来。教育者,不管是父母,还是教师,在幼儿心目中都有着十分重要的地位,极易成为幼儿模仿的榜样,因此,教育者在幼儿面前要努力展示对整个世界的友善态度和行为。

当幼儿表现出友善的言行时,教育者要及时表扬,启发和鼓励幼儿互相学习,这样既肯定了幼儿的友善言行,又强化了幼儿对友善的认识,能激励他们做得更好,还能使其他幼儿得到很好的启发,激发他们学习模仿,久而久之,在幼儿园里、班级里,与人为善就会渐渐成为一种风气。

**(六)注意家园合作**

在幼儿善良行为的教育方面,单靠家庭或单靠幼儿园都很难取得预期的教育效果,家庭和幼儿园双方必须形成合力,方能取得好的效果。只有家庭和幼儿园在善良行为教育方面态度一致、要求一致,才能使幼儿形成善良的行为品质。

### 案例2-7 你还手没有

在从幼儿园回家的路上,小明哭着向爸爸告状说,今天班上的小牛用手故意打了一下他的脸。爸爸便问小明:"当时你还手没有?"小明回答说:"老师说,不能打人。我没有还手。"爸爸便教训起小明:"儿子,记住了,以后人家打你,你一定要还手。你不还手,你就不是我的儿子!你打输了回来,我向你检讨,是爸爸我授艺不精;打赢了,回来我给你庆功。以后别再干这种告状、打小报告的事了。"

教师在教育幼儿与人为善方面,如果得不到家长的支持,就根本不可能取得预期的效果。因此,教师应该在善良行为教育的内容和方式等方面多与家长沟通，争取家长的理解和支持，让家长将对生命的关爱、对他人的积极看法和关照渗透到孩子的日常生活中，与教师一起在孩子的成长初期埋下善良的种子。

### 案例2-8　善良比金钱重要

有一天，外公带5岁多的浩然到外面散步，当他们走过地下通道时，浩然突然被一个乞丐向过路人乞讨的场景吸引了。那个老乞丐是个残疾人，他的身前放着一个破铁碗，铁碗的下面压着一张写着其乞讨原因的发黄纸板。

对于那个乞丐，外公连正眼都不曾瞧一下，恨不得拉着浩然的手快速走出地下通道，因为外公的脑子里浮现出许多假装残疾人来骗钱的乞丐形象。

可是，浩然还是一步三回头，天真的目光中充满了怜悯，最后他索性停下来，对外公说："外公，给我点儿钱！我想给那个乞丐一点儿钱。他太可怜了！"浩然的语气很坚决，没有一点商量的余地。

外公在犹豫片刻后，从口袋里摸出5元钱，递给浩然。浩然接过钱，转身一路小跑，庄重地把钱放进了乞丐的破铁碗。那个老乞丐挺着他那佝偻的腰身向浩然致谢，而浩然见到这一情景则显得异常兴奋和满足。

外公最终没有因为自己的阅历而阻拦浩然的善举，这是很明智的。因为善心善行是无价之宝，外公宁愿浩然"被骗"，也支持浩然的善心善举。相信在长辈的教育下，浩然一定会成为一个关爱世界、关爱弱者、充满爱心的人。

我看到以下的案例很受感动和启发，与大家一起分享。

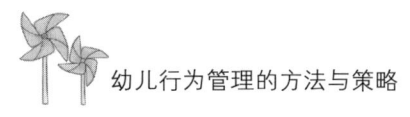

### 案例2-9 一个德国家庭的会议

德国法兰克福的一名儿童粗暴地将上门乞食的流浪者驱赶出门,全家人特意为此召开了家庭会议,帮助孩子明白"任何一个社会人都有尊严,哪怕他身处困境——人应当学会理解他人、同情弱者"的道理。后来,这名儿童建议邀请受辱的流浪者到家里做客,得到了家人的谅解和支持。

这名儿童的家人如此富有善心、重视善行,相信他也一定能成为富有善心善行的人。

## (七)及时矫正幼儿的残忍行为

在幼儿园里,教师时常会听到孩子们大呼小叫:"有蜜蜂!""有蜘蛛!""有蚯蚓!""有小青蛙!"……有些孩子会"勇气十足"地冲上去踩死这些小动物,甚至会肢解这些小动物。这时教师应及时阻止他们的残忍行为并加以正确引导——"你们为什么要踩死蚂蚁呀?""蚂蚁也有爸爸、妈妈、哥哥、姐姐。你们踩死那么多蚂蚁,他们的爸爸、妈妈会怎样?如果你们失去了爸爸、妈妈、哥哥、姐姐会怎么样?"……这样可让幼儿懂得爱护小动物、同情小动物,不为了"好玩"而伤害小动物。

当幼儿出现残忍行为时,教育者要及时制止和引导,不要让其成为一种习惯性的意识和行为,要让他们了解各种动植物对人类、对环境的意义,让他们从小学会善待各种生命,学会与各种生命友好相处。

善良的人,有时候会在社会上吃点亏,甚至有时可能会被恶人伤害,但我们仍然认为,让幼儿成为一个善良的人不会错。一个善良的人,至少不会伤害其他人,不会伤害其他生命,他绝对不会有意地做出伤天害理的事情,甚至还可以给他人、给社会带来温暖和光明!

## 二、培养幼儿劳动意识和行为的方法与策略

大家请看水墨先生发表在《知识窗》2012年第7期上的一篇文章。

### 我在德国的"租赁妈妈"

去年，我作为交换生，前往柏林贝塔·苏特纳进行了为期一年的学习。由于我是家里的独子，出国前，父母十分担心我的安全。爸爸经过多方打听，找到了住在德国柏林的好友琼斯，恳求她做我的"租赁妈妈"。到德国后，我便暂住在琼斯阿姨家。

琼斯阿姨在德国做生意，家境富裕。她有个儿子，叫卢瑟，今年15岁，就读于贝塔·苏特纳中学。卢瑟心地善良且开朗活泼，闲暇时常带我出去玩，我们很快就成了好朋友。

周末，卢瑟准备带我去博物馆玩。早上，吃完早餐后，琼斯阿姨按照惯例给卢瑟发零花钱。她先给了卢瑟30欧元（按即时外汇牌价，1欧元＝7.8元人民币。——责编注），又对我说："你是我们家的贵客，今天阿姨就提前支付给你500欧元，但这些钱会从你以后的劳动中一一扣除。"

"啊，不会吧，我还要靠做家务赚零花钱啊？"我惊奇地问。我在德国的"租赁妈妈"说："是的。你刚到这儿不久，以后就会知道德国与中国的不同了。"

"怎么才给卢瑟这么点儿？"我心里一阵嘀咕。卢瑟似乎猜出了我的心思，拉着我出了家门，在路上解释道："这周我陪你到处玩，没做什么家务，能够拿这点钱，妈妈已经是格外开恩了。"

游玩回来已是晚上，我感觉很累了。谁知，卢瑟刚到家就系上围裙，跑到厨房里去洗碗。我惊诧地问："你这么累了，还洗什么碗呢？先去睡觉，

明天再洗吧。"

"不行，洗碗是我的工作。要是不做，我就要受处罚了。"

"这是为什么？"我不解地问。

"在我们德国，孩子从6岁开始就必须帮助父母干家务，这是法律规定的。我们要是拒绝做家务，父母就会去法院起诉我们。再加上，我要用零花钱，就必须劳动。"

"那样的话，你不是很累吗？"我担心地问道。"有点累。不过，难道你父母工作挣钱的时候不累吗？"卢瑟反问道，"既然父母干活也累，我们怎么可以怕累呢？"

听完，我顿时不好意思了。平时我在家，可谓是小皇帝，饭来张口，衣来伸手，从来不做家务的。

翌日，琼斯阿姨在餐桌上说："从这周起，卢瑟负责清洗餐具、收拾房间、外出购物和擦洗全家人的鞋子；水墨刚来德国，只要周末负责为花园里的各种植物浇水、翻土以及擦洗汽车就好了。"

在国内，周末一向是我的懒觉日。转眼到了周末，我将琼斯阿姨布置的任务忘得一干二净。等到起床时，已经临近中午了。午餐时，琼斯阿姨并没有指责我，只是默不作声地吃着饭。见状，我心想：可能她不会计较的，毕竟我是他们家的客人嘛！

从那以后，接连几周，我都没有碰过家务，连之前偶尔帮助卢瑟的热情都没了。卢瑟每次见我太阳晒到屁股时才起床，似乎想对我说些什么，却又欲言而止。

终于，让我惊诧的事情发生了。那天，我在教室里上课，一个穿制服的叔叔来找我。他对我说："因为拒绝做家务，现在你受到了法院的传唤，将面临长达10页的指控。"

听到这个消息，我吓得差点晕过去。虽然，我只是寄宿在琼斯阿姨家，但也好比是她的孩子。对于不愿意做家务的孩子,德国父母真的会向法院起诉,以求法院督促孩子履行义务!

最终,我去法院领回了一张500欧元的罚单,并写下了保证书。见我满脸愧色地回到家,琼斯阿姨安慰道:"你不要见怪。我去过中国,也知道中国父母的想法。他们认为,不让孩子做家务是爱孩子的一种表现。可是,在我们德国人眼中,这却是在害孩子。我们认为与其让孩子做寄生虫,不如教给他们劳动的技能,这样他们长大之后才能有出路,才能找到自己的饭碗。"

我点点头,心想:尽管德国父母的有些做法"不近人情",但的确目光长远,与其让自己的孩子将来做寄生虫,不如现在就养成爱劳动的好习惯。

看了上面这篇文章,大家有何感想?我认为,德国人是有远见的,劳动教育绝对不是一种权宜之计,它是一项利国利民利己的工作,确实需要我们从孩子还是幼儿时就重视!

哈佛大学的一些社会学家、行为学家和儿童教育专家,曾对美国波士顿地区的456名少年儿童进行了长达20年的跟踪调查,发现爱劳动,特别是爱干家务劳动的孩子与不爱干家务劳动的孩子相比,长大后的失业率之比为1∶15,犯罪率之比为1∶10,前者的平均收入要高出后者20%左右,前者的离异率、心理疾病患病率也较低。专家们分析说,让孩子从小爱劳动、做些家务,有助于他们形成吃苦耐劳、珍惜劳动成果、重视家庭亲情、尊重他人等品质,他们长大以后,自然比那些"四体不勤"的孩子更有出息。

由此可见,培养孩子爱劳动特别是参加家务劳动的习惯,不仅仅是孩子为父母分忧的权宜之计,还关系到孩子今后的成长、成才、就业和生活幸福。因此,教育者要创设良好的条件,让幼儿从小就自然而然地参与并热爱劳动。

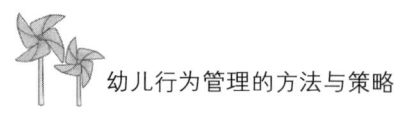
幼儿行为管理的方法与策略

## （一）明确适合幼儿的劳动任务

很多教育者都有这样一种想法：孩子这么小，他们能做什么家务呢？下面向大家介绍各个年龄段的孩子可以参加的劳动。大家在培养孩子的劳动习惯时可以参考。

**9—24个月**

家长可以给孩子一些简单的指示，让孩子参加一些简单的劳动：拿汤匙吃饭；把脏的尿布扔到垃圾箱里等。

**2—3岁**

生活自理：自主如厕、刷牙、晚上睡觉前整理自己的玩具；拧开水龙头，往杯子里倒水；离开房间时，自觉关灯；清理吃剩下的食物；擦干净不小心弄脏的物品。

家务劳动：把垃圾扔进垃圾箱；和妈妈一起把衣服挂上衣架；浇花；饭前把纸餐巾放到桌上；把袜子套在手上掸灰尘等。

**3—4岁**

生活自理：在穿鞋子之前，能按双拿好自己的鞋子和袜子；自己穿袜子、鞋子；在洗澡之前拿好自己的衣服；吃完饭收拾自己的碗筷；将自己换下来的衣服放到脏衣篮里；学会自己刷牙；能按规定把玩过的玩具放回原处。

家务劳动：擦家具上的灰尘；喂宠物；能按照规定关灯、电扇和空调。

协助父母：父母回家，能给父母放好拖鞋；将妈妈叠好的衣服放回衣柜；睡前帮助妈妈铺床；父母从超市买菜回来后，帮助父母把菜拎进家；准备简单的餐后水果给大家吃；和大人一起洗青菜、水果等。

幼儿园劳动：端饭菜；拿点心；取开水；饭前、便后洗手；饭后将餐具放到指定地方；简单整理床铺；和老师去倒垃圾。

**4—5岁**

生活自理：将用后的毛巾、牙刷挂好、放整齐；独立穿脱衣服；准备自己需要的东西，如准备第二天要穿的衣服、鞋袜和要用的文具等；独自铺床。

家务劳动：饭前摆碗筷、桌椅，盛饭；吃完饭后把脏碗拿到洗碗的水池边，把洗干净的餐具放回橱柜，擦干净饭桌；收拾房间（把乱放的东西捡起来并放回原处）。

协助父母：妈妈做饭时在旁边帮忙；帮助妈妈把叠好的干净衣服放回衣柜；给爷爷、奶奶、父母、客人倒水；给爷爷奶奶挠痒、敲背；洗水果；为长辈剥橘子等。

幼儿园劳动：种植并护理一盆植物；和老师做好班级清洁工作，将教室里的垃圾拿到指定地方；睡前将衣服叠好并放好；把鞋袜整齐地放在床边；饭后擦桌子；放学前收拾好自己的物品；大小便后要冲洗厕所；根据冷暖添减衣服。

**5—6岁**

生活自理：收拾自己的房间；叠被子；洗自己的内裤、袜子；整理自己的书包。

协助父母：饭前端冷菜，盛饭；饭后收碗、洗碗；承包一间房子的擦地板任务；用吸尘机清洁地毯；倒垃圾；为父母擦皮鞋；洗米煮饭。

幼儿园劳动：喂养一种小动物；饭后收拾餐具并清洗干净；独立做好班级清洁工作。

劳动任务，应随着年龄增长而循序渐进，小时候要完成的劳动任务，长大后还得继续完成，同时还得完成新的任务，并且逐渐形成劳动习惯。

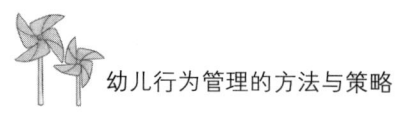

## （二）给幼儿布置劳动任务的程序

给幼儿布置任务时，教育者可根据以下程序来进行：

### 1. 让幼儿明确劳动任务及其完成标准

每天每周都要贴出每人（包括幼儿和教育者）的劳动任务及标准，比如，洗碗要将粘在碗上的食物及油渍冲洗干净，并且要用干净的水再冲5次，然后用洗碗布擦干净碗上的水珠——让幼儿不仅知道要做什么，还知道要做到什么程度。这样，幼儿在劳动时目标更加明确，劳动会更加认真细致。

### 2. 确定完成劳动任务的期限

给幼儿布置劳动任务后，要给他们确定完成任务的期限。这样，可以避免幼儿做事的时候拖拖拉拉，或者只顾玩而没有认真地做事。比如，告诉幼儿洗碗只有2分钟，并且要按质按量完成任务，免得幼儿洗碗时玩水。另外，还要鼓励幼儿不断进步，看看他能否以更快的速度来完成同样的任务，如此一来，不断追求劳动效率的提高可能会成为幼儿做家务的一种内在动力，同时，这种追求还有利于幼儿的身心健康发展。

### 3. 检查幼儿的劳动任务完成情况

按照劳动任务标准对劳动任务完成情况进行检查，这样更有利于幼儿按质按量完成劳动任务，让幼儿因自己的劳动成果而产生成就感，同时，也应列出教育者应完成和已经完成的劳动任务，要让幼儿感到教育者不仅仅是吩咐他们劳动，教育者自己也在完成分内的劳动任务。作为教育者，特别是家长，应该让幼儿知道教育者自己要比他们完成更多的劳动任务。

### 4. 向做家务的孩子道谢

表扬称赞是适于幼儿的一种鼓励方式。教育者要经常告诉幼儿，自己对他们的劳动付出多么感激。这种真诚的感谢会令幼儿更加积极地参加各项劳动任务。

### （三）教会幼儿相关的劳动技能

在平时和幼儿一起游戏、一起生活、一起学习时，你会发现大多数幼儿起床后不会穿衣，看了书后不知道把书放进书柜，觉得劳动让人脏和累。更令人吃惊的是，有的幼儿说："老师，幼儿园里的鸡蛋太硬，我咬不动。"原来孩子们都不会剥鸡蛋壳。在家庭调查中发现，幼儿在家都是衣来伸手，饭来张口。这说明幼儿缺乏的不是劳动时间和学习能力，而是劳动技能。

因此，教育者要让幼儿喜欢劳动，就应该让幼儿学会劳动——让他们掌握相关的劳动技能，这样，他们在劳动的过程中才会有成就感，才会感到快乐——他们学会某项劳动技能后，总想自己的事自己做，大人帮助他们，他们会嘟起小嘴嚷嚷："不要你帮忙！""我会！""我自己来！"如果幼儿没有掌握相关的劳动技能，他们就会对劳动产生抵触心理，甚至产生自卑感。

### 案例2-10　冬天不盖被子的李江楠

一天午睡前，我提醒小朋友们脱掉外衣盖好被子再入睡。大部分幼儿都认真地做着，只见江楠小朋友脱下外衣后，用小手轻轻地拍打着叠得整整齐齐的被子，而后便悄悄地躺在枕头上。我走过去摸着她的头，轻声地问："江楠，你哪里不舒服？怎么不盖被子呢？刘老师帮你盖好吗？"听到这儿，江楠立即坐了起来说："刘老师，我不冷，我不盖被子。"

"那怎么行？一会儿睡着了会感冒的。"

"我不怕。"她坚持说。

当我碰到她的被子时，她立即用身体挡着被子，好像老师要碰坏她的宝贝一样，大声说："我不会叠被子。"我马上明白了。这时子微跑过来对我

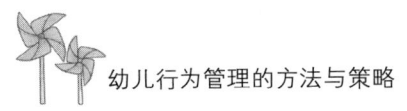

说:"刘老师,江楠不会叠被子,这是昨天我给她叠的。"子微的声音很小,但传到江楠耳朵里却像一声响雷,她用双手捂住了自己的脸……

### 案例2-11 不喜欢穿袜子的康康

康康妈妈说:"天气变冷了,孩子却怎么也不肯穿袜子,我非要帮他穿上不可,要不然他受凉就糟糕了,可他就是哭个不停,并且反复地说:'真烦人!'"

妈妈走后,康康依然哭个不停。我问:"康康,你为什么哭呀?"康康没有回答,却央求我:"潘老师,中午睡觉时,我不要脱袜子,行吗?"我问:"为什么?"康康答道:"袜子脱下来,会弄丢的。"

我安慰康康说:"袜子不会丢的,我会给你保管好。"不管我怎么说,康康就是不停止哭闹。

最后康康又央求我:"潘老师,我不会穿袜子,你能帮我穿吗?"我爽快地答应了,康康终于停止了哭闹。我终于明白,康康哭闹是因为他不会穿袜子,所以担心自己在幼儿园脱掉袜子后不知道怎么穿。

案例中江楠和康康的表现说明,在劳动教育方面让幼儿掌握基本劳动技能是十分重要的——让幼儿会劳动,是让幼儿愿意、喜欢劳动的基础。幼儿缺乏相应的劳动技能,不仅使幼儿不能很好地完成劳动任务,还会影响到幼儿健康个性的形成。

### (四)将劳动教育当作促进幼儿全面健康发展的手段

教育者一定要记住:不是劳动需要幼儿,而是幼儿健康发展需要劳动。幼儿参与劳动的着眼点不应放在劳动的经济效益、时间效益上,而应放在劳动对幼儿健康全面发展的促进作用上。由于经验和能力的局限,有时幼儿参加劳动可能会给教育者带来更多的麻烦，让幼儿劳动，不如自己劳动省时省力，但是从教育幼儿、促进幼儿健康成长这个长远的目标来考虑是值得的。

劳动不仅能让幼儿获得劳动的意识、知识和技能，而且能促进幼儿其他方面的发展。父母应该让孩子从小就明白，参加扫地、洗菜、洗碗、冲厕所等劳动是其应尽的义务，而不是在帮父母干活儿，这样孩子才会心甘情愿地去干活儿，而不会讨价还价地讲条件。而有的父母在让孩子劳动时总爱说："你帮我干点活儿。"久而久之，就会使孩子缺乏对家人、对家庭的责任感，也就不愿意去劳动了。父母也不要以贿赂的手段来利诱孩子去劳动，否则，没有"实惠"作强化物时孩子就不愿劳动。

为了让劳动能更好地促进幼儿的健康发展，教育者不要用劳动来惩罚幼儿。在幼儿犯错误后，有的教育者喜欢用劳动来惩罚幼儿，还美其名曰"劳动改造"。事实上，这样的教育，不但不能使幼儿意识到自己的错误，相反还会使幼儿对劳动产生厌恶感。

### 案例2-12　凭什么要让我干活儿

尹老师带的是大班，近来她班上在上课和午睡时喜欢说话的孩子越来越多，因此她规定，如果班里的哪个小朋友在上课或睡觉时间乱讲话，就罚他打扫教室。有的小朋友上课从不讲话，因此，从没有打扫过教室。东东就是这样的，为了不打扫卫生，东东努力地克制自己，不讲话。回到家里，妈妈让东东帮忙干些活儿，东东特别不乐意，不停地抱怨："我又没有做错什么，凭什么要让我干活儿！"

这就是平时教师以劳动任务来惩罚幼儿导致幼儿厌恶劳动的恶果。

为了让劳动更好地促进幼儿的健康发展，就要让幼儿体会到劳动的快

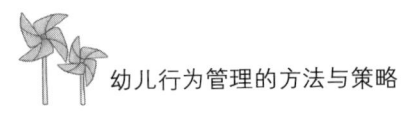

乐。教育者可安排成人和幼儿一起参与劳动。幼儿是乐于和教育者一起劳动的，如和妈妈一起择菜、洗菜、收叠衣物，和爸爸一起清扫房间、整理花木，在节假日全家人一起包饺子，等等。教育者和幼儿一起劳动，可以提高幼儿的劳动兴趣，融洽师幼关系，密切亲子感情，还能培养幼儿的协作精神。在与幼儿一起劳动时，教育者应以身作则，以自己对劳动的热爱来感染幼儿，给幼儿树立良好的学习榜样。平时父母不要因为做家务而发牢骚，否则，孩子会认为做家务是很累人、很无趣的，因而不喜欢做家务。如果教育者在劳动时放点音乐、哼哼歌，就会增强幼儿对劳动的兴趣。即使教育者有时不愿劳动，也不要当着幼儿的面发牢骚，更不要在要求幼儿劳动时，自己在一旁看电视或玩手机游戏。要安排幼儿完成那些使他感到对团队、对家庭生活有重大贡献的劳动任务，如扫地、洗菜、摆餐具等。让幼儿做的家务要有趣味性，如：帮助摆餐桌时，可让他放一些色彩鲜艳、有图案的桌垫、餐巾纸等；请幼儿把脏衣服放到贴有米老鼠或唐老鸭的衣篓中。这样，幼儿对家务活就会感兴趣而乐意去做。在劳动中增加竞赛性，如在劳动过程中和幼儿玩"比比看谁做得好、做得快"的游戏，在比赛中，时常让幼儿赢得胜利，相信幼儿会更乐于"帮忙"。

为了让幼儿能体会到劳动的快乐，教育者不要让他们带着负性情绪去劳动，不要在幼儿玩兴正浓时让其劳动，也不要用威胁的手段去迫使幼儿参加劳动，否则，幼儿即使参加劳动了，也很可能由此而厌恶劳动。

由于幼儿的自控能力差，加上劳动本身不一定都是快乐的，有时甚至很辛苦，所以幼儿的劳动兴趣容易转移，往往不能善始善终。这时教育者应及时提醒幼儿并帮助他们克服困难，引导幼儿有始有终地完成劳动任务。

另外，由于幼儿能力有限，他们完成劳动任务时往往不能尽善尽美，有时甚至还会好心办了坏事，对此，教育者一定不能嘲笑或呵斥，而应在表扬优点的基础上提出改进要求，如："今天你扫地扫得很干净，就是角落里忘了扫,明天你肯定会把地扫得更干净。"否则,幼儿就会对劳动失去兴趣和信心。

**(五)利用幼儿最初的劳动兴趣**

幼儿期的孩子是好奇和好模仿的,他们在看到家长整理房间、洗衣服、扫地时,会有一种新奇感,也会产生浓厚的兴趣,非常乐意模仿家长参与相关劳动。你洗衣,他就在旁边玩肥皂;你包饺子和面,他就伸手去揪一块面团玩。这时,家长可以吩咐孩子做一些简单的事情,如拾起娃娃,把报纸拿给爸爸,给妈妈拿双拖鞋,把垃圾、废纸等丢到垃圾篓中等。如果从幼儿期开始,就让孩子参加力所能及的家务劳动,他们就会自然而然地、愉快地参加家务劳动,而且没有辛苦的感觉,更不会认为这是额外负担。

### 案例2-13　白白养你这么大

3岁多的小伟正在厨房看妈妈整理从超市买回来的东西。

他尝试帮忙清理,妈妈赶紧抢先了。

他又拿凳子给妈妈坐,妈妈没有反应。

妈妈从冰箱里拿出蛋夹放在桌上,准备将蛋排好,小伟帮忙把菜屑清理干净并放进垃圾桶,妈妈也都不吭声……

最后,妈妈突然叫道:"小伟,走!走!我自己来,等你长大一点儿再帮妈妈!"

可是,等小伟长到十几岁时,并没有养成做家务的习惯,妈妈又开始骂:"小伟!我们白白养你这么大,你什么忙都不会帮!"

小伟妈妈的失败就在于没有利用好小伟最初的劳动兴趣来培养孩子的劳动习惯。

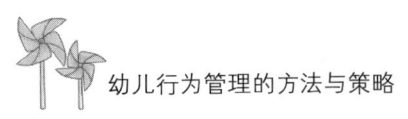
幼儿行为管理的方法与策略

### 案例2-14 嘟嘟喜欢拖地板

每当妈妈清洗地板的时候,3岁多的嘟嘟都好奇地看着妈妈。今天她发现地板脏了,就开口说:"妈妈,洗地板!""好呀,那要拿什么?"妈妈为了满足嘟嘟的好奇心,不仅同意由她来清洗地板,而且提醒她去思考要准备什么东西。嘟嘟去拿了拖把,妈妈准备了一桶水后,就这样动手了。

"妈妈,我把那个脏的地方洗了。""真能干,嘟嘟。"就这样嘟嘟开始了第一次洗地板,从此以后,每次洗地板她都有份儿。

"嘟嘟,你拖得很好,如果沿着瓷砖的线拖过去,再换一行拖回来,就会更好!"嘟嘟很高兴地照着做了。

"嘟嘟,你累了,休息,休息!剩下的妈妈做就好了。""不累!"嘟嘟满脸欢喜,又来回拖了几次。"嘟嘟,你洗得太棒了!假如水弄少一点儿,那就更好了。"

如此这般,嘟嘟拖地板的范围越来越大,技巧也越来越熟练。

嘟嘟的妈妈是有教育智慧的,她利用嘟嘟最初的劳动兴趣,不断表扬和鼓励,让劳动变成了嘟嘟的兴趣和习惯。

### 案例2-15 我家摆放整齐的鞋子

有一天女儿在门口等候妈妈的时候很无聊,忽然心血来潮,把门前的拖鞋排得整整齐齐的,正好我出门时看到了。

"多多,拖鞋是老师叫你排的吗?"

"不是。"

"那是谁教你的?"

"我自己要排的。"

"多多好聪明,把拖鞋排得这么整齐,爸爸好高兴!"我把她抱起来,转了几圈放下来,多多喜上眉梢。

第二天,不用说她又如法炮制,而且把拖鞋排得更整齐。于是我摸摸她的头说:"多多好能干,好懂事,鞋子摆得好整齐。"

第三天、第四天……结果可想而知,每天拖鞋都排得好好的。

上述案例中的爸爸也很有教育智慧,他发现女儿最初的劳动兴趣,然后不断表扬激励,女儿偶尔的劳动就变成了习惯。

### (六)注意评价的艺术

为了更好地激发幼儿参与劳动的积极性,教育者要注意对幼儿进行评价的艺术。

#### 1. 采用"三明治原则"

所谓"三明治原则",就是尊重对方,不直接指出过错,宛如三明治一样分为三层,首先是肯定、问候、询问对方,而后具体指出不足和缺点,最后提出建议,给予鼓励、安慰和期望。

很多教育者在与幼儿相处的时候往往忽略了"三明治原则",过于直率地跟幼儿说话,轻则引起幼儿的反感,重则引发双方的矛盾甚至纠纷,即便是真心付出、呕心沥血,也可能得不到幼儿的理解,更不会被幼儿接受。

面对孩子自己动手叠得并不整齐的被子:

甲母亲气冲冲地对孩子喊道:"我说你不会,你偏要逞能,走开!让我重新给你叠!"这个孩子由此之后就再也不愿尝试着自己做事情了。

乙母亲却欣喜地赞赏孩子:"哟!今天你自己叠被子了,真能干!来,让妈妈瞧瞧!嗯,不错!(只是被角没有拉平。)你很聪明,如果在叠被子时想办法将被角拉平就更好了。"这个孩子受到鼓励,今后不仅能将被子叠

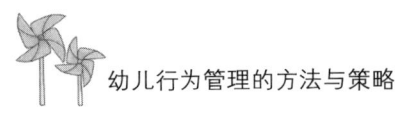

得更整齐，而且增强了独立做事的兴趣和信心。

由此可见，教育者对幼儿的劳动应多积极地鼓励，然后再提高要求，使幼儿体验到独立完成一件事情而获得的快乐，从而增强做事的信心。

### 2．劳动成果展示法

展示劳动成果也是一种不错的评价方法，即通过展示实物或照片（如，植物发芽、开花的图片，动物一天天成长的图片，桌椅和玩具由混乱到排得整整齐齐的图片等），将前期和后期进行比较，让幼儿看到自己的劳动成果，这样幼儿就会产生劳动的成就感，从而更加积极地参加劳动。

### 3．多表扬鼓励，少批评

由于能力和经验的限制，幼儿的劳动任务可能完成得不够好，教育者应坚持多鼓励少批评的原则，仔细观察其努力和进步之处，及时进行表扬，调动和保护幼儿劳动的积极性，这样可避免幼儿失去对劳动的兴趣。

A 老师："我让你把玩具收拾好，你怎么收拾成这个样子？"

B 老师："你能收拾好玩具，老师很高兴！谢谢你！如果你能将玩具分类放并且放得位置低一些就更好了！老师相信你一定能把玩具收拾得更好！"

可以预见：幼儿在听完 A 老师的训斥后，就再也没有收拾玩具的内在动力了。而幼儿在听完 B 老师说的话后，很可能会马上按老师的要求去把玩具收拾得更好。

### 4．不要苛求幼儿

对于幼儿而言，积极地参与劳动比劳动效果更为重要。如果幼儿碗洗得不够干净，桌子擦得不够亮，厕所冲得还有异味，不要批评他的工作，因为批评会挫伤幼儿的自尊心，更会打击他参与劳动的积极性。

## （七）幼儿需要不断激励

幼儿成长需要教育者不断激励，教育者的激励能带给幼儿信心和勇气。

### 案例2-16　我会系鞋带了

一天，小威午睡后喊陶老师："陶老师，请帮我系鞋带。"陶老师刚要走过去帮他系鞋带，可又一想：让他自己先试试吧。于是，陶老师对他说："小威，你能自己试一试吗？"小威噘起小嘴很不情愿地点了点头，然后坐在凳子上摆弄起鞋带来。看到这一情形，陶老师对其他幼儿说："小朋友们，小威多棒呀！我们给他鼓鼓掌好吗？他一定能系上鞋带。"活动室里响起了一片掌声。这时，小威则笑眯眯地系起了鞋带。过了一会儿，活动时间到了，可小威还没有系好鞋带，陶老师走过去对他说："老师帮你系鞋带，好吗？"没想到的是，小威很坚定地说："不，我一定能系上。"于是，小威又系起来，系得很专注、很认真。等到活动结束时，小威系好鞋带跑到陶老师跟前说："陶老师，我会系鞋带了！"看着小威自豪的样子，陶老师说："你真棒！"虽然小威没有跟小朋友们一起活动，可他却学会了一项技能，更为重要的是他对自己多了一份自信。

当幼儿在劳动过程中遇到困难时，教育者应该多给幼儿一些鼓励，多点耐心；如果幼儿劳动时出错了，教育者应帮助幼儿找到解决问题的方法，而不是指责或放弃，要让幼儿从劳动中获得成长和自信。

## （八）让幼儿在帮倒忙中获得成长

有时幼儿参与劳动不得要领，越帮越忙。对此，教育者不要烦躁地将他支开，否则既会伤害幼儿参与劳动的积极性，又会削弱幼儿的自信心。

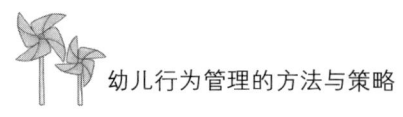
幼儿行为管理的方法与策略

对于幼儿来说，学习做一件事情是一个"尝试→失败→再尝试→……→成功"的过程。对幼儿的发展而言，失败教训和成功经验有同等的发展价值，都是幼儿健康发展所必需的。因此，教育者应当教育幼儿不怕困难，敢于实践，敢于迎接挑战。

年幼的孩子需要的更多的是教育者的认同，如果教育者总是对幼儿说"你不会，我来"，那么以后幼儿就真的什么也不会了。如果你相信幼儿，对幼儿说"我知道你可以"，那么，时间就会证明，幼儿真的可以——这就是期望效应！

### 案例2-17　佳佳什么都不会

今天是双休日，也是佳佳的生日。佳佳的家里来了许多客人，奶奶又是倒茶又是削水果，忙得团团转。佳佳坐在电视机前目不转睛地看动画片。这时奶奶从厨房走出来，手里端着一碗豆荚，大声地说："佳佳，来帮奶奶剥豆荚吧！"佳佳头也不回。奶奶想走进佳佳的房间，一不小心把豆荚都撒到地上了。奶奶急了："佳佳，过来帮奶奶捡一捡。"佳佳看了一眼说："奶奶，我不会，我要看电视！"爷爷听了后从房间里走出来急忙说："佳佳才6岁，那么小的孩子能做什么呀？让她看吧！我来捡好了。"奶奶摇摇头，一脸的无奈。

佳佳没有劳动意识和劳动能力，是什么原因造成的呢？看完案例我们就明白了——爷爷总认为佳佳还小，不给她锻炼的机会，不给她失败的机会，她哪能成长呀？！劳动技能，作为一种行为方式，不能来自遗传，只能来自后天的训练！你不给幼儿机会，他当然什么都不会做了。

劳动是幼儿认识世界的阶梯，对促进幼儿的独立性、社会性、自信心、智力和身体素质等方面的发展有着独特的作用。幼儿天生就爱劳动，要让幼儿一直爱劳动并从中得到更好的发展，我们就应该不断研究其中的规律和方法策略。

## 三、培养幼儿独处意识和行为的方法与策略

独处指没有社会性的互动的状态。"独自一人"的状态是次要的，主要是不存在与他人的互动。即使处在人群中，只要一个人不与他人进行交流，就可以视为独处。在独处的状态下，个体表现出如下三个特征：

- 个体在意识上与他人分离，没有情感和信息的交换。尽管独处的个体没有与他人发生实质性的交往，但在独处者的意识里并不排除心理和精神层面上与环境之间的单向联系。
- 在社会情境中也可能发生，是否独自一人不是必要条件。独处并不只是发生在物理空间中的"单独"状态，在社会群体中也可能是"人在心不在"的状态。
- 独处是个体的主动选择，有较多的积极情绪。独处应该是"建设性的"，而非被动或在不自愿的情况下发生的。在独处状态下，个体有更多的自主权、决定权，能体会到更多的积极情绪。虽然现代社会越来越强调人际交往的重要性，但是我们必须承认这样一个事实，即人并非时时刻刻都生活在与他人的交互关系中，人在一生的各个阶段都有独处的需要，这种独处对个体的心灵成长来说是不可或缺的。

### 案例2-18 壮硕的猴子死得快乐

澳大利亚的一位动物学家从亚马逊河丛林带回两只猴子，一只壮硕无比，一只瘦小羸弱。他把它们分别关在两只笼子里，每日精心喂养，观察它

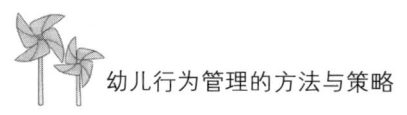

们的生活习性。一年后，壮硕的猴子莫名其妙地死掉了，而瘦小羸弱的猴子却活得好好的。为了不中断研究，他又让人从巴西带来一只猴子。这只比原来的那只还要强壮硕大，可是，不到半年，它也死了。为了弄清原因，他对死掉的两只猴子的尸体进行解剖，却未找到原因。

1971年，他重返亚马逊河，对那儿的猴群进行研究，结果发现，凡是体格健壮的猴子"人缘"都比较好，其他猴子弄到食物时，它们总能分享到一份。但这类猴子很少静下来，它们一有空就在猴群中穿梭，与其他的猴子或是追逐，或是嬉闹。然而，这类猴子一旦被捉住，却很少能活过一年。那些喜欢晒太阳和闭目养神的猴子则不同，它们由于不合群，很少能分享到其他猴子的食物。这类猴子长得都比较弱小，但它们被捉住后却可以活下来。

上述研究结果告诉我们：缺乏交往的生活是一种缺陷，而缺乏独处的生活则是一种灾难。猴子的世界是这样，人类的世界也是如此。

其实，独处很重要，一个人自己待着很重要。独处是现代人必须具备的一种素质。我们生活的这个时代，是一个很热闹的时代，大家的生活都非常忙碌。你细心观察，就会发现：大家来去匆匆，好像都是大忙人，每时每刻都有要紧的事情要办；没有事做的时候，我们又被手机控制了——吃饭时要看手机，走路时要看手机，上厕所时要看手机，睡前要看手机，甚至梦中也要看手机。现代人已经没有时间思考了，甚至没有思考的兴趣和意向，几乎不再有宁静的内心生活了。

独处是人生不可或缺的生存方式。人之所以需要独处，是为了进行内在的整合，也就是把新的经验放到内在记忆中的某个恰当位置上。唯有经过这一整合的过程，外来的知识、经验、体验和感受才能被自我消化，并成为自我精神世界或知识结构中的有机组成部分。一个人不能独处，就没有灵魂生活，必须到别人那里去或者找一件事情来做，否则，他就受不了。关于这一点，尼采说过一句话："这样的人如果到别人那里去，对别人是一种打扰。"因此，有无独处的能力，关系到一个人能否真正形成相对自足、独立的内心世界以及正确的人生观和世界观，甚至关乎其一生的幸福。

### 案例2-19 懿惠

开学前，老师到每个小朋友家里进行家访。和许多中国孩子一样，懿惠也有自己独立的房间。当老师问起懿惠是否午睡时，懿惠的爸爸妈妈说："她不太愿意睡午觉，但是当我们告诉她休息时间到了时，她就会自己走进小房间，关上门。如果累了，她就会躺到小床上睡觉；如果不累，她就会自己看看绘本，或搭建她的积木或积塑，等时间到了才打开门出来。"老师感到很惊讶：懿惠的爸爸妈妈怎么放心让孩子一个人待在小房间里，而懿惠又是如何自控的呢？要知道，懿惠只有两岁半啊！而懿惠的妈妈说："她从小就是这样，习惯了。她知道在休息时间是不可以出来的。"

### 案例2-20 莫小菲

莫小菲，4岁半，她是如何安排自己独自在家的一个多小时的呢？

爸爸妈妈出门去小区的小超市后，她就开始吃面条。吃完面条她第一次自己把碗洗了。洗完了碗她打开电视，但是很多频道没有节目或者节目不好看，于是她关上电视。发现掉在地上的面条后，她学着爸爸妈妈的样子扫地拖地。把这些事情做完她开始画画，画完了她又打开电视……

### 案例2-21 优优

优优，5岁多，但独处的能力很不一般，经常一个人静静地读书。他喜欢看儿童版历史读物，最近对先秦历史着了迷，天天独自捧着书看得津津有味,还经常跟爸爸妈妈讲他看过的故事,像卧薪尝胆、指鹿为马、大禹治水之类的,都讲得头头是道。双休日如果爸爸妈妈有事出去,让他独自在家待半天没一点问题,不用任何叮嘱和安排,他就会给自己找很多喜欢的事情来做,比如看书、弹琴、玩电子游戏等,有时还学爸爸干家务的样子拖几下地,当然是画地图式地划拉几下。而且,独处的时候他会思考一些问题,有好几次,爸爸一回到家他就把事先准备好的问题拿出来"考"他。他跟妈妈讨论过"孝顺""善良"等话题,问妈妈什么是"孝顺",什么样的人才称得上"善良"。他还对"灵魂"充满好奇,问过妈妈"上帝"住在哪儿、长什么样子,"如果没有上帝,那么,为什么会有'上帝'这个名字?""神是什么?"……对于有些问题,妈妈耐心地解释给他听;对于某些问题,妈妈则无法给他满意的解答,因为妈妈自己也没有认真思考过,甚至根本不知道答案。

不过,优优小小年纪就能在独处的时候阅读、思考,享受独处的快乐,让爸爸妈妈十分高兴。

优优的独处能力还表现在没有不安全感和分离焦虑症。比如,3岁后他就单独在自己的房间睡觉,爸爸妈妈向他提出单独睡的要求时,他也没闹什么情绪,只过了两三天时间就习惯了。第一次上幼儿园,他也没有像有些小朋友那样哭闹或拽着大人不让走,而是很高兴地背着书包进了幼儿园,不一会儿就和小朋友们玩到了一起,而且自己吃饭、自己睡午觉。老师一个劲儿地夸他"表现好"。尤其是上课,一节课要上10~15分钟,一开始好多小朋友坚持不了,但对于有独处习惯的优优来说却没有一点问题,他能神情专注地听讲,经常会赢得老师奖励的红五星。

首先声明:我们不主张,不,我们坚决反对将幼儿单独丢在家里——不管你有何理由,也不管孩子的独处能力多么强,更不管家里有无联网的全方位监控摄像头（家长随时可看到孩子在家的表现）。把孩子单独放在家里是错误的，也是不负责任的。

不过，从上述案例中独处能力较强的懿惠、莫小菲和优优的表现，我们可以看出，独处至少有如下好处：可以减少对别人的打扰，减轻父母的负担；善于独处的幼儿有自己的兴趣和爱好，喜欢看书，喜欢思考，喜欢提问，喜欢想象，思考有深度，会安排自己的生活，自得其乐，具有更强的适应能力……

幼儿健康成长需要从交往中汲取营养，也需要从独处中汲取营养，幼儿独处时在自由、自主的时空内进行完全自我的探索和操作，并产生积极的情感体验。独处能让幼儿暂时地将自我与外界剥离开来，沉浸在自己的世界中，体验着人格和心灵的独立。独处不仅是他们的心灵自然成长的一种需求，更是一种健康和有益的经历。因此，我们要从孩子幼小的时候就重视其独处意识和行为的培养，让他们从小学会独处，学会过一个人的生活。

为了更加有效地培养幼儿的独处意识和行为，教育者应该注意以下几点。

### （一）转变旧有教育观念

教育者旧有观念的转变是培养幼儿独处意识和行为习惯的一个重要前提。为此教育者必须摒弃如下错误的观念：

- ◆ 独处意味着退缩，意味着社交能力不强。
- ◆ 独处就是害羞、退缩、孤独或者社会性不强。
- ◆ 喜欢独处就是孤僻的、郁闷的、不快乐的，甚至是病态的。（殊不知，这些标签会给一个原本健康快乐、满足于独处状态的幼儿造成很大的伤害。）
- ◆ 有小伙伴的群体活动才是有益的，独自玩是无益的。

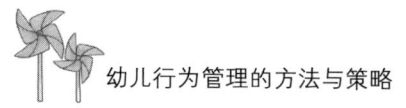

- 独处是人际交往的障碍。
- 等待、发呆、做白日梦、独处是没有价值的。（无论在室内还是在室外，如果哪个幼儿在独自出神，便会有教师来启发引导，使其加入教师所期待的活动。）

只有教育者摒弃了这些对独处的负面认识，才能发自内心地去培养幼儿的独处意识和行为习惯。

另外，教育者还要对独处树立以下积极的观念：

- 独处是幼儿成长过程中表现出的有益的、必需的需要和行为。
- 独处有助于幼儿缓解内心压力。
- 独处有助于幼儿发挥创造力。
- 独处有助于提高幼儿的认知能力。
- 独处是幼儿的身心健康发展的必要条件。
- 开朗活泼的幼儿喜欢热闹，性格内向的幼儿偏好独处——教师的职责在于努力寻找每一个幼儿的优势生长点，促使他们更好地发展，而不在于推动一种性格向另一种性格的转变。

教育者只有树立正确的独处教育理念，才有可能制定正确的独处教育方案，采取正确的教育行动，进而促进幼儿独处意识和能力的发展。

## （二）给幼儿以足够的安全感

安全感是幼儿产生独处意向和行为的基础。幼小的孩子普遍都有一种"乌龟心态"——好奇的小乌龟把头伸出来时，如果发现周围很安全，就会自由自在地、好奇地观察外部世界；一旦发现有危险情况，便会马上缩回去，久久不敢伸头张望。如果我们注意观察，就会发现：从孩子会爬开始，他们就经常谋划着离开母亲，到更远的地方去，同时他们也会不断地回头看看母亲还在不在原来的地方。一旦不能确认能随时回到母亲的怀中，他们就会立刻停止往更远的地方爬去，或者停止手头的事情，变得焦虑不安起来，进而快速地寻找母亲，奔向母亲的怀抱。所以说，独处来自安全感。只有在确认安全的情况下，幼儿才会勇于探索未知的世界，挑战各种不可能。

马斯洛的需要层次理论指出：除非个体的身体和心理两个方面的安全感能被满足，否则个体不可能产生学习行为。幼儿的心理是敏感而脆弱的，只有在身心都有安全感的条件下，幼儿才会进行探究活动。

### 案例2-22　老师一声吼

大班科学探索活动"磁铁"正在进行最后一个环节，老师提供了各种材料让幼儿自由地探索哪些物品能被磁铁吸住。阳阳拿起手中的磁铁放到旁边小朋友的脸上，老师走过来大声斥责他："你怎么这么调皮，快放下！"阳阳看着老师发怒的脸，怔住了。在这之后，他都不敢尝试，只是茫然地看着周围的同伴。

当自主活动受到威胁时，幼儿就会放弃探索活动，不敢做新的尝试，独处就会成为空谈。

为了能给幼儿创造一个安全的心理环境，教育者应该注意以下几点：

- ◆ 要让幼儿感觉到教育者对他的爱是无条件的。
- ◆ 向无助的幼儿伸出援助之手。
- ◆ 面对幼儿屡屡犯错，面对幼儿的笨拙，面对幼儿的无意冒犯，教育者要有宽容之心。
- ◆ 教育者在幼儿面前态度要温和、友善、温暖。
- ◆ 不要用吓唬的方式来教育幼儿。
- ◆ 不要在幼儿面前使用愤怒、冷漠、白眼、仇视、严厉等表情。

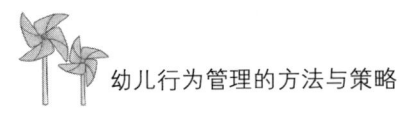

◆ 不要把焦虑情绪传递给幼儿。妈妈外出回家时应该用轻快的语调跟孩子说:"妈妈回来了,你在家里做了什么好玩的事呀?"这样做,一是把快乐传给孩子,二是强化孩子独处的快乐情绪。

越有安全感的幼儿,越不会黏着教育者,越喜欢独立、独处;反之,越没有安全感的幼儿,越是不愿意离开教育者去独自活动,他们时时刻刻都在提防着教育者离开。一旦教育者离开,他们要么拼命地哭,要么拼命地追随。他们到处寻找关爱和庇护,时时刻刻都努力讨好别人,因而心灵无法独处。

当幼儿独处时,教师要与幼儿保持适度的距离,向幼儿传达安全的信号,一个充满爱意的眼神、一句恰到好处的鼓励,都能让幼儿感觉到教育者是支持、欣赏他的活动的,进而更加专注于自己的工作,其独处行为将得到进一步的强化和巩固。

## (三)尊重幼儿独处的需要

在幼儿园里我们经常能看到这样的一些画面:当一个幼儿正兴致勃勃地摆弄材料的时候,教师走过来对他的作品评头论足,告诉他这个不应该这么做、那个应该怎么做。教师这种未经幼儿许可擅自闯入其领地的行为,扰乱了幼儿的想象和思维,打击了幼儿的自信心,让幼儿无法继续活动。

请大家看一看下面的案例。

### 案例2-23 请你用纸去擦

范小虹在搭积木,她非常认真,以至于鼻涕流下来都感觉不到。当鼻涕流得妨碍她工作时,她只是用劲地一吸,鼻涕就缩回去了。

贾老师看见范小虹好几次用力吸回鼻涕的动作后,走到范小虹的身边,十分生气地对她说:"请你擦掉你那令人恶心的鼻涕!"令贾老师万万没有想到的是，范小虹很不情愿地用手抹了一下，又继续她的工作。贾老师更加气愤地吼道："我命令你去拿餐巾纸把你的鼻涕擦干净！"

最后，范小虹只好停下手中的工作，无奈地去拿餐巾纸擦干净自己的鼻涕。但是，范小虹再也没有工作的兴致了。

当幼儿专注于他们的工作而没有向教育者发出任何求助信号（直接语言求助、时不时看你一眼、渴望的眼神）时，教育者最应该做的就是静静地旁观，不打扰幼儿——不去询问，不去评价，不去指导，不去帮助——管好自己的嘴巴和手脚，不对幼儿乱指挥、瞎指导、瞎帮忙。比如，我问过许多幼儿园教师和园长："一个幼儿在用积木搭建他心中的宝塔时，每每搭到最后那两三块积木时，一放上积木整个宝塔就全部倒下来，已经连续失败6次了。请问，如果你是在场的老师，你会出手帮助他吗？"——结果90%以上的人都说："如果我是他身边的老师，我一定指导他或帮助他把宝塔搭成功，这是我们老师义不容辞的责任。"我对他们说："你们错在'责任感'过强，角色定位不准确，以至于时常干扰、破坏幼儿独立解决问题的过程，打断了幼儿的独处状态。"

我们成人需要思考的时候，就会直接要求幼儿："请不要打扰我！"可幼儿就不会对成人说："请不要打扰我玩耍！""请不要打扰我发呆！""请不要打扰我自己解决问题！""请不要动我的积木！""请不要强迫我……"因为幼儿在强势的教育者面前是十分弱势的。

幼儿常常希望被关注，但往往又不想被教育者"看透"。他们有时会有意地限制他人对他们的信息、空间和事物的洞察，保护他们的"自我空间"，这样他们可以尽情地陶醉在自己的世界里。因此，当幼儿专注于自己的工作（思考、想象、操弄、玩耍）时，如果他们没有向教育者发出求助信号，并且幼儿的这种工作没有任何身心危险，那么，教育者就不要去打扰

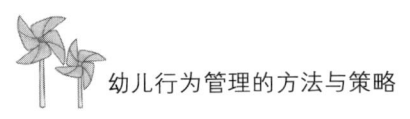

幼儿的工作,这是对幼儿的一种尊重,也是最专业的做法。

**案例2-24  孩子把作品扔到了垃圾桶里**

一天,在外面玩耍时,小菁做了一件她自己十分满意的作品,她给妈妈看过以后,要求妈妈给她一个塑料袋,把作品装在里面,带回去给爸爸看。然后,她又要了一根绳子绑住袋口。妈妈对她说:"不用绳子,直接在袋口处剪一下,就可以像手提袋似的提起来,很方便。"小菁说:"不要,我就要用绳子绑!"

妈妈自以为聪明地一刀剪了下去,并且得意地递给了小菁。可是,让妈妈没想到的事情发生了:小菁一下把袋子连同她的作品都扔到了垃圾桶里,然后跑去和小朋友玩,再也不理妈妈了。

许多成人总是自以为是,以为自己比幼儿聪明,然后将自己所谓的智慧强加给幼儿,这样做,不仅干扰了幼儿的独处状态,而且阻断了幼儿的正常发展。

## (四)循序渐进

刚开始时,幼儿对于独处会有点不适应,或者是因为害怕,或者是因为过于依恋教育者,这都是正常的表现。教育者要让幼儿逐渐适应,不宜急于求成。比如,可以让孩子与教育者由半脱离状态到完全脱离状态。对于刚会走路的孩子,家长可以和孩子玩躲猫猫的游戏,逐渐延长从其身边离开的时间,让孩子逐渐确立亲人"消失"后还会回来的观念;当再大一点的孩子有自己的活动时,家长可以和孩子分别待在不同的房间,各干各的事情。以上实际上是半脱离状态,接下来要实行短时间的完全脱离,如家长去倒垃圾或者到附近的超市去买东西,让孩子自己在家玩。要想较长时间地脱离，家长可以给孩子安排丰富的活动内容（如看电视、玩玩具、喂小鱼等），准备充足丰富的食品，让孩子在有趣的活动中不觉得独处的时间太长。再后来可以不做详细的安排和要求，只提供一些条件，让孩子自己利用这些条件去进行活动。最后，少提供条件，让孩子想办法根据家里现有的条件进行自主活动。这样循序渐进地安排孩子的独处方式，孩子就不会因突然面对独处的情境而感到恐惧了。

在独处的时间方面，也应该循序渐进，由短到长。由于孩子年龄小，还没有时间概念，家长可以买一个定时器，告诉他，到了时间，定时器一响，他就可以来找爸爸妈妈了。时间由短到长调整，这样给孩子一个适当的缓冲过程，可让他慢慢习惯独处。

### （五）让幼儿独处的时间和空间

提供充足的时间和空间是幼儿独处的前提条件。但现实中，由于受到一些专家观点的影响，有些教师认为，教师在组织幼儿的一日活动过程中，应"避免时间的浪费"，而"尽量减少等待现象"。因此，他们把幼儿的一日活动安排得满满的，几乎所有的时间都被有组织的集体活动占用了，幼儿很少有独处的时间。幼儿在集体教学活动中需要教师的组织，吃饭也需要教师的组织，就连用餐的时间也是由教师确定的。幼儿吃饭慢一点儿，多说了几句话，教师就会咆哮："哪里还有声音？！""大家快点吃！"洗手有时间要求，上厕所也有时间要求。我就曾看见过一个幼儿因蹲厕所的时间长了一点儿，老师就叫来几个小朋友为她加油。幼儿想静静地大便都被多事的老师打扰。平时，超过一两分钟的空闲时间，都会被老师们充分利用来背古诗词和儿歌，幼儿在幼儿园里的一切活动都变成了有组织的教育活动。在许多教师的观念里，教师尽力填满一日生活中的每个环节，不停地督促幼儿做各种事情，仿佛这才彰显了教师存在的价值。其实这是一个误

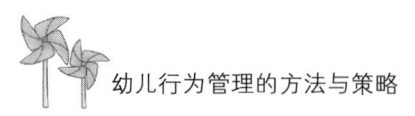

区。两百多年前卢梭就提出：最重要的教育原则是不要爱惜时间，要浪费时间。这一原则，在我们今天的许多老师看来，简直是荒谬透顶。然而，卢梭自有他的道理。如果说教育即生长，那么，教育的使命就应该是为生长提供最好的环境。好的环境的最重要因素就是有自由的时间和空间。

因此，教育者要为幼儿提供独处的时间和空间，让他们有独处的机会。

### 1. 给幼儿足够的独立时间

幼儿园和家庭应该给幼儿充足的时间独处，做他喜欢的游戏或事情，在安排活动方面应多给幼儿自由选择的机会。这种自由的活动和自由选择的活动，有利于幼儿释放出积累的负性情绪，有利于幼儿的身心健康。如果幼儿每天的时间都是被有计划、有组织的教育活动填满，都是在成人的控制之下度过的，那么，幼儿将会生活得很压抑、很被动，长期在这样的条件下生活，幼儿迟早会得强迫症等神经官能症。

教育者可以在一日生活中让幼儿每天至少有2小时可自主地选择活动，其中至少有20分钟能真正独处——发呆、胡思乱想。在独处时间里，幼儿自己划定领域，自主选择活动形式，自由地进行探索，与自然环境进行真切的交流。

### 2. 给幼儿足够的独立空间

足够的空间是幼儿独处的另一个保障。教师可以为幼儿开辟属于他们的场域——"安静区"或"发呆区"，并在这些区角里摆放一些让人感觉温馨的物品，供幼儿休息。在家里，如果有条件，要让孩子两岁半后有自己的房间，房间里有他的温馨的小床，有他喜欢的玩具，有他喜欢的图书，在房间里他可以选择自己喜欢的活动。教育者要让幼儿逐渐学会安排自己的时间，学会自己娱乐、自己活动。

教育者要注意与幼儿在空间上保持一定的距离，不要总是陪幼儿做游戏，要让幼儿掌握自娱自乐的本领，习惯于自己从生活里、从自己所处的空间里找到乐趣。幼儿通过独自玩耍，既克服了对空虚和无人陪的惧怕，又将"一个人"的机会转化为丰富而有创造性的经历。独处能力将使幼儿受益终生。

教育者与幼儿保持距离的另一个方法就是放手让孩子闲逛。只要确认周围没有危险，家长就应该放手让幼儿尽情地闲逛。比如，在超市里，随他跑来跑去，翻看那些新奇的商品；在生活的小区里，随他自由自在地跟小朋友一起玩，在人群里钻来钻去观看爷爷奶奶们唱歌跳舞；在动物园，随他在前面领路，自己选择看老虎表演还是逗鹦鹉学舌……闲逛，不仅能使孩子发现很多趣事，还让孩子尝到自己做主、不依赖大人的快乐。在幼儿园里，教师也应鼓励幼儿闲逛并在闲逛中做自己喜欢的事。

为了更好地发挥独处对幼儿发展的积极作用，教育者应培养幼儿有益的兴趣，如让他们学会读书、画画、弹琴、运动，学会自己运用积木、积塑，学会种植小植物、喂养小动物，学会收集自己感兴趣的物品，学会使用手机摄像功能记录生活，等等，让健康有益的兴趣爱好占领他们独处的时间和空间，从而促进幼儿的积极发展。

最后，我想特别指出的是：独处是幼儿的功课，也是教育者的功课。只有会享受独处的教育者，才可能真正引导幼儿学会独处、享受独处。

## 四、培养幼儿纪律意识和行为的方法与策略

纪律是指各种组织为维护其整体利益和保证有序活动而要求其成员必须遵守的行为规则。纪律行为就是指符合纪律要求的行为。纪律既是目的，也是手段，合理的纪律是幼儿园集体活动顺利进行的保障。纪律教育可以促进幼儿的社会化，帮助幼儿习得社会行为规范，有助于促进幼儿内化社会道德，有助于幼儿的个性化发展，有助于幼儿的自立、自主与自律，进而

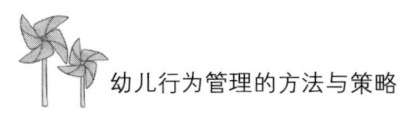

为其进入纪律严明的小学学习做准备。

### 不按时上幼儿园是小事吗？

常听幼儿园老师们谈及孩子们迟到旷课之类的"违纪问题"，为了验证他们的观点，前几天我到我市几家幼儿园去蹲点，结果发现迟到旷课的孩子可真不少……

当我问家长们对孩子迟到和旷课这一"违纪问题"怎么看时，相当多的家长表现得并不在乎。他们认为，孩子上幼儿园只是玩玩唱唱，所以迟到、早退、缺席、请假只是少唱一点儿、少玩一点儿，并无大碍……

其实，按时送孩子上幼儿园，让孩子感到上幼儿园不是一件随便的事，就像爸爸妈妈上班一样要守时、守纪是十分重要的，这对孩子的身心健康成长都十分重要。有的家长看天气太冷或下雨便不让孩子去了；有的家长看到孩子早晨不想起床，便说让他多睡会儿，晚点儿去吧。孩子由此感到去不去幼儿园都可以。结果是：去不去幼儿园完全由着孩子的性子，孩子想去就去，不想去就不去了。天太冷不去，天太热也不去；下雨了不去，刮风了也不去；稍有点不舒服不去，挨批评了也不去……孩子可能由此养成娇气、任性、怯懦、自由散漫的心理品质，这种心理品质会不知不觉地影响他今后的学习和工作，使其散漫、不受约束、我行我素、以个人为中心。

所以说，孩子的随便迟到、旷课并非"无大碍"，它对孩子的身心都有不良的影响，特别是对孩子心理的健康发展有许多难以预测的消极影响。因此，无论外界情况如何，只要孩子没有大病，不影响他在幼儿园的正常活动，家长就一定要坚持让他去幼儿园。这样，既能培养孩子的纪律性，又能培养他坚强的意志品质和勇于克服困难的精神，让他觉得无论刮风下雨、酷暑严寒，都要一如既往地把该干的事情干好、干到底，而不能退缩。这种良好的品质一旦形成，将会使其终生受用。

英国教育家洛克认为，对孩子进行纪律教育一定要趁早，因为孩子的精神纤弱，最容易加以引导。从小就对幼儿进行纪律教育可以取得事半功倍的教育效果。

对幼儿进行纪律教育应该注意以下几点。

**（一）明确幼儿纪律教育的目的**

幼儿纪律教育的根本目的在于促进幼儿的发展。从广义来讲，幼儿纪律教育可促进幼儿自我纪律的形成，促进幼儿人格的健康发展，促进幼儿有个性地发展；从狭义来讲，幼儿纪律教育在于促进幼儿形成内在的纪律，让幼儿学会自我约束、自我控制，使他们在没有外力约束的情况下，仍然能够严格遵守纪律。

幼儿纪律教育的根本目的不是以成人为中心，不是以控制为中心，不是以管理为中心，也不是为了让成人满意，而是为了更好地促进幼儿的发展。因此，幼儿纪律教育的根本目的不在于通过外力来限制、惩罚、控制和命令幼儿。

幼儿纪律教育的目的是培养幼儿的纪律意识和行为，是让幼儿更好地适应社会生活，而不仅仅在于教育者教育管理和生活管理上的便利。蒙台梭利认为，纪律教育的前提是：一个人能够成为自己的主人，能够根据情境的变化、按照自己的准则调节自身行为。如果教育者将纪律教育仅仅看作约束和控制，看作管理的手段，那么，它就是幼儿纪律问题产生的根源。

只有当幼儿成为自己的主人并遵循相应的社会生活规则时，他才是一个具有纪律性的人。比如，当幼儿在活动室里、活动区里走来走去，做着有益的、充满智力的自觉活动，没有任何粗鲁行为，也没有去打扰别人，我们就说他是具有纪律性的。幼儿只在外部压力下才遵守社会生活规则，我们

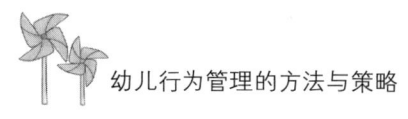

就不能认为他是有纪律性的。比如，如果老师在的时候，某个幼儿很安静，但老师不在的时候，他却变本加厉地疯狂——弄出巨大的噪声，而不顾别人安静工作的需要，不断地打扰别人的工作，那么他就不是一个具有纪律性的人。

因此，幼儿纪律教育所追求的是幼儿形成积极的、活泼的、主动的、内在的和持久的纪律，而不是消极的、静止的、被动的、表面的和暂时的纪律。

教育者仅仅用奖惩来对幼儿进行的纪律教育，其教育效果是短暂的。因为幼儿关注的是奖励和惩罚，以及获得奖品或受到惩罚时的感受，很少关注纪律本身。我们经常听到教师对幼儿说："如果你们把玩具整理好，等一下，我就给你们每人一块巧克力。"这是很多幼儿教师认可的纪律行为管理办法。当孩子们匆匆整理好玩具后，教师就给他们分发巧克力。第二天，玩具可能会一如既往地、散乱地摆在地上。事实告诉我们，让幼儿的注意力远离纪律本身的价值，其教育效果是十分短暂的。

教育者在对幼儿进行纪律教育时，应帮助幼儿学会思考自己的行为并发展自我解决冲突的技能。

### 案例2-25  两人争抢玩具床

在幼儿园大班里，A幼儿和B幼儿正在抢同一张玩具床，两个人都嚷着："是我先拿到的。"

**A老师**

A老师十分气愤地说："如果你们不能好好玩，我就把它收走。"说完就过来拿走玩具。

**B老师**

B老师平和地询问A幼儿和B幼儿，以查明究竟是哪个幼儿先拿到玩具床,然后凭多年的专业经验和智慧准确无误地裁定B幼儿先拿到玩具床,最后责令A幼儿放手,把玩具床给B幼儿。

**C老师**

C老师先温和地对A幼儿和B幼儿说:"你们俩都想为自己的娃娃要一张床吗?"然后进一步说明两难困境:"可是,只有一张床,却有两个要睡觉的宝宝。"最后问A幼儿和B幼儿:"你们认为怎样才能解决这个问题呢?""玩具娃娃能睡在房间里的其他地方吗?"最后A幼儿和B幼儿终于想到了办法:"让两个宝宝同睡一张床。""让宝宝睡在铺了'小床单'的地板上。"

A老师和B老师的目标只是满足于及时平息当前的争抢,并没有让幼儿从中得到发展,而C老师则着眼于幼儿的长远发展目标。C老师让幼儿认识到对方的观点和意愿,并且在考虑解决问题的方式时考虑到对方的观点和意愿,C老师只是启发他们,并没有帮助他们做决定,最终他们学会运用"双赢"的方式来解决争端,同时,他们解决问题的自主性和处理争端的能力都得到了提高。

教育者要着眼于长远纪律目标的达成,让幼儿了解到纪律的重要性,在理解的基础上遵守集体的规则,这样幼儿就能主动地遵守纪律。现实中,我们经常听到老师们说"老师喜欢××,因为他……""老师不喜欢……的小朋友"这样的话语,幼儿希望获得老师的赞赏或被老师喜欢,于是听从老师的指令。这样的纪律教育只能让幼儿学会服从纪律,却无法让幼儿形成自律的习惯。

为了让幼儿形成自觉的纪律,当教育者让幼儿去做一件事情时,要把应该遵守的纪律和纪律背后的理由告诉幼儿。比如,教育者让幼儿去喝水时,就要把排队的纪律说给他们听,使他们懂得排队喝水对每一个人都是

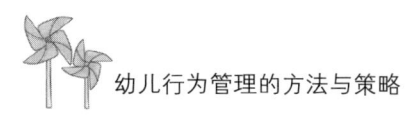

公平的，不会因为拥挤而受伤或者把水洒出来。又比如，进餐时把进餐的纪律告诉幼儿，使他们理解与人说话时嘴巴里不能有食物，因为那样容易导致在说话时无意中将食物喷到别人身上——那是很不礼貌的。通过这样对纪律的解释，幼儿逐渐将纪律内化，懂得遵守纪律的意义和价值。比起教育者时时处处的控制、强迫，内化秩序具有更持久的效力和更深远的意义。

### （二）纪律行为培养与纪律意识培养相结合

许多教育者将幼儿纪律教育仅仅看作对幼儿进行单纯的行为训练，他们忽视了对幼儿规则意识的培养，这不仅影响幼儿纪律行为的形成，而且影响幼儿自主性和规则意识的形成，还会导致幼儿丧失自我管理的意识和能力。

教育者应该让幼儿明白在集体生活中什么是对的、什么是错的，哪些事情可以做、应该做，哪些事情不可以做、不应该做，以便使他们辨别是与非、好与坏、善与恶，进而增加纪律性行为的自觉性。

有的教育者将幼儿纪律教育简化为防止幼儿违反纪律或者对幼儿违反纪律的处罚，在现实中我们时常看到幼儿园里的幼儿被灌输了太多的"不允许……""不能……""不可以做……"，极少看到幼儿被教导如何做。在这样的环境下，幼儿只知道"这不能做，那也不能做""不能这样做，也不能那样做"，却不知道该做什么、能做什么，因此，他们战战兢兢地在幼儿园里学习、生活。教育者管理纪律的手段挫伤了幼儿自主的积极性，幼儿在这样的环境中得到的发展是非常有限的。

教育者在对幼儿进行纪律行为训练时一定要注意，既要重视纪律行为的训练，又要重视纪律意识的培养，鼓励幼儿自己去思考各项活动的纪律和要求，探索纪律和要求的合理性，如此一来，他们就会理解、认同纪律与要求，更容易心甘情愿地遵守纪律，并逐渐成为既遵守纪律又能自由发展的人。

## （三）纪律行为规范要符合幼儿的基本需要

幼儿有生理需要，也有心理需要（心理安全需要、关爱需要、尊重需要、交往需要、归属需要、自我表现需要、成功需要、自我实现需要等）。当我们的纪律要求忽视幼儿的需要时，幼儿要么会出现对抗性违纪行为，要么刻意压抑自己。比如，幼儿为了引起大家对他的关注，在通过其他正常途径都没有得到大家关注的情况下，发现别人唱歌时他钻到桌子底下会轻而易举地得到大家的关注，于是经常找机会钻到桌子底下。

### 案例2-26 说谎的好处

有一次，秦勇无意中打坏了一只杯子，爸爸在秦勇承认之后，先是给了秦勇一记耳光，然后罚他将地上的玻璃碎片扫干净……

后来又有一次，秦勇又不小心将家中一只很值钱的古瓷器碰坏了。秦勇想到自己以前在类似事件中所受到的惩罚，心中十分害怕。他父母回来后，秦勇称自己亲眼看到瓷器是家中的小猫爬到矮柜上玩耍时碰到掉下来的。这次秦勇没有受到任何惩罚。

许多时候幼儿违纪说谎是环境所逼，是他们出于安全需要所采取的一种自我保护策略。

行为的原动力是内心需要，幼儿的违纪行为也不例外，只要我们用心观察、用心研究，就能发现幼儿违纪行为背后的心理需要在起作用。

奥地利心理学家阿德勒也曾提出过：权力（权力，也称为个人权力，是对自己的行为负责的需要，是自己价值的体现）、关注（幼儿希望得到关注，感到自己重要和被社会认可的一个主要判断依据是得到他人的关注）和接纳需要是人的基本心理需要。人类天生就会为满足这些基本需要而努力，因为这些基本需要获得满足可以让人感到自己的重要性和找到归属感。在这些基本需要得到满足后，幼儿就会对自己充满信心，然后就会以积极的方式跟周围的人互动。这种积极的互动通常会让他们得到更多的权力、关注和接纳，从而形成良性的循环，这样他们的人格便会健康发展。反之，假如幼儿的这些基本需要没有得到满足，他们便会相信自己是无足轻重的，会对自己感到失望，进而产生自卑心理，认为自己是不受欢迎的。这种消极自我形成之后，他们就会不断地以让人厌恶的方式行事，进而引发种种纪律问题。比如，如果幼儿感到自己的行为受到太多的外力控制，那么他们的权力需要就得不到满足，这会让他们变得霸道，总想控制别人或者被沮丧和愤怒的情绪左右。比如，当教育者强行要求幼儿做某些事情时，幼儿就开始尖叫和哭闹——这时的尖叫、哭闹就是因幼儿感觉到自己的权力被剥夺而引起的。教育者应该尽可能地给幼儿选择权，即允许他们更改活动方向，而不是告诉他们不许做什么、只能做什么。赋予幼儿选择权时，应当同时给他们提供两个或多个选择，这样幼儿就不会感到自己是受教育者控制的，在选择的过程中他们感觉到自己的权力还在。例如，放学后，孩子不愿意回家，家长可以提出让孩子选择是自己拿书包还是家长帮助拿书包，这时孩子可能就开始想回家了，因为满足了权力需要的孩子更容易与他人相处。

被忽视是很痛苦的，它让幼儿感到自己无足轻重。不幸的是，在幼儿教育中，幼儿与小伙伴们相处得很融洽或做得合乎规矩时，他们几乎不会被关注；只有当出了问题时，他们才会被关注。而许多幼儿对怎样用积极的方式来获得关注一无所知，于是便固执地用消极的方式来引起注意。

### 案例2-27 人来疯

4岁多的丁晓勇是个既懂事又乖巧的小男孩。然而，每当家里来了客人,丁晓勇就令人吃惊地一反常态。比如,在他表姐晓莉的生日宴会上,当客人们纷纷向晓莉送上鲜花、糖果、玩具等生日礼物时,他故意大喊"我肚子痛死了!我肚子痛死了",接着还在地板上打起滚来。还有一次,在为外婆举办的寿宴上,他居然宣布他不吃沙拉、牛排等他称之为"脏东西"的食物,闹得客人们也不欢而散。

这些"胡闹"都是丁晓勇对自己不受关注的反抗,其"潜台词"是:如果大家还不把我当一回事,那么我还会闹得更凶。

被人接纳是人类的另一个基本需要。在很多时候,对能理解的人表达愤怒之后,人的愤怒就会变得更可控制。因此,教育者要理解并无条件地接纳幼儿的情绪。应让幼儿有机会、有地方表达他们所有的情绪,而不应贬低、批评或否认幼儿的情绪。否则就会导致幼儿出现行为问题。

### 案例2-28 还要玩一会儿

上午10点多钟,老师吹了一声哨子,然后宣布:"户外活动结束了,该进教室了!"小朋友们纷纷赶回教室,可是有几个座位是空的,还有几个小朋友没有回来。老师派一名幼儿去找,结果这个幼儿只身一人回来了,他告诉老师说:"他们几个还要玩一会儿。"老师非常气愤,把这几个孩子找回来后狠狠地批评了一番,并说明天不许他们再出去玩儿。

上述案例中幼儿之所以违背教师的命令,其根本原因就是教师不顾幼儿的需要和兴趣,强行命令他们返回教室。当幼儿玩兴正浓时,教育者应该建立三级申辩机制"5—3—1":提前5分钟预告,"你们还可以玩5分钟,5分钟后我们就回教室";3分钟时,又说"你们还可以玩3分钟,3分钟后我们就回教室";1分钟时,再说"你们还可以玩1分钟,1分钟后我们就回

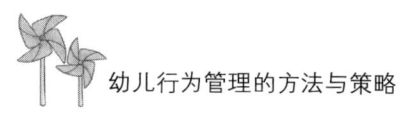

教室"。这样让幼儿的兴趣慢慢地冷却,到真正要求他们回教室时,他们就不会那么抵触了。可以说,预警也是一种对幼儿的尊重。

幼儿园的纪律在价值、目标、执行和评价等方面不同程度地存在着对幼儿个体需要的忽略。比如,在幼儿园的一日生活中,我们很容易看到:幼儿统一去接水喝、统一去小便、统一去午睡、统一去……按照这种整齐划一、一刀切的做法,虽然每个幼儿都井然有序地进行着在园生活,但是许多幼儿的真正需要却没有得到充分的满足和尊重,因此,幼儿时不时地反抗就再自然不过了。

纪律教育要体现出对每个幼儿的需要的充分关切,特别是要关照每个幼儿的尊重需要,让每个幼儿都感觉到有尊严、有面子。

### 案例2-29 不守纪律的谭兴权

谭兴权双腿跪在椅子上,前后摇晃椅子。康丽老师看见了,提醒他:不要这样做,你会摔跤的。但是谭兴权不听老师的。

在吃完午餐后对上午的活动做总结时,康丽老师说:"今天上午谭兴权做了非常危险的动作!"然后她模仿谭兴权的动作,并问其他小朋友:"像谭兴权这样跪在小椅子上可以吗?"其他幼儿异口同声地回答:"不可以!"

康丽老师让谭兴权在自由区域活动的时候坐在板凳上,对他说:"从现在开始,你不可以跟其他小朋友说话,也不可以跟他们一起玩。他们没有做危险动作,你知道吗?"谭兴权郁闷地低着头,时不时偷偷地看那些正在快乐玩耍的小伙伴。

过了一会儿,邵小阳想去逗谭兴权玩儿,康丽老师大声呵斥道:"邵小阳,你是好孩子,请你不要去搭理那个傻孩子!"

接下来,有许多小朋友争先恐后地跑过来跟康丽老师说谭兴权的"不是"。

孔敏说:"他(谭兴权)很调皮,屁股总是不坐在小椅子上。"
郝小虹说:"我们上课的时候他总是坐不住。"
常小军说:"他经常打人。"
贺斌说:"他中午不睡觉。"
……

教师如此进行纪律教育的后果是违纪幼儿的自尊心被彻底摧毁,其他幼儿也对违纪幼儿产生了负面印象,并在同伴互动的过程中努力将自己与这些违纪的"坏"孩子区分开。这对所有幼儿的健康成长都是极为不利的。

### 案例2-30　反正老师不喜欢我

有一天,孟勇不小心碰倒了一位小朋友,小朋友向老师告了状。孟勇平常比较顽皮,老师便不问青红皂白地呵斥孟勇:"你好讨厌,老是打人!待会儿不准你玩游戏!真不讨人喜欢!"孟勇已经习惯了老师的这种态度,他并没有为自己辩解,只是后来更爱打人了。其他老师问他为什么,他脑袋一歪说:"我就要打!反正老师也不喜欢我。"

因为失去了教师对他的关爱,所以孟勇就通过攻击别人来获取内心的平衡。

### 案例2-31　焦健变得遵守纪律了

焦健是个好动的孩子,似乎一刻都停不下。可这一天,焦健却不声不响地趴在桌子上。

小陈老师看到了说:"你昨天肯定玩到很晚才睡觉,现在没精神疯了。"

同班的龙老师看到了,走过去一瞧,原来,焦健的牙龈发炎了,半边脸

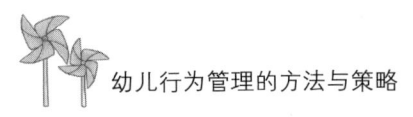

肿得像红苹果。龙老师经询问才知道,焦健为了不影响妈妈上班,坚持带病上幼儿园。龙老师在全班孩子面前表扬了焦健,还决定在讲故事的时候抱着焦健作为奖励。

从这以后,龙老师发现焦健变了,变得遵守纪律了。

焦健的"好动"在某种程度上是引发教师对其关注、关爱的一种表现形式,因此,在得到龙老师的表扬和关爱后,焦健自然就遵守纪律了。

幼儿每种违纪行为的背后都有其心理需要未得到适当关照的因素。因此,幼儿纪律教育的过程一定要充分体现出对幼儿心理需要的关切。

### (四)纪律要求要符合幼儿的身心特点

幼儿纪律教育要根据幼儿的特点来制定策略和方法,方能取得预期的教育效果。

#### 1. 纪律要求要简单明确

根据幼儿的年龄特点和现有的接受能力,对幼儿的纪律要求要简单明确,切忌抽象、复杂、繁多,这样幼儿才能理解和执行。比如,幼儿滑滑梯的纪律要求:

①要排队,不能插队。

②不能推人。

③只能往前走,不能向后走。

④在滑梯上不能跳。

违反纪律的人,就罚坐2分钟。

幼儿一听上述规定就明白,滑滑梯时应该怎么做、不该怎么做,还知道不按纪律要求做将受到怎样的处罚。

## 2. 强调不守纪律的后果

对幼儿提出做事的纪律要求,教育者不要要求他们在脑子里提前做计划,而要试着给他们强调其不按要求做的后果是什么,这样更加有效。比如,你对幼儿说:"现在外面好冷,你们去把外套拿来,我们准备到外面散步。"这是,你希望幼儿能为未来做好计划:"哇,外面好冷喔,要穿外套才会暖和。"结果会发现,幼儿特别是小班幼儿的大脑不是这样运作的——他们往往是走到外面了,感觉到寒冷了,再提取关于外套的记忆,最后才会想到拿外套。现实中,我们看到许多这样的现象,如果教育者只是一次又一次地要求幼儿提前准备某些东西,那可能没什么效果。有效的方法应该是试着引导幼儿去感受相应的情境,进而激发他们的反应。比如,我们可以跟幼儿说:"我知道你现在不想去拿外套。不过,等一下你站在外面冻得直哆嗦,你就想回来把外套穿上的。"

## (五)进行纪律管束的方法与策略

在训练幼儿的纪律行为时,教育者可借鉴以下的一些纪律行为训练方法。

### 1. 明确纪律管理的条件

幼儿行为只有符合以下7个条件才算是纪律问题行为,才需要教育者进行纪律约束。

- ◆ 个体行为影响了集体正常活动。
- ◆ 言行不文明。
- ◆ 行为粗暴。
- ◆ 分歧导致伤害。
- ◆ 自私自利,损人利己。
- ◆ 身体上的对抗。

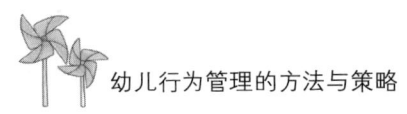

◆ 破坏行为。

## 2．对幼儿进行纪律行为训练的方法

教育者可以通过以下方法来训练幼儿的纪律行为。

### （1）纪律牌

纪律牌就是教师根据当天的要求，在午饭前或离园前发给在纪律方面表现好或进步突出的幼儿的一种标志牌。每周五下午统计出每个幼儿得到纪律牌的总数，超过规定数的幼儿能得到一份意外的礼物。它对培养幼儿良好的纪律意识和行为、提高幼儿的自控能力都有明显的效果。

另外，发放纪律牌的方法不但可以培养幼儿的纪律意识，还可以让幼儿从中学到很多数学知识，比如数数、多与少、一样多、加法与减法等。

### （2）肃静课

肃静课是蒙台梭利纪律教育中用来训练幼儿纪律性和专注力的一种课程。在肃静课中，让幼儿完全保持安静，集中注意倾听从远处传来的低声呼唤；细心地完成各种协调动作；不触碰桌椅，用脚尖行走；使幼儿的天性、运动能力以及心理活动都进入有序状态。

在实践中，可以把肃静课看作一项训练，教师可以设计一些有趣的、能够锻炼幼儿坚持性、稳定性、专注力的小游戏，如山谷回音——让幼儿轮流假扮在山谷另一头的人，对着山这边喊话，其他幼儿注意倾听并重复。教师要指导喊话的幼儿，让他们喊的声音依次减弱。这个游戏看似简单，但能够锻炼幼儿的注意力、安静倾听的能力，还可以增强幼儿在工作中遵守纪律的持久性。

### （3）讲解示范法

幼儿好模仿，培养幼儿的纪律意识和行为还可以通过讲解和示范，让幼儿了解纪律的价值和动作要求。教师在平时要注意表扬那些在纪律方面表现好的小朋友，同时也应该注意自己的言谈举止，让幼儿有样学样，进而形成良好的纪律意识和行为。

**（4）游戏练习法**

幼儿喜欢游戏，特别喜欢那些带有竞赛性的游戏。教育者可以设计和利用一些具有竞争性的游戏来训练幼儿的纪律意识和行为，这样往往能收到良好的训练效果。比如，"看哪队排得快""看哪组摆得好""看谁收得最整齐""看谁洗得最干净""看谁穿得快"，等等，对训练幼儿排队、摆放物品、穿脱衣服、整理床铺等都有很好的效果，还能增强幼儿对训练的兴趣。

**（5）示意法**

示意法，即在集体活动或日常生活中用幼儿所熟悉的声音（铃声、鼓声、掌声、乐曲、哨声、琴声等）、手势动作等作为信号，组织幼儿的纪律行动，让幼儿形成条件反射，如听到琴声就进教室、听到某首乐曲就整队、看到教师握拳头举手就集合、看到教师伸开手指就解散、看到教师把手指压在嘴唇上就安静。这样能避免教师过多的言语指挥，使整个集体看起来井然有序。

**（6）物品定位法**

物品定位法就是把班级常用物品按规定的位置摆放，如对毛巾架摆在哪里、水杯放在什么地方、衣帽挂在哪里、玩具橱的每一档应放什么玩具等都做出规定并且贴上明显的标志，让幼儿对班上物品的位置形成固定的印象，并且养成用完后物归原处、不乱拿乱放东西的习惯。

**（7）标记法**

为了使幼儿做到不随便使用别人的物品，可将幼儿个人使用的毛巾、水杯、笔盒、椅子等做上幼儿熟识的标记，以便幼儿辨认，并要求他们使用后放回原处。

**（8）督促检查法**

纪律培养不是通过一两次教育就能完成的。由于年龄的关系，幼儿的

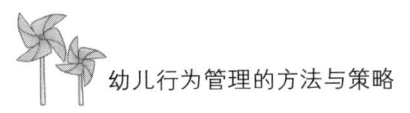
幼儿行为管理的方法与策略

自觉性、坚持性和自制力都较差，所以教育者平时的督促提醒和检查必不可少。这样可使幼儿良好的行为不断得到强化，使遵守纪律逐渐变成其自觉的行动。比如，到了收玩具的时间时教师可启发幼儿："××玩具应放在什么地方啊？"幼儿收好后教师进行检查。

培养幼儿纪律意识和行为的方法是多样的。只要教师坚持不懈地努力，幼儿良好的纪律意识与行为习惯就一定能养成。

### 3. 对幼儿违纪行为进行现场管理的方法

#### （1）提醒法

教育者可通过语言和非语言手段提醒违纪的幼儿停止违纪行为。

- ◆ 凝视。当某个幼儿出现违纪行为时，带班教师可凝视该幼儿并向他摇头等。

- ◆ 邻近控制。为了使信号更加有效，教师可一边凝视，一边走到违纪幼儿的身边。

- ◆ 特殊安排。当某个幼儿反复出现违纪行为时，教师可以将他的位置安排在适当靠近教师的地方。

- ◆ 直接批评。当某个幼儿有违纪行为时，教师可直接点名批评他，以达到警示教育其本人及其他幼儿的目的。

- ◆ 表扬他人。当有幼儿违纪，也有幼儿守纪时，教师大张旗鼓地表扬守纪幼儿，往往能引导、激发违纪幼儿向守纪幼儿学习。

- ◆ "黄灯""红灯"提示法。这是利用道路交通中的"黄灯""红灯"的信号功能，对幼儿违反纪律进行警示，其中"黄灯"代表较轻程度的违纪行为，而"红灯"则代表严重的违纪行为。实践表明，这种方法可以有效减少幼儿的纪律问题。

**（2）没有输家**

任何牺牲一方的需要去满足另一方需要的决策都是不明智的。如果幼儿因与他人之间的冲突而违反纪律，教育者可以使用"没有输家"的决策方法来引导幼儿。这个方法可分为六步：

第一，两个人停下来并思考。

第二，两人轮流说一说哪里错了。

第三，每个人听对方说，而不打断。

第四，每个人思考1~2个可行的解决方案。

第五，两个人共同选择一个他们都喜欢的解决方案。

第六，两个人握手，并向对方微笑。

通过这六个步骤，冲突双方的需要都得到了照顾，他们因此会做出双赢的选择。

**（3）积极口令**

积极口令是教师在幼儿出现违纪现象时采取口令的方式来有效维持纪律的一种方法。比如，"一二三，坐坐好""小嘴巴，不说话""大眼睛，看老师"等，此类口令对于纠正集体教学活动中的开小差现象特别有效。

## 【参考文献】

[1] Marcia. 让孩子愉快做家务 [J]. 父母孩子，2013（1/2）：26-27.

[2] 陈桂生. "学生行为管理"引论 [J]. 华东师范大学学报：教育科学版，2007（1）：1-11.

[3] 陈丽娜，胥兴春. 幼儿"独处"的教育价值与重构 [J]. 教育导刊：下半月，2017（10）：38-40.

[4] 陈明赐. 幼儿园小班纪律教育个案研究 [D]. 桂林：广西师范大学，2016：17-18.

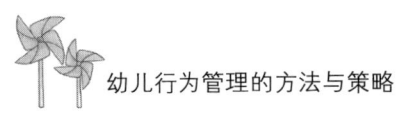

[5] 崔鹤同．爱的太阳[J]．黑龙江教育：小学版，2003（6）：1．

[6] 福多多．美国孩子家务生活面面观[J]．父母必读，2013（8）：142-143．

[7] 高洁．给孩子一点隐私空间：儿童独处行为的分析及其教育意蕴[J]．今日教育，2015（6）：52-53．

[8] 何玲．建构主义儿童纪律教育探析——从虐童事件谈起[J]．中国青年社会科学，2018（2）：36-40．

[9] 华敏．从德国的善良教育看我国儿童善良品性的养成[J]．教育探索，2010（1）：125-126．

[10] 基斯特，基斯特．劳动关系孩子一生幸福的训练[J]．张晶，译．中国教育学刊，2010（8）：63-64．

[11] 李艳鸣．教会孩子做一个善良的人[J]．青春期教育，2015（3）：42-43．

[12] 林华民．经典教育案例启示录[M]．北京：农村读物出版社，2003：124．

[13] 林晓萍．浅议幼儿自我服务能力和劳动习惯的培养[J]．学前教育研究，2001（5）：64-65．

[14] 凌芬娥．我劳动，我快乐：大班幼儿劳动习惯培养点滴[J]．当代学前教育，2008（2）：28-30．

[15] 刘小燕．让孩子"独处"[J]．当代学前教育，2010（秋）：46-48．

[16] 雒焕国．引导幼儿自己制定纪律，促进幼儿的道德内化[J]．河西学院学报，2003（1）：109-112．

[17] 马金凤．蒙台梭利纪律教育思想对幼儿园常规教育的启示[J]．教育观察，2018（6）：47-49．

[18] 潘毅碧．孩子的压力来自何方[J]．教育导刊，2004（Z1）：87．

[19] 茹回娅·木哈买提．幼儿家庭劳动教育现状及原因探析：以乌鲁木齐市为例[J]．新疆教育学院学报，2014（6）：24-28．

[20] 水墨先生. 我在德国的"租赁妈妈"[J]. 思维与智慧, 2013（1）: 14-15.

[21] 孙瑞雪. 爱和自由: 孙瑞雪幼儿教育演讲录[M]. 天津: 新蕾出版社, 2004: 152.

[22] 王岩. 浅议幼儿园教育中的进餐纪律[J]. 现代教育科学: 普教研究, 2007（12）: 92-93.

[23] 王燕红. 培养孩子的独处能力[J]. 中小学心理健康教育, 2015（6）: 54-55.

[24] 王志成, 刘智成. 浅议幼儿独处的教育价值[J]. 现代幼教, 2008（2）: 18-20.

[25] 吴晓燕. 走进童心世界: 幼儿教师优秀笔记集粹[M]. 北京: 北京师范大学出版社, 2000: 114.

[26] 胥兴春, 杨文龙. 建构主义的规训观对儿童纪律教育的启示[J]. 幼儿教育: 教育科学, 2017（15）: 3-6.

[27] 许广敏. 从德国"善良教育"反思中国的德育[J]. 当代教育科学, 2003（17）: 33-35.

[28] 窈窕妈妈. 地铁上一张偷拍照刷屏了: 你的教养, 就是孩子的起跑线[OL]. https://mp.weixin.qq.com/s/9YaVXMbR0JdJyfmXLvNPDQ.

[29] 豫妹. 教孩子体验独处的乐趣[J]. 妇女生活, 2009（1）: 61-63.

[30] 张博, 纪律及其维持[J]. 学前教育, 1998（6）: 4-6.

[31] 张更立. 为儿童营造"独处"的环境[J]. 幼儿教育: 教育科学, 2008（12）: 25-27.

# 第三章 幼儿不良行为习惯与应对

矫正幼儿的不良行为习惯是幼儿行为管理的另一个重要任务。教育者对幼儿刚刚出现的不良行为倾向要及时矫正,对幼儿已经形成习惯的不良行为要有足够的耐心加以矫正。幼儿的可塑性强,因此在幼儿的行为矫正方面一切都还来得及。如果从幼儿期开始矫正孩子的不良行为,可取得事半功倍的教育效果。

## 一、幼儿哭闹任性行为的预防与应对

幼儿的哭闹任性行为是指幼儿试图通过哭和闹来满足其需求的一种问题行为。其表现出来的行为,一是任性地哭,二是任性地闹,不达目的誓不罢休。

### 案例3-1 小叮叮的受挫

幼儿园早晨安排的是跳绳活动,小朋友们都拿了绳子到露天运动场跳绳去了,小叮叮来晚了,篮子里只剩下一条旧的且有点破损的跳绳了,"哇——"的一声小叮叮哭了,哭声很大,惊得所有的小朋友都看了过来。

诸葛老师安慰他说:"旧的跳绳也没关系呀,你看老师跳给你看!"说着,诸葛老师连续在小叮叮面前跳了几次。小叮叮不理不睬,继续哇哇大

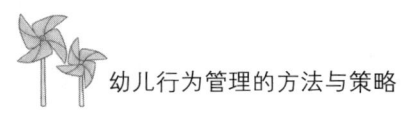

哭。配班的阳沐老师也跑过来:"小叮叮,旧跳绳更软更好用呢。""我不要旧的,就要新的,就要新的!"小叮叮边哭边嚷。诸葛老师带领小朋友进行跳绳比赛,阳沐老师拉拉小叮叮的手:"走,我们也比赛跳绳去!"小叮叮却猛地一甩阳沐老师的手:"我才不去,我就是要新的!""哇——哇——"小叮叮扯着嗓门继续哭喊。"太任性了!"诸葛老师决定冷处理。小叮叮就这样一直哭到活动结束,期间,诸葛老师帮他擦了三次眼泪,阳沐老师喂他喝了两次温水。放学时,诸葛老师将小叮叮的这一情况告诉了他的爸爸,没想到小叮叮的爸爸大倒苦水:在家里小叮叮要买玩具或提出其他要求,如果家人不同意,他就一直哭,哭到家人心软同意为止。"我们也很烦恼,怕他哭伤身体,只好同意他的要求,唉!"小叮叮的爸爸长长地叹了口气。

小叮叮把哭闹当成了制服家人的法宝,然后又将这一拿手好戏用到了幼儿园老师的身上。

许多孩子都存在这样的一种行为倾向,独生子女尤甚。放任幼儿的哭闹任性行为,将会助长其不按规则办事的个性,导致其自控力低下,以自我为中心,不会换位思考,同时还会给周围的人带来无穷的麻烦和痛苦。因此,教育者应该认真而有效地预防和应对幼儿的哭闹任性行为。

### (一)幼儿哭闹任性行为的预防

教育者可以从以下几个方面来预防幼儿哭闹任性行为的发生。

#### 1. 坚持一致性原则

教育者要坚持一致性原则,做到在教育幼儿的态度和行为上一致和前后要求一致,这样才能防止幼儿产生哭闹任性行为。

首先,教育者态度要一致。不要这个教育者拒绝,那个教育者心疼,甚至为此相互吵架或打架,否则,幼儿就会发现哭闹任性的时机,进而形成哭闹任性的行为习惯。现实中,我们时常看到:许多幼儿在爷爷奶奶、外公外婆或者慈祥的母亲面前常以哭闹来威胁,进而达到目的;而在严肃的父亲面前,幼儿却变得十分乖巧,从不敢尝试以哭闹来达到目的。幼儿的哭闹任性行为之所以出现这种选择性,其原因就是幼儿从小在不同的教育者面前哭闹,得到的是不同的回应。在爷爷奶奶、外公外婆或者慈祥的母亲面前,幼儿只要一哭闹,想要什么就能得到什么——这是对幼儿哭闹任性行为的一种强化;而在严肃的父亲面前,以哭闹作威胁,幼儿不但得不到他想要的东西,反而可能会遭到父亲的责骂甚至痛打,这是对幼儿哭闹任性行为的一种打击。

幼儿哭闹任性行为的选择性给我们这样一些教育启示:在处理幼儿的哭闹任性行为上教育者的态度要高度一致并且要坚决,否则幼儿的哭闹任性行为就会有选择的机会,其哭闹任性行为就永远不会得到彻底的纠正,同时这样做还会使幼儿形成不良的双重人格(在父母面前是个乖巧的孩子,在爷爷奶奶或外公外婆面前则是个极端任性的孩子),不利于幼儿的心理健康。因此,要彻底纠正幼儿的哭闹任性行为,教育者就要采取一致的态度。

其次,要前后一致。连续多次坚持不让幼儿从哭闹任性行为中得到任何好处后,幼儿以哭闹来达到目的的任性行为就会消失。如果幼儿这一次哭闹,教育者很坚决地不满足其不合理要求,而在幼儿下一次哭闹时,教育者由于各种原因而满足了其不合理要求,那就会更加激发幼儿以哭闹来达到其目的的斗志。

### 2. 提前约定并坚守约定

幼儿的哭闹任性行为发作一般都是有规律的,当可能诱发幼儿哭闹任性行为的条件临近时,教育者要事先做好预防工作。可以事先对幼儿提出

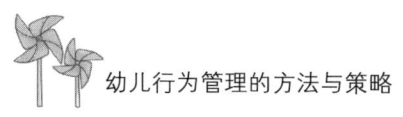

约法三章，提前对幼儿的行为打个预防针。比如，带幼儿到游乐场，家长可以提前对幼儿讲好玩哪些项目、玩多长时间，避免届时幼儿哭闹、发脾气。为了防止孩子外出时提出不合理的买东西的要求，家长可以在出门前和孩子约定好，对今天购物有何要求，并坚决执行，如此坚持多次，孩子就知道通过哭闹也不能满足其任性的要求。

在一家商场的玩具柜台前出现了这样一幕场景：一位母亲提着手袋，静静地站在一旁，而她4岁多的儿子正坐在地上号啕大哭。那哭声让人听了不忍心，周围的行人都觉得这位妈妈是个铁石心肠的人，对孩子太缺乏爱心。犹豫良久，有个行人终于走上前去，和这位母亲聊起来："他只是想要那辆遥控车而已。"这位妈妈说："在出门时，我们已经约定好了，不会再买遥控车了。可是他不遵守协议。""可他毕竟还是个孩子呀！"行人不理解这位妈妈的做法，"他那么小，哭得那么可怜……""无论怎么样，"这位妈妈斩钉截铁地说，"他必须遵守诺言，这是不能商量的。"听了这位妈妈的话，行人只好哑口无言地走开。又过了一会儿，孩子终于哭累了，老老实实地走到妈妈身边，和妈妈一起离开。希望所有教育者在孩子面前，都能像这位妈妈一样，守住教育的底线。该坚持的一定坚持到底，不受任何外在因素的影响，这样，孩子的哭闹任性行为就没有成功的机会，也就会逐渐消失。

### （二）幼儿哭闹任性行为的应对措施

当幼儿出现哭闹任性行为时，教育者可以通过以下措施来应对。

#### 1. 让幼儿感觉到无理哭闹是没有用的

教育者要跟幼儿说："你可以哭闹，但哭闹是没有用的。"当然，还要用事实来告诉他，如果他的要求是不合理的，哭闹真的是没有用的。

## 2. 不打,不骂

打和骂会助长幼儿的哭闹任性行为,同时,打和骂还会误导幼儿,让幼儿觉得打和骂是解决问题的一种手段。不打、不骂显示出教育者的修养,可为幼儿树立良好的行为榜样。

## 3. 不讲道理

在幼儿的哭闹任性行为发作时,不要啰啰唆唆地跟幼儿讲道理,因为他哭闹时整个身心都是被不良情绪控制的,是听不进任何话语的。

## 4. 不走开,不理他

幼儿哭闹往往是给教育者看的,这时教育者可在旁边静静地待着,不走开,当然也不跟他说话,让幼儿感到哭闹的方法是无效的——暂时不去理他,假装没看到、没听到,或者根本不在意他的哭闹行为,这样他会觉得没意思,从而停止哭闹。

## 5. 告诉孩子你很理解他

幼儿停止哭闹后,教育者可用毛巾或纸巾给其擦眼泪,拥抱他一下,表达对他的关爱。例如,妈妈可以对孩子说:"妈妈理解你,因为你想要的那个玩具没能得到,你现在是不是很生气?无论如何,妈妈都爱你。""谢谢你不哭闹,还能好好说话。"教育者表达对孩子的关爱并不是放弃教育原则。

## 6. 让幼儿学会"非哭闹"的沟通技巧

等孩子的情绪平静后,告诉他为什么不能满足他的要求。比如:"因为家里已经有3个类似的玩具了,所以爸爸这次不能给你买。但爸爸依然爱你。"一定要认真耐心地告诉孩子具体的理由,不能不回应、不处理,否则孩子还是会心存不满甚至留下心结。

另外,还要告诉他:"以后有事,就跟我直接说,不要哭闹,要讲道理。如果你能说服我,说不定我就能答应你。"应让幼儿知道,有事要与大人沟

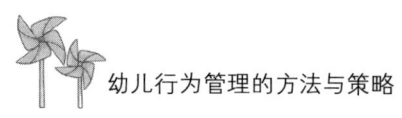

通、商量。这样,等其到青春期时,他就会遇事喜欢与你沟通、商量,就不会那么逆反。当然,如果幼儿说的真的有一点道理,就努力做到"每3次中满足其1次要求",让其体会到沟通是有用的,这样还可以让孩子知道,并不是他的所有诉求都会得到满足,从而使他逐渐减少哭闹任性行为,增强其行为的理性成分。幼儿形成了遇事沟通、交流的习惯,对其今后的健康成长是有帮助的。如果幼儿说的没有道理,教育者坚决不能满足他的无理要求。这样幼儿就知道,哭闹是没有用的,他就不会再如此任性。

**7. 转移幼儿的注意力**

当幼儿哭闹时,教育者还可以通过转移注意力的方法来让其逐渐停止哭闹,可采取转移话题、转移场地、转移活动等办法。比如,幼儿非要买某种东西,家长可以坚决地把他带离放有物品的现场,一般而言,离开现场10分钟左右,幼儿就会平静下来,不再哭闹。

**案例3-2 离开玩具商场**

牛牛妈妈带牛牛去逛商场,在商场的玩具柜台前牛牛一定要买一个遥控飞机玩具,可是牛牛妈妈觉得家里的玩具太多了,没必要买。于是,牛牛就哭闹个不停。巧的是不远处有个儿童乐园,牛牛妈妈就指着那里对牛牛说:"牛牛,妈妈先带你到儿童乐园玩,再回来买玩具,好吗?"牛牛看到滑梯,立刻就跟着妈妈去了,后来牛牛再也没有提起买玩具了。

有时候,孩子可能只是突然对某种事物很感兴趣,转移他的注意力后,他或许就不会再提起这种事物了。不过,万一孩子在儿童乐园又想起要买的玩具,该怎么办?建议家长兑现之前的许诺,否则,不仅不能平息孩子内心的不满情绪,还会失信于孩子。因此,如果家长真的不想买东西给孩子,直接将孩子带离就可以了,孩子的注意力和情绪往往很容易转移。

### 8. 利用自然后果

面对幼儿的哭闹任性行为，家长可以在情绪上表示理解，但在行为上要坚持加以约束。如吃饭的时候，幼儿忽然想起自己爱吃的饭菜今天没有，就生气甚至哭闹，拒绝吃饭。即使冰箱里有食材，家长也不应该迁就幼儿马上给他做，应明确地表示饭菜准备好了，就不应该随便更换。如果幼儿继续哭闹，可以让他饿一顿，等他感到饥饿找食物时，再跟他讲道理——该吃饭时，不好好吃，挨饿是为自己不负责任的行为而付出的代价，现在还没有到吃饭时间，是没有东西可吃的，他要一直饿到吃下一顿饭时。连续几次尝到任性哭闹、不好好吃饭的痛苦后果之后，孩子以后就会老老实实地在饭点吃饭了。

### 9. 关注幼儿哭闹任性行为背后的心理需求

研究表明，幼儿哭闹任性往往是其心理需求的一种表现。比如，4岁的小牛见表姐晓虹有个新玩具，在表姐离开后便开始哭闹，非得立即有个同样的玩具不可。但此时已是夜深人静，外面的商店早已关门。于是，小牛哭闹了一整夜。在父母看来是小牛任性、无理取闹，因此，便不断地责怪小牛"非要别人的玩具，性子太急"。其实，小牛只是觉得表姐的新玩具有个闪亮的灯很好玩，他想弄明白那个灯为什么会闪亮而已。这就是一种好奇的心理需求。当这种心理需求得不到满足时，小牛就与父母作对，无奈中只得以哭闹来抗议。如果小牛的父母能了解到他的好奇心所在，并表扬小牛爱动脑筋和聪明，随后承诺第二天将与他共同研究让玩具闪亮的方法，那么小牛的情绪就会好得多，至少心理上感到父母对他在"闪亮"问题上的认可，他就不会那么持久地"闹"了。

当幼儿表现出哭闹任性行为时，不要只是简单地责备幼儿，如，武断地说"不可以""不行""不能"，而应该思考幼儿哭闹任性行为背后的真实需求是什么，这时教育者应该多问一问幼儿："这是什么原因？""你是怎

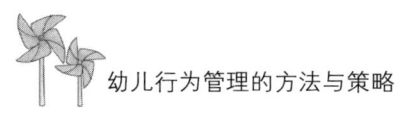

样想的？"然后对其合理需求给予适当的关照，这样幼儿就会变得冷静和理性。

请各位教育者记住：面对幼儿的哭闹任性行为，坚持才能胜利！一定要让幼儿明白教育者的底线，让其学会遵守规则并放弃哭闹任性的行为方式，进而帮助他克服哭闹任性行为。

# 二、幼儿破坏行为的预防与应对

本书将幼儿的破坏行为界定为幼儿以发泄其内心不满为目的，故意破坏其他小伙伴的物品、作品、活动的行为。因此，那些不以发泄内心不满为目的、不是故意的行为，就算有破坏性，也不纳入本书的研究范围，比如，幼儿因为好奇而造成对物品的破坏就不是本书研究的内容。幼儿破坏行为是其内心状态的一种反映，是其内心压力的一种释放方式。幼儿破坏行为不仅给他人造成物品上的损失，还影响其他小伙伴的正常活动，甚至影响正常的教育教学活动和日常生活，给其同伴关系带来负面影响，使其成为同伴中不受欢迎的人，这将大大影响其社会性的健康发展。因此，教育者应该有效地预防和应对，不要让破坏行为成为幼儿的一种行为习惯。

## （一）幼儿破坏行为的预防

教育者可以从以下几个方面来预防幼儿破坏行为的发生。

### 1. 避免引发幼儿的嫉妒心理

幼儿的破坏行为，有时是因为嫉妒而产生的。比如，有一次，教师要求小朋友们每人画一幅画参加评比。蕾蕾认真地画了起来，画画是她的强项。大家都画完后，教师选出了五幅画贴在墙上，可蕾蕾的画落选了。课间休息时，教师发现墙上的画都被撕破了，经过调查，原来是蕾蕾干的。在教师的再三追问下,蕾蕾说:"我的画没被评上,看到贴在墙上的画我就不高兴,所以就撕破了墙上的画。"为了防止幼儿破坏行为的发生,教育者要关注幼儿的嫉妒心理。平时的教育中,在公共场合要强调每个幼儿的特点,而不是过度强调某个幼儿的所谓优点,绝对不能在 A 幼儿面前说:"你在××方面不如 B。"使得 A 幼儿以为教育者只喜欢 B 幼儿而不喜欢自己,由于不服气而产生嫉妒心理。教育者要通过各种方法让孩子们多看到自己的优点和长处,同时还要让他们理解人与人之间存在的差异以及每个人都有自己的优点和缺点,一个人不可能在各方面都胜过别人,因此,要学会心平气和地接受别人的优点和自己的缺点,同时,也不要刻意追求比别人强。比如,有一次,晓萍用橡皮泥做了个玩具,对吴老师说:"老师看,我做的比小燕做的好。"吴老师马上纠正她:"不是你做的比她的好,而是你做的和她做的有不同的地方。"晓萍还是坚持说:"我认为我的就是比她的好。"吴老师也更加严肃地纠正说:"不对,我认为你们两个做的东西有不同之处,各有各的特点。"吴老师的教育意图十分明显,她想让幼儿能平和地接纳别人的特点,她强调的是每个人的"特点"而不是"长处"。"特点"是个中性词,而"长处"是个褒义词,她不想幼儿时常在"与人比较"中追求所谓的优越感而患得患失地生活。

**2. 让幼儿多参加具有宣泄意义的艺术、体育、游戏活动**

幼儿的破坏行为常常与其负性情绪的积聚有关。因此,教育者要通过各种方式让幼儿有宣泄负性情绪的机会。

教师平时要多组织一些具有宣泄功能的艺术体育活动,让幼儿的负性情绪在丰富多彩的艺术体育活动中得到释放。音乐心理学研究表明,音乐能够缓解、调节人们的情绪,排解人们心中的紧张和不安,音乐还是人们表达和宣泄情绪的一种有效手段。让幼儿参与各种不同的音乐活动,不仅可以使他们的各种情绪得到宣泄,而且可使他们学会用不同的音乐来表达

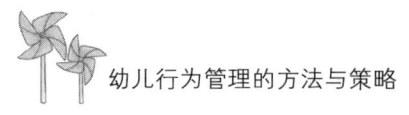

自己的情绪。舞蹈活动、体育活动也具有情绪宣泄功能。

让幼儿在儿童剧或表演游戏中担任具有不同情绪的角色，也同样有利于幼儿各种情绪的宣泄，同时也有利于幼儿情绪表达能力的提高，从而减少破坏行为。

游戏也是幼儿宣泄内心紧张和负性情绪的一条有效途径。我们发现男孩特别爱玩黏土，他们玩黏土时那一系列用劲地"挤、捏、压、扭"等动作，和最后一下将黏土使劲地摔在地上的动作，都具有宣泄的功能。扔石头游戏和扔沙袋游戏里的"扔"以及在宣泄室里对沙袋的用力"捶打"，这些动作同样具有宣泄的功能。有的幼儿喜欢反复地搭积木，然后又用力地把积木推倒，这也具有宣泄意义。在玩娃娃家游戏时，有的幼儿喜欢把布娃娃的裤子拉下来，然后狠狠地打娃娃的屁股，并且口中念念有词；在玩医院游戏时，许多幼儿喜欢玩"打针"游戏，这是幼儿将自己在打针时受到的痛苦发泄到"打针"的活动中去。如果注意观察就会发现，幼儿通过游戏把精力和情绪发泄出去之后，他们的脸上总会露出满足和痛快的表情。因此，我们要创造条件，让他们有用力摔、推、打、扔、掷、捏等机会，让他们在游戏中宣泄自己的负性情绪，变得平和，进而减少破坏行为的发生。

**3. 引导幼儿合理宣泄情绪**

幼儿的破坏行为常常与其不善于表达情绪，找不到宣泄负性情绪的适宜路径有关。有些幼儿脾气很坏，一不高兴就乱摔东西，或拿玩具或其他物品撒气，这是由幼儿不懂得怎样正确地表达自己的情绪所致。面对这样的幼儿，教育者应该耐心指导他们学会正确地表达自己的情绪。首先，教育者要给幼儿做榜样，有不顺心的事时，不要用吵架、摔东西的方法来发泄自己的不满情绪，要注意控制，用比较平和的心态跟幼儿交流。例如，有位妈妈在外面遇到可气之事，自己受了委屈，回到家可以这样跟孩子说："宝贝，妈妈今天特别生气。有个阿姨的车撞了我，她竟然连句道歉的话都没说就想走。妈妈跟她理论了几句，最后她还是道歉了，我的心情也就好多了。"久而久之，孩子耳濡目染，慢慢就学会了用倾诉的方法来发泄自己的负性情绪，遇到不高兴的事，也会用向朋友或家人诉说的办法来调整自己的情绪。其次，教育者可设置一些沙袋让幼儿捶打以发泄自己的情绪，让幼儿玩搭好积木然后全部推倒等具有"破坏性"的游戏活动，教幼儿用冷水拍拍自己的脸。这类做法在日本、韩国等地较为普遍，有助于幼儿合理地宣泄自己的负性情绪。

**4. 充分关照幼儿合理的心理需要**

当幼儿的关注需要、爱的需要、尊重需要、交往需要等受挫时，他们的内心就会积聚情绪的负能量，达到一定程度时，幼儿就会以各种方式将其宣泄出来，破坏行为就是其中的一个常用选项。感受到被周围的人特别是重要他人，如父母、老师冷落时，幼儿就会以破坏行为来引起别人的关注。比如，幼儿搞破坏时，教师批评他，他不仅不难过，反而有点高兴，其原因就是搞破坏后他终于得到了老师的关注。在幼儿看来，批评也是一种关注。

这里需要特别指出的是，不管幼儿破坏了什么，也不管他在实施破坏前后态度多么恶劣，教育者都应该重视维护幼儿的尊严，关照其尊重需要，绝对不能因为幼儿出现了破坏行为而羞辱幼儿。羞辱不是教育，而是伤害。幼儿的尊严是无价的，也是其人格健康成长的基础。教育者要严格地将事和人分开，我们不喜欢的是幼儿的破坏行为，而不是他本人。

## （二）幼儿破坏行为的应对措施

当幼儿出现破坏行为时，教育者可以通过以下措施来应对，进而减少甚至消除其破坏行为。

**1. 根据幼儿的破坏动机进行有针对性的教育**

幼儿的破坏动机主要有报复、发泄、嫉妒等。教育者应该根据幼儿的

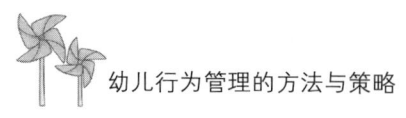

不同破坏动机采取不同的教育方式和内容、目标，进而有效地减少甚至消除幼儿的破坏行为。

(1) **报复心理**

有些幼儿因体力或智力弱，斗不过"强者"，便偷偷地采取破坏行动，以求在心理上得到平衡。如，斗输后推倒对方的自行车，把对方的衣服弄脏，把对方的玩具或作品弄坏，等等。对幼儿的这种报复行为，教育者首先要及时制止和批评，然后再问清孩子这样做的原因。如果幼儿果真受了委屈，教育者可启发幼儿：如果不采取"破坏"方式解决问题，是否还有其他更好的解决问题的方式，努力引导幼儿采用"非破坏"的方式来解决问题。

(2) **发泄不满**

有的孩子因提出的要求被家长拒绝，便以破坏行为来发泄心中的不满。例如，有的孩子故意磨破衣服、鞋子，让家长买新的。对于这样的破坏行为，家长可以利用自然后果法让孩子尝到破坏的后果：孩子弄破衣服，就让他平时穿被他弄破的衣服；孩子弄破鞋子，就让他平时穿被他弄破的鞋子；孩子故意摔坏玩具，就让他在一段时间内只能玩被他摔坏的玩具，等等。当幼儿弄坏了某种东西以后，成人千万不要忙着给他换新的，而要让他感到缺少这件东西不方便，只有这样他才会爱惜东西，不再随便破坏。自然后果是幼儿的破坏行为自然导致的后果，容易让幼儿体验到自己的破坏行为与后果的关系，幼儿更容易从中接受教育，而不会与教育者产生对立情绪。不过，采用自然后果法，只是让孩子尝到其破坏行为的后果，教育者不可羞辱孩子。

(3) **嫉妒心理**

两个幼儿在玩搭积木游戏，本来玩得好好的。不久，一个幼儿看见另一个幼儿积木搭得又快又好，自己却怎么也搭不好，他很着急，索性把两个人的积木全都推倒了："我搭不好，你也别想搭成！"结果，积木作品被推倒的那个幼儿哭了起来。这时,教师可以让推倒别人积木作品的幼儿学会换位思考,体会其破坏行为给别人带来的痛苦,进而减少类似的破坏行为发生的概率。

#### 2. 让幼儿为自己的破坏行为付出代价

幼儿实施破坏行为后,一定要让他为自己的破坏行为付出代价。这不仅可以让幼儿不再做出类似的破坏行为,也有助于培养幼儿的规则意识和负责任的精神。

幼儿实施破坏行为的代价,除了自然后果外,还有非自然后果。如:幼儿有意摔坏玩具,家长就在一段时间内不再给他买新玩具;幼儿砸坏了碗碟,家长告诉他两周内都不会买他最爱吃的冷饮,以省下购买新碗碟的钱;幼儿有意摔坏了别人的玩具,家长就得卖掉他心爱的东西,或者用幼儿可支配的零花钱来支付赔偿别人玩具的钱。家长还要让孩子自己对人家说:"我对我做的这件事感到抱歉,这是赔偿的钱,请收下!"

负性惩罚是一种值得向大家推荐的惩罚方法。负性惩罚是指幼儿出现一个破坏行为时,就去掉一个好的刺激,以减少幼儿破坏行为出现的概率。如,幼儿出现破坏行为时,就减少幼儿的游戏时间、没收幼儿的玩具等。因此,负性惩罚又叫剥夺式惩罚。当幼儿正在搞破坏时,教育者可以告诉他:"要么立即停止破坏……要么就取消你……的资格。""我不能容忍你这样做,请你暂时离开游戏区,直到你学会遵守游戏规则。"如果幼儿意识到行为后果是自己不愿接受的,那么他自然会改变行为方式。这种惩罚,因为有选择的机会,幼儿执行的阻力不大并且效果良好。

幼儿实施破坏行为后,要让其受到适当的惩罚,这种惩罚一定要让他感到"痛",这样,他就不敢再由着性子随意搞破坏了。没有触及幼儿痛点的惩罚是无效的。

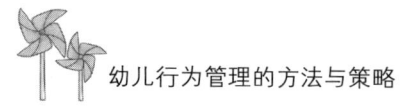

### 3．请幼儿担任管理工作

幼儿喜欢被信任，喜欢帮老师和家长做事，喜欢被"重用"，喜欢被别人认为有价值。根据幼儿的这种心理，教育者可以按照幼儿破坏行为的倾向性，安排他们承担一定的角色，完成一定的任务，这将有利于减少甚至消除其破坏行为和倾向。比如，若幼儿喜欢乱踢垃圾桶，就可以请他做值日生，因为值日生的责任包括清理垃圾桶，这样，他就不会再乱踢垃圾桶了；若幼儿喜欢破坏同伴的作品，就让他当值日生，让其保管自己所管区域内同伴的物品，这样，幼儿破坏别人作品的行为就会减少甚至消失。

### 4．让幼儿学会换位思考

当幼儿因为不喜欢某人或某事而故意破坏别人的物品或作品时，教师可以让幼儿换位思考："想一想，当你在玩玩具的时候，有个小朋友突然过来把你的玩具抢走了，你高兴吗？他好不容易搭起来的高楼被你破坏了，你看他哭得多伤心啊！小朋友要友好相处，所以你这样做是不对的。破坏别人的作品会让小朋友伤心难过的。你说对吗？""请你去求得对方的原谅吧。"同时，教师还要引导其他幼儿理解，知错就改的孩子是可以原谅的，并请他们像原来一样友好地对待这个搞破坏的幼儿。

## 案例3-3 以其人之道还治其人之身

江勇是个破坏狂，在幼儿园里经常破坏别人的物品，因此，老师时常向其家长告状：江勇前天撕了××的画画作品，昨天割了××的书包，今天推倒了××的积塑作品……

江勇的父母不胜其烦。

后来也不知道江勇的爸爸得到了哪位高人的指点：江勇每闯一次祸，弄坏别人的一样物品，爸爸就马上回家找出一件江勇最喜爱的玩具让他亲手破坏。这样一来，江勇开始学会自律和克制自己的情绪，惹祸的次数变少了，半年之后，他终于改掉了这个毛病。

江勇父亲的这招"以其人之道还治其人之身"无疑是行之有效的。教育者要让幼儿学会将心比心，设身处地地为别人着想，就像某位哲人说的："要想知道别人的痛苦，最好的办法是自己也痛苦一次。"但"以其人之道还治其人之身"会不会产生负面效果呢？这是值得思考的。比如，这样做是否会引发孩子对教育者的憎恨，是否会增加孩子心中负性情绪能量的积聚，是否会进一步增强孩子对物品的破坏欲，等等。

**5. 提供给幼儿弥补错误的机会和建议**

幼儿搞破坏后，知道自己犯了错，内心会充满自责、愧疚，想要尽力弥补，如果这个时候教育者一味地指责，只会迫使幼儿将关注重点放在不安情绪的体验上，而错失促进幼儿认知和行为发展的机会。比如，宁智远推倒了丁伟小朋友正在搭建的积木宝塔，原因是他觉得这样很好玩。宁智远并不知道这样会给别人造成痛苦。当发现自己的破坏行为导致小伙伴伤心哭泣时，他不知所措，也很难过，老师问他该怎么办，他也不知道。在老师的引导下，宁智远终于选择了向丁伟道歉；在丁伟的指挥下，宁智远和丁伟一起重建了宝塔。教师这样做既避免了机械的惩罚，又促进了问题的解决，还给幼儿提供了弥补自己错误的机会。这种方法对于建构游戏中破坏他人作品行为的矫正作用尤其明显。

每个人在其一生中尤其是幼儿期总要经历一些破坏行为，教育者作为监护者和启蒙教育者要了解幼儿的年龄特点，采取积极有效的教育干预措施，尽可能避免和减少幼儿破坏行为的发生，努力避免破坏行为成为幼儿的一种习惯。

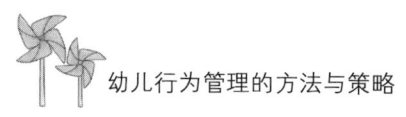

# 三、幼儿咬人行为的预防与应对

由于幼儿年龄小，人际交往经验和能力欠缺，他们在与同伴互动时，还不能考虑别人的感受，因此，咬人行为在幼儿期的孩子中相当普遍。如果任由其发展，那么，咬人行为不仅会给别人带来痛苦，也会给咬人的孩子自己带来不快，因为他经常咬人就会遭到其他小朋友的排斥，没有人愿意和他玩，没有人愿意和他坐在一起，没有人愿意和他说话……因此，教育者应该认真而且有效地预防和应对幼儿的咬人行为。

## （一）幼儿咬人行为的预防

教育者可以从以下几个方面来预防幼儿咬人行为的发生。

### 1. 不要以"咬"来玩

许多小班幼儿咬人是出于模仿。比如，父母表达对孩子的喜爱时，会情不自禁地亲他，甚至在他白嫩的小手臂上轻轻地咬一口，以此逗趣。这样，幼儿也会模仿父母的样子去咬人，表达喜爱，并觉得有趣。幼儿并不觉得咬人对自己、对他人有什么不好，在他心中咬人是一种爱的表达、亲热的表达。

另外，有的家长很喜欢在和孩子一起玩的游戏中扮演老虎、狮子，这些"老虎""狮子"经常咬孩子，有的家长则喜欢在给宝宝洗澡之后游戏式地轻咬孩子的肚皮或者小屁股。这本来是父母和孩子互动的方式，无可厚非，但是如果孩子有咬人的行为，尤其是游戏或者兴奋时有咬人的行为，家长就要注意了。因为孩子很可能把咬人当成了游戏的方式，但是把握不好轻重，或者即使咬得很轻，也会吓到被咬的小朋友，引发小伙伴之间的冲突。

因此，父母要改变自己表达爱的方式，不要以咬来向孩子表达爱，否则，会误导孩子去咬人。

**2. 教会幼儿交往的技巧**

由于语言表达能力和问题解决能力欠缺，幼儿在与同伴发生冲突时，不会用非暴力的方式来解决冲突。比如，当幼儿看上别人正在玩的玩具时，就去抢，抢不到，就会咬——他还没有学会等待、分享、交换等技能；当别人违背他的意志时，他不懂得用正确的方式来拒绝，于是就用咬人的方式来解决问题——咬人是幼儿经常用来防御别人侵犯自己权益的一种方式，他还没有学会利用其他方式来保护自己的权益。比如，遇到同伴索取食物或玩具时，他不等别人动手就先发制人，冷不防地咬别人一口以示抗议。如果第一次咬人就成功了——自己的合法权益得到了保护，那么，咬人就会成为他经常使用的自我保护手段。

### 案例3-4 琪琪咬我

元旦前夕，某园为了元旦晚会节目能顺利演出，特地进行了彩排。每个班轮流上台表演，没上台的班级则留在后台等候。就在这等候的几分钟里，肖老师突然听见人群中传来了哭声，立即走过去，看见虹帆边捂着自己的小脸，边哭着说："琪琪咬我！"肖老师顿时惊呆了：虹帆的脸上有一排齿痕。这时旁边的文嘉着急地说："是琪琪不要虹帆抱，虹帆硬要抱，琪琪就咬虹帆了！"

如果琪琪知道用适当的语言和表情等"非咬"的方式表达自己不喜欢被虹帆抱，那么，他就不会咬虹帆了。

因此，平时教育者要注意教给幼儿理性地、非暴力地拒绝别人的技巧，这样幼儿咬人的现象就会减少甚至消失。

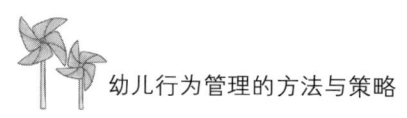
幼儿行为管理的方法与策略

**案例3-5 我看不到电视**

教师在利用一体机给小朋友们讲绘本的故事，小朋友们边听故事，边看一体机上的绘本图片。突然，莫晓萍哭了起来。原来是范小玲咬了她。教师刚想问明原因，范小玲却不满地说："我看不到电视。"原来是莫晓萍挡住了她的视线。

许多时候幼儿咬人并没有恶意，仅仅是因为他们不会与人交往。

多数咬人事件都与幼儿的语言表达能力有限有关。因此，丰富幼儿的语言是减少咬人事件发生的有效措施。教育者平时要注意丰富幼儿的交往语言，让他们学习简单的语言交往技巧，如利用"每日一讲"活动，引导幼儿学习短句（如，"请你给我玩玩好吗？""我们一起玩好吗？""不可以，我刚刚来一分钟，等一下我再给你玩。""那我们就一起玩吧。""那我们就轮流玩吧。""你先帮我摇一下木马，等一下你骑的时候我也帮你摇。""那就让你玩吧，我去玩其他玩具。""你先去玩其他玩具，等一下你再过来，我就让你玩。""我不喜欢你这样！""我还在玩！"……），建立良好的沟通模式，学习简单的交往语言技巧（如，求助、等待、轮流、合作等）。

教育者可通过示范、演练，教会幼儿在不伤害他人的前提下表达自己的情绪，比如：幼儿喜欢对方就拉一拉手，教育者要拉着幼儿的小手做示范动作；幼儿不高兴、不愿意就大声说"不"，教育者要陪着幼儿一起喊出来；幼儿遇到处理不了的事情，就找老师或家长帮忙，要尽可能地把每种情境向幼儿演示得足够详细。演示完毕，还要组织幼儿进行演练，直到熟练为止。

**3. 不断强化积极变化**

任何一个行为的改变都有其周期性。如果某个孩子的咬人行为已经成为一种交往习惯，那么，教育者就不要期待它能自动消失。教育者要有足够的耐心，只有期待合理，教育者在面对幼儿的咬人行为时才不会情绪失控，做出非理性的事、说出非理性的话。教育者可以有意识地记录幼儿咬人的频次，并且给幼儿即时的反馈。例如，如果幼儿一周都没有咬人，一定要告诉幼儿："老师特别开心，今天要告诉你妈妈，你现在可会控制自己的情绪了，会主动和小伙伴说不喜欢或者不要了。你长大了，不再像小婴儿那样用咬人来解决问题了，老师真为你感到高兴。"这样的正强化会大大减少幼儿的咬人行为，直至该行为消失，但是无论如何，你也不要期待这一问题明天就会被解决。

### 4. 给每个幼儿适度的关注

每个幼儿都希望教师能更多地注意自己、关心自己，希望自己是最受教师关注和喜爱的孩子。当一个幼儿通过各种符合常规的方式来引发教师和小伙伴对他的关注都失败后，他就可能使用违规的方式来引发老师和小伙伴对他的关注，其中有些幼儿无意中发现咬人后反而轻易地得到了老师和小伙伴的关注，随后就很有可能会继续咬人。

### 案例3-6 我也来玩开火车啦！

付小敏看见小朋友们正在玩开火车游戏（每个孩子都坐在自己的椅子上，椅子与椅子相连），便拿着自己的小椅子凑热闹，说："我也来玩开火车啰！"她连喊了几遍，可是大家都沉浸在自己的游戏中，没有人理她。于是她把小椅子往前排一放，转过头来咬了后面的小鹏一口。结果小鹏大哭，高呼："小敏咬我！小敏咬我！"

付小敏咬人的原因在于她连喊了几遍"我也来玩开火车啰"，却没有人关注她，这让她有一种被忽视的感觉。

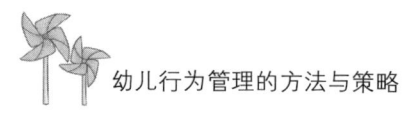

通常在发生咬人事件后,教育者会更多地把注意力集中在咬人的幼儿身上,其实,这个时候教育者应该更多地给被咬的幼儿以关心。当咬人者看到"受害者"得到了更多的关注时,就会获得这样一个信息——"咬别人并不能让自己得到想要的关注",这样可以使其减少"咬人"的欲望。

事实上,如果每次发生咬人事件,教育者都责备甚至惩罚咬人的幼儿,这种教育行为反而会导致幼儿把咬人当作迅速获得教育者及其他小伙伴关注的有效方式。因此,责备、惩罚不能消除反而会助长那些努力寻求关注的幼儿的咬人行为。

**5. 让幼儿有宣泄内心负能量的机会**

### 案例3-7 忍无可忍

午饭时,诚诚、小辉、小宇、玲玲坐在一桌,说话声不时从他们一桌传来。小辉端起饭碗神采飞扬地高谈阔论,诚诚也不时地说上两句,不一会儿,只见诚诚神色严肃地站起来用嘴巴咬了小宇伸出来的两根手指头。

原来小辉、小宇、玲玲都说:"今天我会吃两碗饭,诚诚肯定一碗都吃不完!"小宇还伸出两根手指头比画,诚诚因此气愤地咬了小宇的手指头——诚诚是班里有名的吃饭慢且饭量小的幼儿。

有时候幼儿咬人是因为心里有情绪的负能量要宣泄,因此,教育者要尽量通过调整周围的环境来帮助幼儿释放心理压力。另外,教育者可给幼儿准备一些适合摔打或啃咬的玩具,带幼儿做一些他喜欢的事来尽情地释放心理压力,当然,还要教会幼儿正确地表达自己的负性情绪。

## (二)幼儿咬人行为的应对措施

当幼儿出现咬人行为时,教育者可以通过以下措施来应对,进而减少甚至消除其咬人行为。

**1. 立即制止并让咬人者一起安慰和照顾被咬者**

幼儿咬人后，教育者要坚定地告诉咬人者"不可以咬人，你会伤到别人的。你看秀秀正在哭呢，因为你咬痛她了"，并马上将当事人分开，安抚被咬幼儿的情绪，并且根据情况及时处理，如有伤口要带孩子到保健室或医院处理。如果有可能，要让咬人者向被咬的小伙伴道歉，给被咬的小伙伴擦擦眼泪，或者让他摸一下他咬的牙齿印，要让咬人的幼儿直观地了解咬人的后果——深深的牙齿印、伤口、被咬小伙伴的痛苦和伤心的表情等。教育者可以跟咬人的幼儿说："你刚刚咬了他，他在哭，他很难过。我们可以怎样让他好受一些？下一次如果你还想玩这个球，我们应该怎么办呢？"教育者可引导咬人者去安抚被咬的小伙伴，让他去亲一亲被咬的小伙伴，并鼓励咬人者轻拍被咬的小伙伴，如有必要，给被咬的小伙伴缠上绷带或者用其他方式提供帮助。这会为幼儿提供一个表达同情和进行积极的社会互动的榜样。

**2. 理性地安抚幼儿**

一个幼儿咬人，一个幼儿被咬，两个孩子可能都处于深深的不安之中。因此，咬人者和被咬者都需要情绪上的安抚。

被咬者哭是很正常的，教育者不要说"不要哭""没什么大不了的""不疼"之类的话，而应帮助被咬者快速找到平复心情的方法，比如，可以找一个冰袋捂在咬痕处，给他一个拥抱，并且表达你对其情绪的认可，如："我知道你的手有点疼，我来抱抱你，这样你会好受一些。""老师知道你现在很疼，老师帮你揉一揉，一会儿就不疼了。"在安抚被咬者时，尽量不要在他面前说咬人者的坏话，可以告诉他："×××还没有学会如何表达他很生气（伤心）……他还需要加把劲儿喔！你以后可以帮助他吗？"如此教育，可让被咬者不仅关注自己的痛，还关注别人的不足，关注别人的成长。

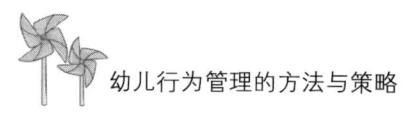

这样,既可以分散被咬者的注意力,减轻其痛感,也可以培养其大度的品格——被别人伤害了,还能体谅别人的难处,关注别人的成长。这种意识和行为不断得到强化,就会成为幼儿的内在品质,让其终生受益!

幼儿咬人的现象非常普遍,这是因为幼儿还不会用合适的方法来表达情绪、应对同伴冲突。一般不建议被咬者的家长直接批评咬人者,更不主张直接批评咬人者的父母,家长应该把咬人事件交给老师和孩子去处理,这样可能更为恰当,更有可能让咬人事件成为孩子成长的一次机会。

幼儿咬人后,教育者没有必要怒气冲冲地质问咬人者,因为咬人者多数也正在气头上,他们根本回答不上来,也不愿意回答,此时教育者的愤怒、质问只会引发教育者与咬人者之间的冲突。与其质问,不如搂紧咬人者,明确表达对他行为背后的原因表示理解:"我知道你……如果是我,我也会很生气。不过,不应该用咬人的方式来解决问题。生气的时候咬人是不可以的,你可以向老师寻求帮助。""老师知道你不是无缘无故咬他的,你只是想拿回自己的球。但你看,他被你咬了感到很疼,现在哭得很伤心。你可以……"

### 3. 培养和提高幼儿的人际交往能力

有些教师自从发生第一次咬人事件之后,就每天都紧盯着咬人者,一旦发现他有这种行为就马上制止。可是经过一段时间,你就会发现这种方法不现实,因为你总是有很多事情要做,不能时刻总是看着一个人,而且他想咬人,你马上去制止会让他产生逆反心理。因此,教育者要找到治本之策,让孩子学会以非暴力方式表达情绪、愿望,培养处理冲突的能力。

#### 案例3-8 乐乐咬我

乐乐在"娃娃家"烧饭,晓勇想要他手里的玩具。乐乐不同意。晓勇便伸手去抢,乐乐张开嘴巴对着晓勇的小手咬了一口,晓勇"哇"的一声大哭并大喊起来:"乐乐咬我!!"

乐乐咬晓勇,是自卫,是想保护自己的玩具不被抢走。

教师可采取如下教育对策:

①询问。问乐乐和晓勇到底发生了什么事。

②感谢。感谢乐乐和晓勇将事情告诉老师,不进行对错的评判,不批评指责。

③启发与询问:"乐乐,你告诉我,你那样做(咬了晓勇),晓勇的感受是什么?""晓勇,你去抢乐乐正在玩的玩具,乐乐的感受是什么?"

④启发与询问:"乐乐,你说说,如果不咬晓勇,你怎样做会让晓勇感觉好一些?""晓勇,你说说,如果你不直接去抢乐乐手上的玩具,你怎样做会让乐乐感觉好一些?"

⑤遵照达成一致的解决方法:乐乐和晓勇根据他们的讨论交流结果,去执行他们都认可的做法。

在整个过程中,教师工作的重点不是做谁对谁错的判断,而是让幼儿形成解决冲突的能力,让幼儿学会换位思考,学会为他人着想——自己怎样做会让别人感觉好一些,行动前会站在别人的立场上思考问题,采取非暴力的方式解决问题,让大家相处得开心快乐。

对于类似的咬人事件,都可以采取上述程序来处理。当这种"心中有他人,不给别人添麻烦"的观念和意识,逐渐内化成为幼儿的一种稳定的心理倾向后,其社会行为就会从自我中心转为合作和对他人尊严的关照。

### 4. 不能教幼儿"以其人之道还治其人之身"

A 幼儿咬了 B 幼儿后,有的教育者会让 B 幼儿咬 A 幼儿一口,而有的教育者会认真地咬一下 A 幼儿,然后问:"你看我咬了你,你疼吧?"他们试图让 A 幼儿知道被咬了是会疼的,理由是:让 A 幼儿知道咬人给别人带

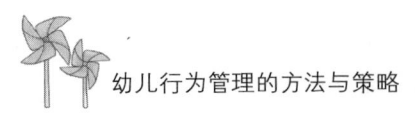

来的痛苦,他以后就会少咬人——这是极其荒唐的,这样做,A 幼儿并不会从中受到教育。而事实上,当 A 幼儿看到被他咬的小伙伴哭的时候,他会马上明白自己做了一件让小伙伴不高兴甚至痛苦、痛哭的事情,根本不用教育者多此一举他就知道被咬的痛苦。

5. 不要给孩子起有误导作用的绰号

某幼儿咬了几次小朋友,有的教育者就给他起了个"小霸王"的绰号。这类绰号真的会误导孩子,使其更加霸道,更加具有攻击性,更加喜欢咬人。

教育者一定要明白,我们不喜欢的是咬人者的咬人行为,而不是不喜欢咬人者这个人,要把人和事分开,因此,不要对咬人者说这样的话:"你以为你是狗呀,狗才会咬人!""人的嘴巴是用来吃东西的,不是用来咬人的!狗才咬人,不许你再咬人!你再咬人,你就会变成狗!!"这种羞辱是对咬人幼儿的最大伤害。

教育者要善于利用咬人事件这一契机来促进所有幼儿的健康发展,让他们学会换位思考,体谅别人,宽容他人。

## 四、幼儿腼腆害羞行为的预防与应对

腼腆害羞是指在与他人,特别是与有影响力的人、陌生人相处以及在团体人际情境下,对自己的过度关注和对他人评价的担忧引发的不自在、压抑的情绪和行为倾向。人在腼腆害羞时会表现出脸红、口吃、出汗、发抖、脸色苍白等身体症状。在行为上表现为:被动、抑制、害怕与人进行目光接触、交谈时音量变小、沉默不语、不愿意去接近人或者是不愿意到那些容易成为焦点的情境当中去。在情绪上表现为:容易焦虑、沮丧、不安、敏感和恐惧。在生理上表现为:容易出现脸红、心跳加速、冒汗、颤抖、口干等生理现象。

如果注意观察就会发现，腼腆害羞幼儿的外部行为特征十分明显，他们通常具有如下的行为表现。

- ◆ 他们并不喜欢被注视、被观察。
- ◆ 他们不喜欢甚至不敢较长时间地注视别人的眼睛。
- ◆ 与别人对视时，首先移开视线的往往是他们。
- ◆ 尝试着回答问题，但只说几个字来应对，或者只回答"是"或"不是"，或者点头或摇头。
- ◆ 安静地坐着，不说话、不唱歌，也不动。
- ◆ 不参加活动，只会通过微笑表现出他们对活动的喜爱。

害羞的幼儿与不害羞的幼儿在智力方面没有什么差别，害羞的幼儿长大以后很少会犯罪，更多的可能是努力学习并在学术上取得成功，不过，过度腼腆害羞却有碍与他人的正常交往。腼腆害羞的孩子往往很敏感，自尊心又很强，很可能会整天为自己给别人留下的印象和别人对自己的评价而担忧，他们最害怕在陌生的、意外的场合抛头露面，特别是在场的人们都把审视的目光投向他们的时候，他们就会手足无措；对于别人无论是善意还是恶意的批评乃至玩笑，他们往往接受不了；他们总感到自己处处受挫折，事事都被动，因而对自己不满，对未来失去信心。长此以往，腼腆害羞的幼儿就会出现病态条件反射，出现害羞腼腆的情况不但次数增多，而且范围也有所扩大，起初碰到陌生人，他们只是有点扭捏不安，以后会发展到有意识地缩小与外界接触的范围，以避免挫折和烦恼，这将给其发展和生活带来许多负面影响。

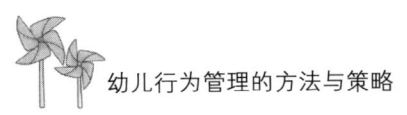

### 案例3-9 腼腆害羞的丽娟

丽娟4岁多，正在读幼儿园中班。她是个自尊心和上进心很强的孩子，各方面的能力都不错，可就是性格内向，平时见人就脸红，更为严重的是，她几乎不敢在集体教学活动中回答问题。每当老师提问时，她都把头埋得低低的，不敢抬头与老师的目光对视，表现得很紧张。一旦被叫起来当着大家的面回答问题，她就会局促不安，脸上一阵红、一阵白，站也不是，坐也不是，有时还浑身发抖。

前不久，在语言教育活动中，老师叫丽娟读一段话。老师叫了三次，她才红着脸慢慢地站了起来。想到全班小朋友的眼睛都盯着自己，丽娟就慌了，总是低头往地上看。因为太紧张，一段几十个字的内容她读了3分钟也没读完，背上直出汗。坐在后面的男孩发现了，使劲地笑。

后来，丽娟见到这个男孩就紧张，她觉得所有的男孩都在她身后指指点点。这样的情形让丽娟觉得很受不了，但是她也不知道该找什么人解释。糟糕的是，现在丽娟连去人多的地方都有点不自在，总觉得人家说话的时候，可能就是在说她腼腆害羞，以至于她现在一看到有人就不由自主地低着头走。最近，她越来越少说话、少出门，甚至怕上幼儿园了。

丽娟因腼腆害羞而不敢回答老师的提问，到人多的地方就害怕，最后还害怕上幼儿园。看来，过度腼腆害羞会影响幼儿的正常学习生活。因此，教育者有必要研究如何防止和减少幼儿腼腆害羞的行为，进而促进幼儿的健康发展。

### （一）幼儿腼腆害羞行为的预防

教育者可以从以下几个方面来预防幼儿腼腆害羞行为的发生。

**1. 父母多带孩子**

研究表明，与父母分离的焦虑是3岁左右的孩子早期害羞的主要原因。此年龄阶段的幼儿最关心的事情是与家人尤其是父母保持爱，因为此时的孩子还不能与外人建立联系。所有的孩子都经历过与家人分离的恐惧，分离恐惧越大，经历这种恐惧的孩子年龄越小，就越害羞。

现在许多父母都以工作繁忙为借口，留下孩子让爷爷奶奶来带。爷爷奶奶带着孙子（孙女）住在乡下，虽然说他们对孩子也非常疼爱，但是祖辈之爱和父母之爱终究是不同的，老人家比较喜欢安静，年龄大了难免存在抑郁等心理，孩子如果长期生活在这样的环境当中，很容易产生害羞、恐惧等心理问题。因此，我们强烈主张：父母应该将孩子留在身边，与孩子一起做各种活动，特别是做那些活动量大、活动幅度大的活动，这既可以使孩子身体强壮，又可以增加孩子与外界的接触，培养孩子大胆、勇敢的精神。孩子见多识广了，面对同伴，面对未知世界，就不会那么胆怯、害羞。在父母强有力的支持下，孩子可以感受到父母的关怀和爱，进而获得充分的心理安全感，就会变得勇敢、活泼开朗，敢于并乐于与人交往，在众人面前表现自己。

父母要鼓励孩子多与人接触，给孩子创造交往的机会，多带孩子到一些公共场合，有意识地训练孩子和不同性格、不同气质的小朋友打交道。鼓励孩子大声说话，积极主动地与别的幼儿交谈，将孩子引到小朋友们的面前，并且教孩子说"你们可以和我一起玩吗""让我们一起来玩吧"诸如此类的话，鼓励孩子积极地和别人相处、交流。

**2. 让幼儿多参加具有宣泄意义的游戏**

防止和减少幼儿腼腆害羞行为的关键是帮助幼儿畅快地表达情绪。而游戏有自由、自主、愉悦的特性，可以让幼儿自由地表达自己，负性情绪自然而然地得到宣泄，这当然有利于克服幼儿的腼腆害羞行为。

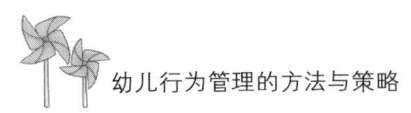

因此，教育者可专门设计和组织那些多人参与的相互追逐、相互碰撞、富有挑战性和冒险性的游戏，游戏中有高声大喊，有放肆的大笑，有疯狂的追逐，有手动、有脚动，有斗智，有斗勇，每个幼儿担任不同的角色，每种角色都有抛头露面的机会并且必须抛头露面。这样的游戏能让幼儿忘我地投入其中，自由、自然地表达自己，自然、自由地与同伴亲密热烈地交往，这有利于幼儿释放情绪中的负能量，同时让幼儿学会大胆地表现自己，大胆地与人打交道，有利于防止和减少幼儿的腼腆害羞行为。

**3. 不要给幼儿贴"腼腆害羞者"标签**

标签是社会（他人或社会组织）给有关人员加上的身份证明，是社会对一个人的性质所进行的界定。比如，"这个人是坏人""这个人是小偷""这个人不诚实"等，这里的"坏人""小偷""不诚实"，就是社会给这个人贴的"标签"。社会标签理论认为，这些标签不一定能从客观上反映这个人是什么样的（因为有些标签是社会错误地强加给某人的），但它却能在一定程度上决定这个人将会"变成"什么样的。因为标签改变了别人对被贴标签者的认识，也改变了被贴标签者本人对自己的认识，进而影响其发展，并使之最终成为标签所标定的样子。在这个变化过程中，别人对他的反应及他对别人的反应的理解起着决定性的作用。比如，每个人在年幼或年轻的时候都曾做过越轨的事，犯过一些错误，但最初这类行为都是暂时的，或是出于一时的冲动，或是出于一时的好奇，可是有些人的此类行为后来却变成了习惯性行为，其中主要的原因在于，这些人在做越轨的事时被人察觉并被公之于众，他们由此被人们贴上"越轨者"这一标签。此后，其他人就开始根据这一标签来对其做出相应的反应，结果这些人在社会的强化下也就有意或者无意地接受了这一标签，从而产生了新的自我概念——"我是越轨者""我是异类人"，并且开始做出相应的举动，最终使标签成为"自动实现的预言"。如，一个公安局里的"常客"——惯偷，在讲他的成长经历时是这样说的:"我第一次偷盗是在小学的时候,那时我只是想模仿电视剧中的'江南大盗',可没想到那一次偷盗却改变了我的一生。因为那次偷盗被我们班的同学发现了,他们报告了老师,结果我就在全校会议上被进行公开批评,从此有了一个外号叫作'贼'。之后,学校里凡是有人丢了东西,我都会被当作第一怀疑对象。由于许多小学的同学和我一起上了同一所中学,所以'贼'的身份也就跟着我一起到了中学,别人都知道我是'贼',处处提防着我……"最后他还说:"我实在没有办法,最终只能与贼为伍。"

根据社会标签理论,我们可以得出这样的结论:腼腆害羞者是在社会生活中被贴上的标签——自己认为自己腼腆害羞,或者别人认为他是腼腆害羞者。腼腆害羞是个人因素和环境因素交互作用的结果,是个体归因及标签化的结果,也就是说,个体自己选择是否把自己的标签定为"腼腆害羞者"。

根据社会标签理论,教育者在矫正幼儿的腼腆害羞行为时应该注意以下几点。

首先,审慎地对待幼儿的"第一次"。良好的标签对幼儿的发展有激励作用;不好的标签对幼儿的发展则起到阻碍作用。因此,教育者在发现幼儿的"第一次"时,要审慎地处理。当幼儿"第一次"表现出勇敢大方时,教育者应该及时地给他一个"勇敢大方"的标签,让他在这一良好标签的激励下不断地进步,最终将偶尔出现的勇敢大方行为变成一种良好的行为习惯或品质。而当幼儿"第一次"表现出腼腆害羞行为时,教育者不要在公开场合对其进行批评训斥,也不要由于幼儿的一次腼腆害羞行为而给其贴上"腼腆害羞者""××腼腆害羞""××是我们班脸皮最薄的""我家孩子什么都好,就是有点害羞"等消极的标签——你给孩子贴上怎样的标签,结果孩子往往就会变得像标签标明的那样。

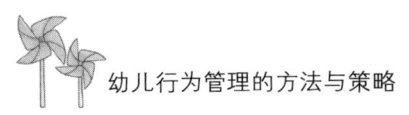

其次，努力消除以往所贴的"腼腆害羞者"标签给幼儿带来的消极影响。由于种种原因，以前教育者可能给幼儿贴过这样的消极标签，如果真的是这样，教育者需要马上做的是：尽早清除贴在幼儿身上的"腼腆害羞者"标签，以欣赏的眼光去看待幼儿，努力发现他们身上的闪光点，特别是发现幼儿勇敢大方的行为，进而不断地给他们贴上"你真勇敢""你真大方"这些积极的标签，从而为幼儿的心理健康发展创造一个良好的心理空间。

**4．教育者要给幼儿树立良好的榜样**

教育者和同伴是幼儿的主要模仿对象，其言行举止对幼儿有潜移默化的影响。因此，教育者要以身作则，给幼儿树立良好的榜样，用实际言行告诉幼儿应该怎么做。此外，教育者要加强对幼儿行为习惯的培养，促使他们形成开朗的性格，从而帮助他们克服害羞心理。

在家庭中，腼腆害羞是会感染的，即使父母不害羞，但如果孩子的其他照料者是腼腆害羞的，孩子也可能会变得腼腆害羞。父母要想一想：你有没有频繁的社会交际？会不会经常有朋友到你家里来做客？你有没有经常参加聚会？你经常打电话吗？你有没有积极地鼓励或安排孩子和别的小朋友一起玩？如果这些都没有，可能会导致你的孩子腼腆害羞。因此，家长一定要注意为自己的孩子树立勇敢大方、喜欢交际的榜样。即便你是一个腼腆害羞的人，也要在孩子面前无拘无束地展现你的活力，父母的勇敢大方会感染孩子的。

**5．相应的行为训练**

为了锻炼幼儿的胆量，教育者可以通过以下活动来增强幼儿与人交往的能力，减少甚至消除幼儿的腼腆害羞行为。

**（1）好新闻报告会**

在家里或幼儿园里都可以搞一些诸如"好新闻报告会"的活动，全家人不管年龄大小，每个人都描述自己遇见的一件新鲜事，谁也不许说别人的不是。每个人都有机会讲,让别人听并发表意见。这样本来害羞的孩子也能完全投入。在幼儿园里也可开展类似的活动,当然,在活动之前,一定要让腼腆害羞的幼儿做好充分的准备,让他每次都成功,特别是在前面几次。若前面几次出场就失败,孩子将会变得更加腼腆害羞。

(2) 展现风采周

首先由教师拟定几个说话主题,然后由幼儿自己选定其中一项进行准备,最后由幼儿指定时间进行说话风采展示。

风采展示,还可以是每天早上花20分钟每天安排5~7个幼儿轮流展示自己的特殊技能、展示自己的玩具等。

(3) SOFTEN 技术

心理学家阿瑟·瓦斯默在其《克服害羞指南》一书中提出了矫正和防止腼腆害羞的技术,他用一个单词来代表所有可以表达热情和可爱的身体语言信号:SOFTEN(柔化)。

S 代表 smile(微笑)。

O 代表 open posture(开放式的姿势,即双腿和双臂不交叉)。

F 代表 forward lean(身体微向前倾,这说明你对他说的话题很感兴趣)。

T 代表 touch(触摸或友好的身体接触,例如握手)。

E 代表 eye contact(目光接触,这是传递非语言信息最有效的渠道)。

N 代表 nod(点头,表示你在倾听和同意对方的说法)。

他说:"在所有的技巧中,简单地改变肢体语言最能带来令人意想不到的效果。有病人曾对我说,'按照你的建议去做之后,我上周和别人的交谈比去年一年还多!'"通过向周围的人表现出温柔、亲切的形象,你就会获得友谊和积极的回应,如此,就不会感到陌生人造成的胁迫感了,腼腆害

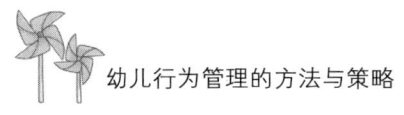

羞行为就会减少甚至消失。

教育者可以通过训练，让幼儿掌握SOFTEN技术，进而减少甚至消除腼腆害羞行为。

**（4）玩"勇敢者"游戏**

①鼓励孩子多进行户外运动。害羞的孩子更喜欢玩一些没有伤害性的、安静的游戏，如看书、画画、拼图、搭积木等，比起和小伙伴们一起玩耍，他可能更喜欢一个人玩。因此，家长应该鼓励孩子多进行户外运动，多在户外和小伙伴们一起玩游戏。对害羞的幼儿来说，尝试玩沙子、抓虫子、拍皮球等"脏脏"的游戏，以及在台阶上跳上跳下、相互追逐、抢皮球等"危险"的游戏，都需要一点勇气。幼儿在户外活动中难免磕磕碰碰，家长不要大惊小怪，玩这些"勇敢者"的游戏是帮幼儿练胆量的好办法。

②让孩子多开口和陌生人交流。比如，在超市、商场、公园、游乐场等公共场所，家长可鼓励孩子勇敢地与陌生人说话，如在商场买玩具时，让孩子自己对营业员说："我想买这个玩具，请问多少钱？"如果孩子不愿开口，就不买了。刚开始，孩子可能不好意思说话，这时家长就先说一遍，让孩子学说，不管孩子说得好不好，声音够不够大，家长都应该鼓励他。说得多了，孩子就习惯了。在鼓励孩子开口说话的同时，家长也可以教他正确使用礼貌用语。

③让孩子当"小司令"。腼腆害羞的孩子在一群孩子中往往不"出头"，因为不管做什么事，他都躲到别人的后面。因为腼腆害羞，他会失去在人前表现的机会，表现的机会少了，孩子就更害羞了，这样就进入了一个恶性循环。家长不妨找几个年龄比自家孩子小一点的孩子，让他们和你的孩子一起玩。你的孩子虽然害羞，但因为比其他孩子年龄大，在游戏中就会处于主动的领导位置，这对于树立他的自信心、克服腼腆害羞心理是有帮助的。

④让孩子学游泳。腼腆害羞的孩子应选择具有挑战性的项目（比如游泳）进行锻炼。因为游泳时要克服呼吸困难、呛水等问题，经过长期锻炼，孩子的胆子会慢慢变大。

(5) **请进来和走出去**

家里来了客人，腼腆害羞的孩子往往表现出扭扭捏捏的样子，在被要求和客人打招呼时，躲到爸爸妈妈的身后或跑进自己的房间不肯出来；如果去朋友家串门，他更是一路吵着"不去"，即便是到了目的地，也不愿意进人家的门。

对于这样的孩子，父母不可过度保护，但也不要批评指责。家长应有选择地请朋友到家里来，比如请那些有孩子的朋友来，以便孩子在熟悉的环境里接待小朋友，等彼此玩得很好了再试着到这些朋友家做客。慢慢地，孩子会因为有同龄的小伙伴一起玩而喜欢当小主人或小客人。父母也可在小区里和幼儿园里，帮自己的孩子选一两个性格比较外向的小伙伴和他一起玩，这同样可以收到不错的效果。

(6) **鼓励幼儿参加社团活动**

幼儿参加小型的社团活动，如专为孩子举办的运动、戏剧或唱歌活动，可以帮助他在同伴面前更加自信地表达自己。

(7) **亲子同台表演**

家长和孩子自创一两个小童话表演或木偶表演，全家行动，最好由孩子当主角。这些保留节目可以在亲友面前上演，也可以到幼儿园表演。因为有爸爸妈妈"同台"，孩子会觉得在生人面前表演并没有想象的那么可怕，害羞的程度也会减轻。

(8) **玩马兰花游戏**

游戏玩法与规则如下：

幼儿一起说："马兰花，马兰花，风吹雨打都不怕，勤劳的人们在说话，

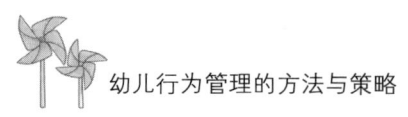

请你马上就开花。开了几瓣花?"

老师随机说一个数:"3瓣花。"

幼儿按老师说的花瓣数一起抱成一团。没有找到朋友或者抱团人数不对的为失败,然后举起小手大声地说:"对不起,我错了。"

在马兰花这个游戏中,幼儿主动地去拥抱小伙伴,体会拥抱和被拥抱的快乐,可减少其与人交往的障碍。

(9) **角色扮演游戏**

父母可以和孩子一起扮演"上幼儿园""叔叔来我家""乘车""去医院""逛商场"等各种主题的游戏,帮助孩子体验在不同的交往场合应如何应对。当然也可以针对孩子马上就要面对的场合,告诉他这个环境的详细情况以及他应该怎么做。

(10) **轮换任务或做领袖**

腼腆害羞的幼儿得到做领袖的机会后可能会变得活泼起来,给腼腆害羞的幼儿更多的机会做出影响他人的决定或做领袖,对改变他们的腼腆害羞行为会有很大的帮助。当然,在这一过程中,特别是刚刚开始时,教师要给他们足够的支持和帮助。

6. **对幼儿多表扬、多肯定**

腼腆害羞的幼儿有低估自己的倾向,他们看不到自己的优点和长处,看到的多是自己的缺点和短处,害怕别人的目光和评论。因此,教育者要善于发现并引导幼儿发现自己的长处和优点,对他每一次微小的进步和自主行为都要表示赞赏,如:他主动跟别人打招呼、向别人问好后,教育者要表扬他;在他过生日的时候,他邀请别的小朋友来参加,家长要给予充分的肯定和鼓励。教育者的表扬和鼓励是帮助腼腆害羞幼儿建立良好自我意识、树立自信心的最可靠办法。在成长的过程中,尽管他还会有一点点腼腆害羞,但教育者不要忘记,即使最伟大的演员也有怯场的时候,并且腼腼腆害羞不是缺陷，腼腆害羞的幼儿同样应该得到肯定和鼓励。教育者不要使腼腆害羞的孩子感到外向大方型的孩子才会得到高度重视和尊重。在幼儿园里，教师可以开展"夸夸你我他活动"：采用师幼互评、幼幼互评、幼儿自评的方式肯定每个人所取得的成绩，并在班上互相夸一夸，进一步增强幼儿的自信心，促使腼腆害羞的幼儿发现自己和他人的闪光点。

平时，教育者要告诉幼儿，"害羞并不是愚笨，害羞也不是你有问题"，以减轻幼儿的自责心理。

无论什么时候，只要腼腆害羞的幼儿与其他幼儿互动，教育者就应该给予积极的回应："很高兴听到你说话和大笑，和别人一起玩真有趣。"

教育者要相信，虽然幼儿腼腆害羞，但是他们有天赋。研究表明：大多数（超过60%）有天赋的幼儿是内向的；智力越优秀，内向者所占的比例就越高。教育者不要因为腼腆害羞幼儿不喜欢和一大群人闲聊、说长道短或不假思索就脱口而出，就觉得这个幼儿比别人笨。要尊重幼儿的安静特质，让幼儿珍视自己的内心世界。

请记住，生性腼腆害羞的人大都是正直、有同情心的人，更善于思考、观察、倾听，他们可能不是人群中耀眼的领袖，但他们可能成为思想家、顾问或医生，通过以身作则来影响他人。

**7. 和幼儿共同面对困境**

许多幼儿的腼腆害羞行为都是由其曾经遭遇的羞辱导致的。58%的腼腆害羞的人都能回忆起腼腆害羞症状开始时痛苦的社交经历，44%的人则能记得一个极度不愉快的事件，并认为该事件是其害羞的根源。

幼儿经常会因腼腆害羞而被欺负，因此教育者留意腼腆害羞幼儿有没有被欺负是十分重要的。如果幼儿被欺负，要及时和幼儿沟通，并使幼儿相信错在对方，不在他。鼓励幼儿勇敢面对欺凌，不能一味退缩。教育者甚至可以和幼儿一起演练如何应对欺凌，必要时，教育者还要帮助幼儿有效

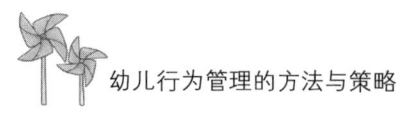

面对欺凌,还可约谈欺凌者的家长。教育者一定要采取有效的措施保护幼儿的自信心不受打击。

### (二)幼儿腼腆害羞行为的应对措施

当幼儿出现腼腆害羞行为时,教育者可以通过以下措施来应对,进而减少甚至消除其腼腆害羞行为。

#### 1. 接纳幼儿的腼腆害羞行为

教育者要接受幼儿腼腆害羞这一事实。腼腆害羞的幼儿是极其敏感的,如果教育者认为腼腆害羞是一个缺点或一件令人难堪的事情,幼儿是能察觉到教育者的这种看法的,因而会更加腼腆害羞。

因此,教育者必须心平气和地接纳幼儿的腼腆害羞行为,不取笑,不批评,不负面评价。当幼儿出现腼腆害羞行为时,教育者最好的做法就是顺其自然,当作没看见,忽略、接纳,为幼儿提供轻松和充满尊重的心理环境,这样更有利于幼儿放下心中的包袱,恢复轻松自然的心理状态,进而更加自如地表现自我。

#### 2. 不要责备幼儿

其实幼儿起初出现腼腆害羞的行为,他自己并没有觉得有什么不好,跟他感到困了、饿了没什么两样。这时教育者的任何担忧、焦虑、不满、斥责、偷笑等负性情绪反应都会强化幼儿的腼腆害羞行为,让原本不是问题的腼腆害羞行为成了问题。所以,当幼儿表现出腼腆害羞行为时,教育者不要跟幼儿说:"这么大了还不好意思,真是的!""舌头坏了?你怎么不能说话呀?""我真想不通,你为什么总是这么害羞?""男孩子怎么像个女孩子一样害羞?真不像个男子汉!""人家的孩子小嘴儿特别甜,人见人爱。我的孩子天天见人不打招呼,每天都得我先叫他喊叔叔、阿姨,他才喊,真急人。""××小朋友,你害羞啦?你怎么不大点儿声叫我呢?""如果你不这么害羞，你就会做得很完美。"……教育者也不要对别人说："你们看看，××又害羞了！""我从未见过这么害羞的孩子！""这孩子就是害羞，从小不爱说话，见到客人总是扭扭捏捏的。""不要那么小声地讲话。""大点儿声，我们听不见了！"……这样的做法会让幼儿确信腼腆害羞是个问题，进而更加担忧、紧张，反而更容易表现出腼腆害羞。

### 3. 要善于等待

腼腆害羞行为不是一天形成的，并且有一定的遗传和神经系统基础，所以要改变幼儿的这种状况需要一个过程。我们所说的等待，是指允许幼儿有一个转变过程，教育者不要急于求成，而要循序渐进，否则，强迫幼儿急速或即时大胆大方，只能达到相反的教育效果。比如，孩子们正在表演《三只小猪》的故事，教育者指出，腼腆害羞的幼儿扮演的观众这个角色也很重要："感谢你做了一个很专注的观众，如果没有观众，就不好玩了！"当幼儿感到舒服自在的时候，教育者可让他更多地参与到活动中，扮演房子或者门卫的角色（这些角色只需要一点点动作或讲话）。同样，教育者再次对他的重要角色表示感谢，继续鼓励他扮演更多活动中的角色。这样循序渐进，幼儿就能不断获得成功和快乐，其参与活动的积极性就会不断增加。

### 4. 为幼儿提供适当的帮助

教师可以把一个腼腆害羞的幼儿引见给一组友好的幼儿，并且教腼腆害羞的幼儿这样说："我想和你们一起玩。""让我们一起玩吧。"要鼓励幼儿加入其他小朋友的活动，也要鼓励其他幼儿接受这个有点腼腆害羞的小伙伴。

另外，如果一个幼儿经常表现出腼腆害羞的行为，教师要找到这个幼儿的兴趣点和优势，帮助他在班级里找到兴趣相投的幼儿交朋友。

教师有时需要与腼腆害羞的幼儿开展游戏或活动，同时，邀请一两个

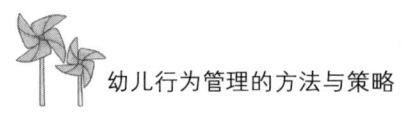

孩子一起参与,当他可以跟其他幼儿玩得很好的时候,教师再悄悄地走开。

客观地说,教育者应该接受幼儿一定程度的腼腆害羞行为,可以将之视作个体差异。只有幼儿的腼腆害羞行为引起其交往障碍,影响其参加他喜欢的游戏和活动,才需要教育者进行干预。

## 五、幼儿过度寻求关注行为的预防与应对

幼儿过度寻求关注行为是指幼儿过度频繁的和不必要的、以语言或者非语言的方式向其他人,特别是向教师和家长寻求关注的行为。寻求教师关注是幼儿园里每个孩子正常的心理需求,但是过度寻求他人关注则是一种病态的心理行为。幼儿过度寻求他人关注的心态和行为,不仅会给他人特别是教育者带来麻烦,而且对其心理健康成长也不利。

有的幼儿为了得到关注会不惜一切代价。如果他们从教育者那里得不到足够的正面回应,就会以消极的行为来引起教育者的关注,做一些让教育者抓狂的事情。有的幼儿可能会从楼梯上滑行而下。有的幼儿寻求关注的方式是找茬儿,与教育者作对——他知道教育者不喜欢他穿这种衣服,就偏要穿。有的幼儿则采取搞怪、表演、制造危机的方式。一位母亲说:"我家的凯莉和卡莉是一对3岁大的双胞胎。只要我的朋友到我家来,她们就开始滔滔不绝,装疯卖傻。我和我的那些成年朋友连一句话也插不进去。就好像这是凯莉和卡莉的娱乐时间。"

### 案例3-10 让老师感到沉重的瑞恩

瑞恩,6岁,是一个要求很多的孩子,总是寻求别人对他的关注。他的老师朱莉承认,在瑞恩因染上水痘而两周不能来上学的时候,她感到很轻松。朱莉老师说:"尽管他生病了,我很难过,但是我感到非常轻松,因为

我不需要去处理他接二连三的问题和他寻求关注的行为。我可以花更多的时间和别的孩子在一起，并且意识到我们将不再受到瑞恩的打扰。"

诚实地问问自己，当你得知一个特殊幼儿将不再来幼儿园了，你是否感到轻松？你认为幼儿知不知道你有这样的感觉？可能幼儿也意识到了这一点，这会鼓舞他继续找麻烦，因为这样他将得到你的批评甚至惩罚——在他看来这总比被冷落好。

### 案例3-11　不断努力的嘉佳

星期天，姑姑带着1岁的小弟弟来到刚满3岁的嘉佳家做客。小弟弟可爱极了，大家都争着逗他玩。一开始，嘉佳也挤过去亲了亲他，但不大一会儿，嘉佳就有些不高兴了，大家都围着小弟弟转，没人理她了。于是，嘉佳开始大声唱歌，可是没人注意她；嘉佳又跳起了在幼儿园里刚学会的舞蹈，还是没人注意她。嘉佳气愤极了，一把抢过小弟弟抓在手里的玩具熊，狠狠地摔在了地上，还哇哇大哭起来。

幼儿过度寻求他人关注，是缺乏安全感、缺乏主见、缺乏独立思考能力、缺乏独立价值判断能力的表现。过度寻求他人关注者往往无法专注于自己的学习、生活和工作，也很难享受到学习、生活和工作的快乐，他们太在意别人的眼光，因而很容易失去自我，失去生活的乐趣。

### 案例3-12　值得敬佩的教师妈妈

每天早上公交车上都挤满了人。上个月的某天早上，公交车靠站时一个身上带着泥巴的孩子背着一只编织袋跟一个男人上了公交车，那个孩子一看就是在工地上打过滚的模样。刚好有人从座位上起来，孩子坐下了，

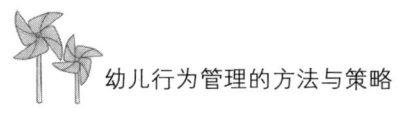

男人站在了旁边。

没多久上来了一个孕妇,孩子站起来让座:"阿姨,你坐吧!"

孕妇看了一眼脏兮兮的孩子不吭声。男孩轻轻地将编织袋放在地上,从衣袋里掏出一张纸巾擦了擦椅子,微笑着说:"阿姨,我擦干净了,不会脏。"众目睽睽之下,孕妇红着脸坐下。

孩子刚拿起编织袋,突然一个急刹车,瘦弱的孩子一个趔趄差点摔倒,但他还是紧紧地抱着编织袋。

旁边一个大妈爱怜地说:"真是好孩子!"

孩子憨憨地笑了:"奶奶,我其实不够好,妈妈总批评我太在意别人的目光。现在我勇敢了,像阿甘一样!"座位上的孕妇低下了头。

大妈惊讶地问:"你也知道阿甘?"

"是的,妈妈让我看的!"

"看《阿甘正传》让你学到了什么?"

"不要在意别人的目光,走自己的路;每个人都是独特的,他们就像各种巧克力……"

"你妈妈是干什么的?"

"妈妈以前是农村的老师。"

"现在呢?"

孩子眼圈红了:"妈妈在袋子里呢!"

大妈吓了一跳,旁边的人也不安起来,这时站在一旁一直没吭声的男人说:"我是孩子的叔叔。孩子的爸爸几年前因为生病去世了,孩子的妈妈一个人带着孩子。她还是我们村里的老师,很受村里人尊重。为了让孩子过得更好,妈妈趁放暑假带着孩子进城到工地上打工。眼看着要开学该回去了,没想到最后一天上班,孩子的妈妈在工地干活时被掉下来的钢筋砸中……编织袋里装的就是孩子妈妈的骨灰盒。"

大妈眼里都是泪水："孩子，你还打算读书吗？"

男人摇头，孩子说："我每天都会到工地旁边的书店看书……"

车上不少人七嘴八舌地说自己家里有很多书，可以送给小男孩。小男孩笑了……

"不要在意别人的目光，走自己的路"，这也是幼儿教育专家希望父母教给孩子的处世之道。

这个孩子做到了，只因为他有一个勤劳而睿智的妈妈。无论未来贫穷与否，至少孩子在勇敢地做自己，并且为了心中的小小梦想，在这样的条件下还努力看书。不少孩子可能因为贫穷而自卑，这个伟大的妈妈至少做到了让孩子没有因为贫穷寒酸而觉得低人一等，他以乐观豁达的心态包容了别人的歧视。

教育者要让幼儿具有独立判断的能力，有稳定的价值取向，具有专注力，不要太在意别人的目光，这样他们才能成为具有独立人格的人。

## （一）幼儿过度寻求关注行为的预防

教育者可以从以下几个方面来预防幼儿过度寻求关注行为的发生。

### 1. 给幼儿稳定的爱

有时候，一个幼儿刻意去引起别人特别是教育者对他的关注，其实是想得到关爱。那种经常被教育者以"你如果……老师就不喜欢你了""你再……妈妈就不要你了"等话语来教育的幼儿，往往对教育者的爱不确定，对获得教育者的爱没有信心，因此，他们就会时不时蓄意地想些办法来引起教育者的关注，进而获得教育者的关爱。如果教育者能让其明了教育者对他们的爱是稳定不变的，那么，他们可能就不再热衷于通过各种方式来引起他人的关注了。比如，有个幼儿有攻击性行为，经常莫名其妙地攻击

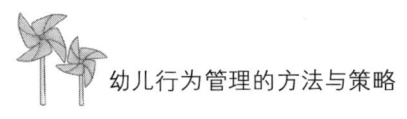

其他幼儿。老师让他的父母在家里多给他拥抱，老师也经常告诉他，老师和小朋友们都很爱他，同时也经常给他拥抱，还在每天上午和下午分别用5分钟举行专门的拥抱活动（让幼儿相互拥抱，以示相互关爱），不久，这个幼儿就改掉了攻击别人的坏习惯。当幼儿知道有人关爱他、有人为他付出时，他就会融入到集体生活中。

因此，教育者应该利用各种方式、各种手段让幼儿明白：教育者对他们的爱是不变的，无论何时，无论发生什么情况，教育者都深爱着他们。幼儿有了这样的认识和理念后，就会专注于把事情做好，而不会刻意去引起教育者的关注了。

### 2. 适当满足幼儿被关注的需要

人都有被关注的需要，幼儿也不例外。当幼儿正常的被关注需要得不到满足时，他们就会通过其他非正常手段来引起别人的关注，特别是引起教育者对他们的关注。比如，有的幼儿在集体教学活动中不按照老师的要求去做，有的幼儿在集体教学活动中挪动椅子发出怪声来打断老师讲课，有的幼儿则在课间纠缠老师不停地问这问那，等等，这些让老师"抓狂"的行为都是为了引起别人的关注。如果幼儿平时就得到足够的关注，没有被冷落的感觉，那么，他们就不会以这些方式来引起别人的关注。因此，教育者要多创造机会，让每个幼儿都有均等的获得关注的机会。

### 案例3-13 矫正谭伟的咬人行为

谭伟喜欢咬小伙伴，喜欢搞破坏，喜欢打人……

谭伟在感到被冷落时，就会在离自己最近的小朋友身上随便咬一下。因为这样肯定会引起老师的注意，至少可以有5分钟和谭老师在走廊里独处。

有时候，谭伟会为了让大人关注自己而不顾一切，哪怕是老师对他进行批评惩罚他也不在乎，因为在他看来，被批评惩罚比老师一点儿也不在意他要好受些。每次咬人事件发生后,老师都会把谭伟带到走廊上独处一阵。其实,老师这么做适得其反——谭伟的不当行为变本加厉地发生。

后来,在专家指导下,老师采用了新的解决办法:在谭伟采取行动之前就主动给他更多的关注。同时,老师们一致认为,下次如果他再咬别人,就由副班老师而不是由主班老师,把他带到另一处安静的地方,只用清晰、简洁的语句告诉他:"你可以咬饼干,咬胡萝卜,但是不能咬人。我们决不允许你咬人。"最后,谭伟真的改掉了通过咬人来引起老师关注的坏习惯。

平时,教师要创造机会让每个幼儿都有机会获得大家的关注,进而满足幼儿的被关注需要。比如,有位老师与幼儿开展"围圆圈点名游戏":在晨谈时,让幼儿围坐成一个大圆圈,然后用清晰、温柔的声音对幼儿说:"××你在哪里?"用这种刻意寻找的语气特别能使幼儿感受到教师在关注他们,因此,他们也会好好地表现自己的存在,大声地回答:"老师,我在这里。"这时老师就冲着他们微微一笑点点头,伸出手去摸摸他们的头,并根据幼儿的性格、能力、爱好特点等提出各种问题:"今天早饭吃了什么?""谁送你到幼儿园的?""你有没有要妈妈抱呀?""你喜欢哪些动物?""昨天老师给你讲了什么故事?"……请幼儿回答问题的时候,老师总是用点头、微笑和关注的眼神让其他孩子感受到,老师看到他们了;另外,老师时常轻轻抚摩幼儿的头,轻轻牵着幼儿的手,这些都能让幼儿感受到老师对他们的关注。

### 3. 教会幼儿正确的交往方式

由于缺乏交往的技能,有些幼儿在与同伴、教师交往的过程中,不能清楚地表达自己内心真正的意思,或不知采取何种方式回应才能被接受,以至于采取一些不恰当的消极的方式来引起别人的关注。教师要多帮助此类幼儿学习正确的交往方式,如教会幼儿如何参与别人的游戏,教会他们

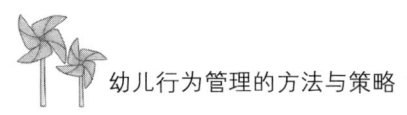

怎样接纳他人以及向同伴表达积极的情感等，让他们正确地融入到小伙伴的活动中并从中获得快乐，这样他们就会逐渐减少寻求教师的关注了。

**4．丰富幼儿的活动**

过于单调的活动内容和形式容易让幼儿缺乏活动兴趣，进而无法全身心地投入到活动中去，容易促使幼儿以某些不适宜的方式寻求别人特别是教师的关注，如在教室里乱喊乱叫、故意制造噪声等。另外，当活动区拥挤时，脾气暴躁的幼儿可能会用推人、咬人等攻击性行为达到自己的目的，而性格内向、社交能力弱的幼儿则通过哭泣等不适宜的方式来寻求教师的关注。

因此，为了减少幼儿寻求关注的行为，就应该丰富幼儿园的活动材料和活动内容，让每个幼儿都能找到自己喜欢的活动，进而沉浸在自己喜欢的活动中，这样他们就无暇去挖空心思引起他人的关注了。

**5．让幼儿学会自我安慰和自我愉悦**

没有人天生就会自娱自乐，教育者应鼓励并教会幼儿掌握这方面的技能。幼儿学会了自娱自乐，就不会稍有空闲就想方设法去引起他人的关注，更不会绕着教育者转个不停。教育者要教会幼儿利用各种自我娱乐和消遣的方式，让他们学会如何打发清静的时间，或者自己解决无聊的问题。

教育者可教幼儿阅读、玩拼图、做手工、玩安静的游戏，并在他们清闲时提供相应的材料和玩具，支持他们自娱自乐。当幼儿过度寻求关注时，教育者可以说："我爱你，我相信你有能力照顾自己一会儿。"训练幼儿的自娱自乐意识和能力确实需要花时间，但是这种意识和能力能让幼儿终生受用。

**（二）幼儿过度寻求关注行为的应对措施**

当幼儿出现过度寻求关注的行为时，教育者可以通过以下措施来应对。

## 1. 了解幼儿过度寻求关注行为的表现

当幼儿重复出现以下行为表现时，就可以确定该幼儿正在想方设法地寻求别人特别是重要他人（比如老师、家长）的关注。

反复向教师提问；

和教师谈论有关自己的事情；

重复谈论同一个话题；

让教师帮忙获得一些活动材料；

当教师和其他人谈话时，会向教师寻求帮助；

当教师和其他人谈话时，会打断他们的谈话；

需求一种身体上的照料，如拥抱、帮助穿衣服或脱衣服；

牢牢地黏在教师身边；

人来疯；

故意捣乱；

大喊大叫；

不甘寂寞；

做出攻击性行为；

说脏话；

逞能；

冲着别人做鬼脸；

告状；

……

从下面的案例，大家很容易看出幼儿为了引起他人关注而使用的伎俩。

### 案例3-14　幼儿寻求关注的伎俩

◇6岁的莎莎特别希望妈妈能注意她,而且采取了很糟糕的方式。妈妈在打电话,莎莎就拉妈妈的裤子。妈妈说:"现在别打扰我,莎莎,一会儿我打完电话就和你玩。"莎莎停了大概1分钟,又故伎重施。妈妈没理她,继续打电话。又过了1分钟,"气急败坏"的莎莎居然打了妈妈的屁股,这当然引起了妈妈的注意。

◇亮亮特别喜欢在家里来的客人面前卖弄自己以引人注目。有一天,爸爸告诉亮亮,自己的老板要来家里吃饭,如果亮亮能够表现好的话,爸爸将非常高兴。"如果你总是胡闹,我就让你回到自己的房间去。什么时候准备好按我的要求做了,你什么时候再出来。"客人来了之后,亮亮就开始自我卖弄,做鬼脸、扮小丑,不一而足。

◇宏伟一会儿站起来,一会儿发出怪叫声,一会儿又去打扰其他小伙伴画画,一会儿推倒小伙伴用积木或积塑搭建的作品。

◇一帆走到老师跟前说:"我爸爸给我买了架飞机!""我有好多好多的玩具!"这无非是向老师表明,他需要老师的关注。

◇小婧平时能独立地穿好棉鞋。一天,当江老师帮助别的小朋友系鞋带时,发现她磨磨蹭蹭地提着鞋过来要江老师帮她。江老师说:"咦,小婧平时不是挺会穿鞋的吗?快去自己穿吧!"小婧无可奈何地去穿鞋了,可她的动作慢吞吞的,她还不时地瞟江老师一眼。江老师对旁边的小朋友说:"你看,小婧好能干,都已经学会穿鞋了,你可要好好地向小婧学习呀!"果然,小婧一听这话就很得意,迅速地穿好鞋下楼去了。

◇乐乐喜欢做一些危险动作,如翻自己的眼皮吓唬别的小朋友,让别的小朋友击打他的胳膊显示自己有肌肉、不怕痛、有特异功能等。他的这些行为,时不时会得到小朋友们的热烈掌声。每当这时,丁老师都会以语言、眼神或动作对其进行提醒，告知他这种行为的危险性。但乐乐不仅不停止，反而继续其错误、危险的行为，尤其是有别的小朋友在场的时候。

◇浩浩是个活泼好动的小朋友，但他经常做一些令人意想不到的事情来扰乱班里的秩序，没有规则意识。如，喝水时别的小朋友都不出声，而他总是把水含在嘴里再往外吐；进餐时他把自己不爱吃的东西往别人碗里扔；当大家都安静地睡觉时他故意发出一些声音以引起小朋友们的哄笑。他总是能够成功地把大家逗乐：在课上到一半的时候他离开自己的书桌，像蛇一样偷偷地爬向门外；他总是积极地举手，然后用妙语逗得全班小朋友哄堂大笑。他捣乱只有一个目的：引起别人的注意。

◇音乐活动时，洋洋跟着老师唱了两句后就坐不住了，先是玩弄自己的鞋子，然后扯扯身边女孩的头发、衣服，弄得小朋友直嚷嚷……老师让他上前表演，他却突然跑到钢琴前东摸西摸，老师制止他，他就朝着小朋友们做鬼脸，惹得全班孩子哈哈大笑，而他却像没事人一样走开了。

◇巫鹏莉入园第二天还发自内心地对妈妈说："老师真好！我喜欢幼儿园。"可是第三天一进教室门她却哭了起来。老师还是原来那位老师，只是因为班里又来了个哭得更厉害的小妹妹，老师相对来说"冷落"了巫鹏莉，她感到不高兴。

◇小珂本来没病，却声称自己生病了，装得很像生病的样子，老师不得不放下手中的工作来关注他、呵护他。

◇幼儿争先恐后地回答老师提出的问题，这也是想引起老师对其关注的一种表示。

◇你正在陪客人，孩子跑进来，用翻跟头来吸引你和客人的注意。

◇一帮男孩比赛打嗝、放屁。

……

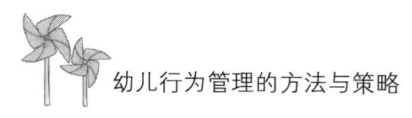
幼儿行为管理的方法与策略

当幼儿出现上述问题行为时，教育者要反思自己是不是由于工作或其他原因冷落了幼儿。如果是，教育者就应该给幼儿适当的关注。

**2. 对幼儿过度寻求关注的行为要给予合理的回应**

当幼儿出现过度寻求关注的行为时，教师一定要意识到该幼儿平时的关注需要未得到满足，要么是因为教育者冷落了幼儿，要么是因为该幼儿引起别人关注的需要过于强烈。他们出现这些行为是正常的，也是可以理解和接受的，因为每个人都有被关注的需要，幼儿也一样。

当幼儿出现过度寻求关注的行为时，教育者可以采取以下策略和措施来应对。

**（1）不宜简单批评惩罚**

范伟琪是个很爱说话的中班小朋友。最近，她讲话时不乏恶言恶语，还带有脏话。当她很生气时，就会用这些不雅的语言来宣泄自己的气愤。其他时候，她也会使用这些语言，通常还边说边笑。当范伟琪使用这些不雅的语言时，其他幼儿通常会大笑，有的幼儿会告诉范伟琪不能这样说话，还有的幼儿会重复这些怪话脏话，而教师通常反应激烈并生气地训斥范伟琪，但范伟琪说脏话的频率不仅没有降低，反而提高了。

事实上，大多数幼儿并不理解这些脏话的真正含义，只知道这样表达能引起别人的关注，时间一长，幼儿就会意识到说这种话很特别，而教育者和其他小朋友的种种表现反而提高了相关幼儿说脏话的频率。

有的幼儿想成为大家关注的中心，如果走平常的路径不能如愿，他们便会制造恶作剧，扰乱秩序。这时，责备和惩罚都改变不了他们，他们宁可受痛挨打也不愿被冷落。有些喜欢和教育者作对的幼儿，在受到惩罚时不但不哭，反而会笑，因为他们终于获得他人特别是教育者的关注了。

有时不管教育者如何批评惩罚幼儿，都改变不了他们的坏习惯，其实是因为他们想得到教育者的关注。家里缺乏爱和关心的幼儿最容易出现这类问题。

由于幼儿此时的行为是想引起别人的关注,如果这些行为是违规的,但不是不友好的,也不具有破坏性,如做鬼脸、钻桌子、做小动作等,那么教育者最应该做的就是忽视——不关注、不批评。这时候批评就是关注,反而会助长幼儿继续这种行为。

### 案例3-15 为被批评而高兴

在积木活动区,4岁的王晓锰站在一把打翻了的木头椅子旁边,弄出很刺耳的噪声,看到没有人理他,他又堆了一些积木,并把它们整齐地摆在架子上,然后又爬上架子把积木一下子推倒在地上。这时,利老师终于按捺不住了,把王晓锰拉出积木活动区,对他数落了一番。可是,王晓锰站在那里笑嘻嘻的,一副很开心的样子。

从上述案例中可以看出,王晓锰弄出噪声和推倒积木只是想引起利老师的注意,而利老师的批评刚好满足了他被关注的需要。

(2) 同理心

当幼儿出现过度寻求关注的行为时,如果教育者对其心态和行为表达理解,可能反而会减少类似行为的发生。例如,由于妹妹生病,妈妈将过多的精力放在妹妹的身上,姐姐总是缠着妈妈要这个、要那个,甚至不断地哭闹。妈妈这时可以这样说:"看到我这么关注妹妹,你可能很难受。但妈妈仍然很爱你!"这样姐姐就会感到她的感受得到了认可,心情变得轻松了许多。随着紧张能量的释放,姐姐也就不会再提出非分要求了。妈妈接下来还可以对姐姐说:"宝贝,你需要妈妈多关注你一点点是吗?你是想让妈妈就坐在那儿看着你,还是想让妈妈抽时间给你讲一个故事或者陪你玩一会儿?我爱你,我能看出来你现在想要更多的关注。如果是的话,用不

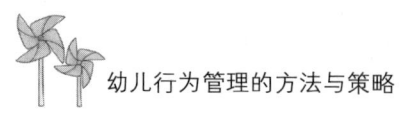

着哭闹。如果你需要一个拥抱或者亲吻，直接过来告诉妈妈就好了，妈妈会很乐意这样做的。"

**（3）支持幼儿显摆**

一位心理学家建议，当幼儿显摆卖弄以引起教育者和小伙伴关注的时候，教育者不妨出其不意地说："你能再做一遍吗？我看得出你在寻求关注，所以我想全心全意地关注你。"不妨试试看。

或许有的教师会说："如果我给予他关注，他就会变本加厉。这样做只会助长他寻求关注的行为。"

而在许多教育者实施上述策略之后，相关幼儿寻求关注的特技表演行为都有了改变：每次寻求关注者开始捣乱时，教师就让全班小朋友停下来，让大家注意到捣乱者的行为。"小朋友们，我发现××今天想给大家带来快乐。来，××，做你想做的事情，我们都来看。"这种做法会使寻求关注者觉得索然无味。在寻求关注者进行了他的表演之后，教师接着说："小朋友们，谢谢你们观赏××的表演。我希望你们喜欢他的演出。"于是，寻求关注者的相关行为就会逐渐消失。

**3．通过让幼儿参与活动来得到有用的关注**

当幼儿在某项活动中刻意去寻求别人的关注时，就说明他在该活动中被边缘化了，他不甘寂寞。因此，教育者的积极做法是：不要简单地制止幼儿寻求别人关注的举动，而是让幼儿加入该活动，并在其中发挥积极作用，这样，他就会感受到被关注，不会再刻意去引起别人的关注了。比如，妈妈将过多的注意力放在生病的妹妹身上了，姐姐宁小琪很不高兴，还时不时摔东西、发脾气来引起妈妈对她的关注。聪明的妈妈看出了宁小琪的心思，提出让宁小琪帮忙照顾生病的妹妹，让她感受到自己的作用和价值，妈妈还让宁小琪给自己揉脖子、给妹妹讲故事。如此一来，宁小琪为寻求关注而出现的问题行为便消失了，并且在照顾妹妹的过程中变得懂事了。

在幼儿园的各种活动中，过度寻求关注的幼儿都是没有得到足够的关注、没有担任适当角色以发挥其应有作用的幼儿。因此，教育者要改变活动方式甚至改变活动内容，让每个孩子都能成为各种活动中的主角，这样既能满足其被关注的需要，又能促进其健康发展。

## 六、幼儿打小报告行为的预防与应对

幼儿打小报告行为是指幼儿为了引起他人对自己的关注，或者为了抬高自己的地位，或者为了保护自身的权益，或者为了让别人受到处罚而揭露别人的缺点或所做的"坏事"的行为。

幼儿打小报告的行为动机不是为了别人，不是为了让别人改正错误、克服缺点，而是为了自己得到别人的关注，为了抬高自己的地位，为了保护自己的权益。"打小报告"和"告诉"不同："打小报告"是为了"让他人遇到麻烦"，而"告诉"则是"不让他人遇到麻烦"。比如，A幼儿遇到了危险，B幼儿去告诉老师，避免A幼儿因危险而受到伤害；又如，C幼儿正在打D幼儿，F幼儿将此事告诉了老师，其动机是为了让D幼儿不被C幼儿打，并不是为了让C幼儿受到处罚。

美国的教师多半不鼓励小朋友打小报告，有的甚至对此加以惩罚。有一次老师在上课期间有事出去，临走前嘱咐小朋友们不要闹。老师一走，就有小朋友闹将起来。老师回来后，琳达把这种情况报告给老师。当天下午，老师把琳达留下来作为惩罚。

这样的事情在我国可能不会发生。在我国幼儿园里，琳达不仅不会受到惩罚，还会得到表扬甚至奖励。

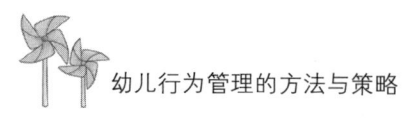

美国教师为什么惩罚一个我们眼中的好孩子呢？琳达听老师的话，不打不闹，还把小朋友们不遵守纪律的事情告诉了老师……可是被惩罚者——琳达的回答却出乎我们的意料，她说："因为我出卖了团队。"

这就是美国的教育，他们从不鼓励孩子告密。

### （一）幼儿打小报告行为的预防

教育者可以从以下几个方面来预防幼儿打小报告行为的发生。

#### 1. 教育者要注意发挥表率作用

如果教育者经常在幼儿面前批评别人、挑剔别人，那么，幼儿也会在不知不觉中学会只看别人的"缺点"，甚至以发现别人的"缺点"为乐，进而在与小伙伴交往中经常看不惯小伙伴的言行举止，就会比较容易向教育者打小报告。教育者要时刻注意自己的言行态度，不要在幼儿面前指责挑剔他人，努力避免对幼儿造成消极的影响。

#### 2. 给每个幼儿足够的关注

许多幼儿喜欢打小报告的重要原因就是想引起别人对他的关注，特别是想引起教师和家长对他的关注。因此，教育者平时要尽可能多地给每个幼儿积极的、个别化的关注，比如，当众表扬肯定每一个幼儿，让每个幼儿每周都有至少一次在班里出风头的机会（如，给其他小朋友讲一个故事、表演一个小技巧、展示一下自己的玩具等），让每个孩子都有机会在班里表现自己。获得别人的关注是一种十分正常的需要，如果幼儿的被关注需要平时就得到了很好的满足，那么他们就不会通过打小报告来引起教育者的关注了。

#### 3. 提高幼儿自我解决问题的能力

一方面，打小报告说明：幼儿有了是非判断能力，这是他们社会性发展的一种表现；幼儿有勇气、有胆量，对自己认为不对的事敢说、敢抵抗；

幼儿把教师当作幼儿园的权威力量，相信教师。

另一方面，打小报告还说明，幼儿在独立处理人际关系问题方面的能力有欠缺，他们的独立性及独立处理问题的能力不够，他们过分依赖教育者，其解决人际关系问题的意识和能力都需要加强。

幼儿缺乏自己主动解决人际关系问题的意识和能力，很重要的原因是教育者经常有意无意地剥夺了幼儿自己解决问题的机会。比如，当两个幼儿出现矛盾冲突的时候，许多教育者总是第一时间站出来帮幼儿判断对错，然后批评错的、表扬对的，或者直接告诉当事幼儿下一次遇到这样的事情应该怎么做。教育者从来就没有引导过幼儿自己思考、自己解决问题，久而久之幼儿就会觉得，对于一切问题教育者都会告诉他解决方法甚至直接帮助他解决，因此，遇到问题他就不去动脑筋想如何解决，而是直接求助于教育者。

幼儿解决人际关系问题的意识和能力不是天生就有的，而是通过后天教育和训练才能形成的。为了提高幼儿独立解决人际关系问题的意识和能力，教师平时可以组织幼儿开展"少打小报告，自己解决问题"的竞赛活动，这可以是个人与个人竞赛，也可以是小组之间的竞赛，还可以是平行班级之间的竞赛。这样既可以收到少打小报告的效果，又可以培养幼儿的集体荣誉感。教师向幼儿讲清道理，看谁最会解决问题，看哪个小组最会解决问题，每周做一次评比。这样，幼儿参与活动的兴趣和积极性就会被调动起来。竞赛的过程，是幼儿自我思考如何解决人际关系问题的过程，也是他们学习如何解决人际关系问题的过程。

另外，教师平时还可以开展一些相关的小组讨论和训练活动。例如，教师可以与幼儿讨论各种打小报告的事情，帮助他们想办法——如果不打小报告，可以怎么做，并且评选出最佳方案，然后通过角色游戏反复练习，提高他们处理人际关系问题的技能。

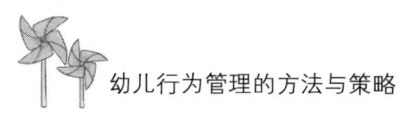

平时，教师要经常提醒、督促幼儿：一旦发生冲突或纠纷，就要自己想办法友好地、耐心地去解决。对于幼儿无法解决的问题，教师要及时而正确地给予指导。下次发生类似的情况，教师再引导幼儿自行解决问题。经过多次的示范、提醒，幼儿会记住并逐步解决好问题，其独立性也就能逐渐增强。

幼儿独立解决人际关系问题的意识和能力提高了，其打小报告的欲望就会减少甚至消失。

4．引导幼儿发现小伙伴的"好"

喜欢打小报告的幼儿，多是那些人际认知有偏差的幼儿，他们总是用一种挑剔的眼光去发现别人的不足和错误，很少看到别人的优点和长处，更看不到别人的"好"。因此，教师平时要注意引导幼儿练习说说其他幼儿的"好"——说说别人的优点、说说别人所做的积极的事情。例如，每天在班级里花10~15分钟来让大家谈谈别人的"好"，经过长时间的训练，幼儿就会逐渐习惯从积极的角度、用善的眼光去看小伙伴，这样他们就更能体谅别人、宽容别人，接纳别人的优点和缺点。

另外，如果幼儿为别人做了积极的事情，比如帮助别人捡回遗漏的东西，或者帮助别人做成了一个人做不了的事情，等等，教育者要确保他能听到感激的话。这样做至少有两个意义：一是让做好事的幼儿继续做好事；二是让得到帮助的幼儿想到别人对自己的好、多看到别人的好。

## （二）幼儿打小报告行为的应对措施

当幼儿出现打小报告行为时，教育者可以通过以下措施来应对，进而减少甚至消除其打小报告行为。

1．不同动机，不同应对

教育者可以根据幼儿打小报告的不同动机，采取不同的应对策略与措施。

**(1) 为引起教师关注而打小报告**

当幼儿为引起教师关注而打小报告时，教师可对幼儿不表扬、不批评，同时让其去做一些事情，这样，既可以避免对其打小报告行为的关注，又可以让其在做其他事时将打小报告的事逐渐淡忘。这会让打小报告的幼儿觉得打小报告是一件很无趣的事情，以后就不会轻易地去向老师打小报告了。例如，晓帆告诉老师："老师，小宝对着我做鬼脸。"这时，与其立即对小宝的"不良行为"做出回应——批评小宝，不如对晓帆说："你去那边的积木区玩，等一下我会过去看你搭的积木作品。"晓帆的打小报告行为没有得到老师的关注，其今后打小报告的动机就会减弱；而小宝本想通过做鬼脸来引起别人的关注，结果未得到别人的关注，他以后也会逐渐地减少做鬼脸的次数。

对幼儿的打小报告行为，教师要给予最小的关注，不过，也不要制止或者打断，因为有时候打小报告的幼儿很可能是在给你提供关于其他孩子的很重要的信息，等他说完，你明白了他真正的意图后再采取适当的行动。如果幼儿打小报告是想引起你的关注，那么，你适当的忽视就可以减少幼儿相应的行为。

**(2) 为获得教师的同情和保护而打小报告**

一次，何一帆匆匆地跑来对老师说："老师，军军老拉我的衣服！"其实，在小朋友互动中这种拉拉扯扯的小事是经常发生的，拉扯的幼儿是出于好动或想逗逗对方，并非有很大的恶意，但被逗弄者却有被骚扰的感觉。

对于这类"打小报告"，教师应以体谅的态度对打小报告者说："老师知道军军老拉你的衣服，你觉得很烦人。"同时，让打小报告者知道如何处理此类问题，如告诉他："你可以大声地告诉军军你的感受，大声对他说，请他不要那样做！"教师没有直接介入帮助孩子"说话"，而是让他学会自

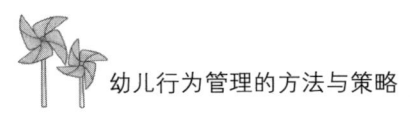

己应对这类情况。

**(3) 为维护班级规则而打小报告**

有一次吃饭的时候,教师正忙着给小朋友们添饭,费小敏突然跑来说:"老师,黄小婷一边吃饭一边玩玩具。"当时教师正忙着,随口说了声"哦,老师知道了",继续给其他小朋友添饭。结果,当教师给小朋友们添完饭后,看见费小敏和黄小婷都在一边吃饭一边玩玩具。

平时教师肯定要求过孩子们:吃饭时不能玩玩具。当费小敏发现黄小婷在吃饭时玩玩具,为了维护班规她跑来向老师打小报告,结果老师爱理不理的,于是,她就认为吃饭时可以玩玩具。

教师正确的做法应该是感谢费小敏:"你关心你的朋友,老师很高兴。你可以告诉黄小婷,我们班规定吃饭时不能玩玩具,因为吃饭时玩玩具会吃得很慢,影响消化,影响身体健康。"这样,教师既肯定(引导)了费小敏对自己朋友的关心,又教会了她关心朋友的有效方法,还暗示了黄小婷违反班规是不好的。

**(4) 为了心理平衡而打小报告**

某周五下午,幼儿园某班正在进行每周一次的小红花评比。小娟看到别的小朋友陆续得到了奖励,自己却没有,开始不高兴了。等老师给小明小红花时,她站起来大声地说:"老师,小明不爱护玩具,还不好好洗手,不要给他小红花。"

有时幼儿打小报告是为了获得心理平衡。在上述案例中,小娟因未得到老师的表扬和小红花而内心不快,就在老师面前打小明的小报告,以求小明和她一样也得不到老师的表扬和小红花,从而获得心理平衡。

对于小娟的打小报告行为,教师应该引导她发现自己的不足,同时提出改进的方向:"你就是……没有做好,如果你今后能……你下周同样可以得到小红花。"当然,教师还要用充分的证据来说明小明得小红花的理由,以免幼儿有老师不公平的感受。

## 2. 引导幼儿自己解决问题

在户外自由活动中,教师为幼儿提供了4个木马(男孩玩2个,女孩玩2个)。起初,孩子们还能轮流玩。但过了一会儿,他们开始了争抢。范小琪小朋友跑到教师跟前打小报告:"老师,丁蕾不让我玩木马。"

针对上述案例,非专业幼儿教师和专业幼儿教师会采取不同的策略和做法来处理。

**(1) 非专业幼儿教师的做法**

非专业幼儿教师一般采取直接介入和简单平息事态的措施来应对,相关幼儿并不能从中得到成长。

①转移注意力:"范小琪,老师这里有你喜欢玩的橡皮绳,你先玩会儿橡皮绳好吗?"

②指责或威胁:"丁蕾,你不要这么自私,木马是大家的,要轮流玩。""如果你不让别人玩,今后别人也不会让你玩的。"

③许以好处:"丁蕾,如果你让范小琪玩会儿木马,明天上午老师让你当值日生给大家发玩具。"

④带离或思过:让不肯轮流玩的丁蕾到一旁思考自己的行为是否正确,等她愿意轮流玩时再回到集体中。

**(2) 专业幼儿教师的做法**

专业幼儿教师一般采取间接介入的方式来应对,并努力让幼儿从中得到成长。

①让幼儿学会互惠。

让丁蕾对范小琪说:"你先帮我摇一下木马,等一下你骑的时候我也帮你摇。"

让范小琪对丁蕾说:"如果你让我玩木马,等一会儿我和你一起玩跷跷

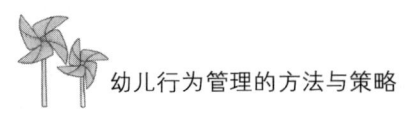

板。"（丁蕾最喜欢玩跷跷板）

教范小琪尝试用丁蕾感兴趣的羊角球来和丁蕾交换，并告诉范小琪："如果丁蕾不同意换也没关系，你再想想，丁蕾还喜欢什么玩具，然后拿来与她交换。"

②让幼儿学会等待。

引导范小琪"等一会儿"，当发现丁蕾露出"不想玩"的迹象时再提出"换我玩"的要求。

让范小琪对丁蕾说："我先去玩滑滑梯，等你不想骑木马了告诉我一声。"

让丁蕾对范小琪说："你先去玩滑滑梯，我玩一下骑木马，等一下我不想玩了再叫你过来玩儿。"

③引导幼儿用正确的语言说服对方。

让范小琪不要说抱怨、难听的话，如"你都玩了这么久了，该我玩了，快给我"，而要说："我已经等了好长时间了，我很想骑一下木马，你能让我玩一下木马吗？"

3．不要使用赏罚

大多数情况下，幼儿打小报告都属于没事找事、表达不满的情绪。因此，教育者切忌表扬打小报告者并惩罚另一个幼儿，否则会给幼儿以误导，让他们觉得打小报告是正确的做法。

4．耐心倾听

教师处理幼儿打小报告的行为时，要以平和的态度耐心倾听，不要制止或者打断，并且应允许幼儿争辩，因为幼儿可能是在给你提供关于其他孩子的很重要的信息。在诉说、争辩的过程中，幼儿的口语表达能力得到了锻炼，也能明白对方的感受，从而学会与同伴交往之道。

**5. 不要敷衍了事**

仔细观察就不难发现，爱打小报告的幼儿身上都有一些闪光点：他们具有分辨是非的能力，很关心集体、富于正义感，而且做事普遍都很认真严谨。

面对幼儿打小报告的行为，如果教育者敷衍了事甚至不管，可能会导致一些有危害的事得不到及时解决，更会使幼儿混淆是非观，挫伤幼儿的正义感，让幼儿学会事不关己，高高挂起，那也是非常让人担忧的。但若一味地支持、鼓励幼儿打小报告，就会导致幼儿独立处理问题的能力总是得不到发展，还会影响幼儿良好性格的形成。

另外，如果教育者觉得幼儿爱打小报告很不好，就一味地禁止幼儿打小报告，有可能会让幼儿慢慢养成有解决不了的问题时不沟通、不求助的习惯，这对幼儿的成长也是不利的。求助在幼儿的成长过程中非常有意义，不会求助的孩子以后很可能会不懂得变通，不知道借助于外力，最怕的是在遇到危险（如遇到拐卖）的时候不知所措。

打小报告是幼儿成长过程中经常出现的一种正常现象，如果教育者引导得法，这些幼儿长大后会更具有社会正义感，更关心公共事务；如果对爱打小报告的幼儿放任自流，这些幼儿长大后可能会热衷于诽谤、诬陷、打击他人。因此，教育者必须认真地、正确地处理好幼儿的打小报告行为，促进幼儿的健康发展。

## 七、幼儿说谎行为的预防与应对

从心理学角度来说，说谎包含三个要素：第一，事实——它与事实不相符合；第二，信念——说谎者知道谎言不符合事实；第三，意图——说谎者试图使听者相信谎言是真实的。成年人的谎言一般都同时具备以上三个

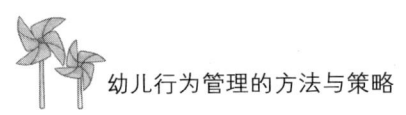

要素,而幼儿的谎言并非同时具备以上三个要素。幼儿的谎言中有的只具备事实要素,不具备信念和意图要素(如,幼儿星期天到动物园参观了,星期一就眉飞色舞地描述自己到动物园的时候,如何抱着狮子的脖子与狮子合影、聊天,其实他只是在狮子园的护栏外远远地望着狮子,但他希望自己能抱着狮子的脖子与狮子合影、聊天);有的具备事实和信念要素,不具备意图要素(如,游戏中幼儿拿树枝当马骑,称树枝为"马");有的同时具备三个要素(如,为避免惩罚,幼儿打坏家里的花瓶后硬说是家里的猫撞倒的)。根据谎言的三个要素是否具备,我们可以将幼儿的说谎分为无意说谎和有意说谎。只具备事实要素,不具备信念和意图要素,称为无意说谎;具备三个要素,则称为有意说谎。

绝大多数幼儿都说过谎,并且大多数情况下他们都不把说谎当成做错事或者不好的事情。可是,研究表明,说谎不仅会给幼儿自身的成长带来消极影响,而且会阻碍幼儿的一些重要亲社会技能的发展,与不太频繁地说谎的幼儿相比,频繁地说谎的幼儿表现出更具破坏性的行为和违反常规行为。米奇尔和罗莎(Mitchell & Rosa)对303名5~15岁儿童进行了为期15年的追踪研究。研究结果显示:教师和家长评定为有经常说谎行为的儿童在15年之后,34%有过一次或一次以上的违法行为;而教师和家长评定为没有说谎的儿童,15年之后有过违法行为的仅有5.4%。这表明:说谎不仅是个简单的心理行为问题,还与儿童今后是否会违法犯罪联系在一起。因此,教育者应该认真研究如何预防和应对幼儿的说谎行为。

### (一)幼儿说谎行为的预防

教育者可以从以下几个方面来预防幼儿说谎行为的发生。

#### 1. 帮助幼儿区分现实与想象

小班老师和幼儿谈论了一个话题:"周末你们跟爸爸妈妈都去干什么

了?"小伟说:"妈妈带我去玩具店买遥控小飞机了。"宏云说自己也去买玩具了,买的也是遥控小飞机。紧接着,伟坚也说妈妈带他去买遥控小飞机了。老师仔细一问得知,原来宏云和伟坚自己也想拥有遥控小飞机,但妈妈并没带他们去买,是他们把想象的东西说成了真的。这类说谎在幼儿期是非常普遍的。

因此,任何时候,教育者只要有机会就应该帮助幼儿区分现实与想象:"扮演奥特曼很有意思,但他是真的吗?""电视中的奥特曼会飞,你试试看,你能飞起来吗?"有必要的话,教育者要跟孩子解释,奥特曼是被创造出来的角色,只存在于电视、电影和书籍中。

当幼儿将愿望当作事实来诉说时,教育者可明确地问幼儿:"你很希望上台去唱歌,是不是?""你想让老师带你们去公园,对吗?"……然后告诉幼儿:"这些都是你的愿望,一般我们在说自己的愿望时,要加上'我想……''我希望……',否则,别人会以为你说的是真事,这样他们就不会帮助你去实现愿望了。"

在训练幼儿区别想象与现实的过程中,教育者要注意语言艺术。比如,孩子对妈妈说:"我们家有一只小狗。"(实际上他们家并没有狗)此时家长千万不要与孩子较真:"瞎说,我们家哪有什么小狗呀!"家长可以与孩子一起做与小狗有关的游戏,让孩子高兴,然后告诉孩子:"我们家没有小狗,邻居家才有小狗。"

当幼儿能严格区分现实和想象后,他们这一类型的说谎就会逐渐减少甚至消失。

**2. 减少幼儿因说实话而带来的恐惧**

幼儿说谎,许多时候是由他们预感到讲实话后的风险和压力所致。幼儿会预感到:讲了实话,他可能会丢面子;讲了实话,可能会导致大家认为他无能或低能,或者有损其在他人心目中的好形象;讲了实话,他可能会

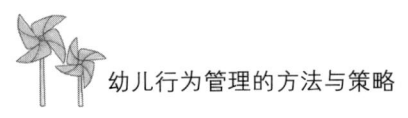

幼儿行为管理的方法与策略

被责骂或遭受其他形式的惩罚；讲了实话，可能会导致大家不再同情或关爱他；讲了实话，可能会导致他的朋友受到处罚……

因此，教育者要努力避免让幼儿因犯错误而处于不得不说谎的境地。教育者要让幼儿犯错误后能从中得到成长，而不是受到惩罚（心理惩罚或身体惩罚）。比如，C幼儿抢了D幼儿的玩具，你可以跟C幼儿说："告诉老师，你在争抢玩具的时候发生了什么？"而不是质问C幼儿："是你把D小朋友的玩具抢走的吗？"如果教育者能帮助幼儿学会在喜欢别人玩具的时候，通过正确的方式（交换、共享、轮流等）让小伙伴把玩具让给自己玩，同时避免惩罚，那么幼儿就没有必要为了保护自己不受罚而说谎了。

幼儿已有了自我防御的意识，当他们因做错事而将要受到惩罚时，会有恐惧和逃避的心理。对于还很弱小的幼儿来说，说谎可能是最好的适应社会、保护自己的手段。如果教育者不能为幼儿提供安全舒适的生活环境，说谎就成了孩子自我保护的最后一道防线。说谎是具有适应价值的，幼儿承受说实话的外部压力越大，说谎的可能性就越大，教育者在幼儿违规后对幼儿惩罚得越严厉，幼儿就越可能说谎以求自保。因此，当幼儿说谎时，教育者应该反思：幼儿承受的压力是不是太大了，这些压力来自何方，如何给幼儿减少不必要的外部压力，进而减少幼儿相关的说谎冲动和行为。

**案例3-16　A老师和B老师**

在个别化学习区域"大舞台"的一面墙上，幼儿园新贴了一排挂钩来悬挂这个区域所需要的服装和乐器。一天中午，孩子们吃完午饭后在教室里自由活动，忽然一个声音响起："老师，小嘉把大舞台的挂钩拔掉了。"

**A老师的做法**

A老师："小嘉，大舞台的挂钩是你拔掉的吗？"

小嘉果断地回答说："不是的，我没有拔。"

A 老师:"那鑫鑫为什么说挂钩是你拔掉的?"

小嘉回答道:"我也不知道,反正不是我拔掉的。"

A 老师:"小嘉,你不能说谎,说谎的小朋友要送到小班去重新学本领的!"

小嘉回应说:"我没有拔,她看错了!"

A 老师和小嘉的谈话陷入僵局。

**B 老师的做法**

B 老师:"小嘉,你在做什么呀?"

小嘉:"我正在玩小汽车。"

B 老师:"这个小汽车是你的吗?我以前好像没有看到过呀!"

小嘉:"是的,这是昨天爸爸给我新买的!"

B 老师:"是吗?可以让我看一看吗?"

小嘉想都没想就把小汽车拿给 B 老师玩。

(两分钟后)

B 老师:"哦,对了!我忘了问了,早上你是怎么把挂钩弄下来的?你好厉害啊,老师之前弄了好几次都弄不掉呢!"

小嘉笑笑说:"其实我也不知道是怎么搞的。我过去轻轻地拉了一拉,它就突然断了。"

B 老师:"是吗?那你太厉害了吧!不过,早上你为什么不愿意承认呢?"

小嘉说:"因为老师要批评我,要送我去小班。"

B 老师让小嘉说了实话,其原因是 B 老师在与小嘉谈话的过程中没有给其外在的压力。当幼儿预感到说实话有外在压力时,他就不会说实话;而当他预感到说实话没有外在压力时,他就倾向于说实话了。

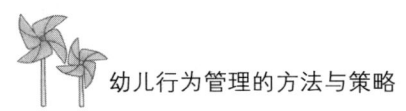

### 3. 帮助每个幼儿树立自信心

许多时候幼儿说谎是因为自卑,这些幼儿对自己感到羞耻,说谎是为了重新树立自己的形象,旨在隐藏自己的弱点,以免自己的缺点或错误暴露出来。对于这些缺乏自信的幼儿,教育者要通过各种方式帮助他们树立自信心,引导他们以积极的方式看待自己。教师要无条件地接受和支持每个幼儿,无论他是谁、说了什么、做了什么,无论他的背景如何、天赋如何,要了解每个幼儿的优点,发现其闪光点,充分关照每个幼儿的荣誉需要、尊重需要、被关注需要、成就需要,强迫自己列出每个幼儿的10个优点并熟稔于心,每天竖起大拇指微笑地对每个幼儿说出他的一两个优点,让每个幼儿发现自己的优点和强项,必要的时候还应该帮助其培养强项,促进其自信心的发展,最终促使其全面地接受自己的优点和缺点。如此,幼儿就不会为了掩饰自己的缺点和错误而说谎了。

#### 案例3-17  我爸爸是警察

一次游戏活动中,4岁的宁宁和阳阳争抢玩具,阳阳把宁宁推倒在地。宁宁站起来后对阳阳说:"我爸爸是警察,我要让他把你抓起来……"而实际上,宁宁的爸爸只是一位在农贸市场中摆摊的卖水果的入城务工人员。

案例中宁宁谎称自己的爸爸是警察,是因为他对自己没有信心,对自己的家庭有自卑感。在他的心目中,警察是非常"厉害"的角色,是可以保护自己不受欺负的,于是,他就撒谎说其爸爸是警察。

### 4. 倡导"严父慈母"式教育

刘倩和董会芹(2014)的研究表明:父母教育孩子时严厉和温情的一致程度影响着孩子说谎的概率。他们的研究表明,"严父慈母"式教育更有利于孩子形成诚实的行为习惯。

### (1) 不一致

父母在严厉和温情方面不一致（如，母亲慈爱、父亲严厉）有利于减少幼儿的说谎行为。如果在父亲严厉惩罚孩子的同时，母亲用爱来温暖孩子，就可以使孩子的消极情绪得到纾解，同时使孩子得到正向的引导。在这种情况下孩子说谎的概率较低。

### (2) 一致又不一致

如果父亲与母亲在温情方面不一致，而在惩罚方面是一致的（即父母都认为应惩罚孩子），虽然母亲在父亲对孩子进行惩罚后给孩子一定的温暖和爱，但是孩子依然会感受到不安。在这种情况下孩子说谎的概率较高。

### (3) 高度一致

如果父母在严厉和温情方面高度一致，则会出现两种情况：其一，父母都无视规矩，无条件地爱孩子，因无规矩的约束，孩子说谎的情况会日益严重；其二，父母均严惩孩子，孩子的消极情绪无论是从父亲处还是母亲处都得不到宣泄和疏导，孩子得不到父母的谅解和爱，为了避免受惩罚，以后一旦做错事情，便会选择说谎，在这种情况下孩子说谎的概率最高。

无论是在幼儿家里还是在幼儿园里，我们都希望教育者"一严一慈"：严者，让幼儿树立规则意识，懂得遵守规则；慈者，让幼儿感受到爱和温暖，同时让其消极情绪及时得到宣泄和疏导。这样严慈相济，既可以让幼儿懂得遵从规则，又可以使其不良情绪得到合理的纾解，更加有利于其诚实行为习惯的养成。

### 5. 注意诚实榜样的作用

幼儿是好模仿的。由于他们的分辨能力有限，好的他们喜欢模仿，不好的他们也喜欢模仿。因此，教育者要做好表率，让幼儿生活在一个诚实的环境中。

在生活中，有时教育者处理一些人和事不可避免地需要一些谎言，但

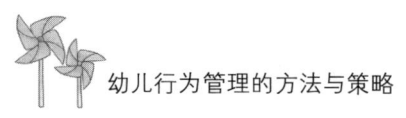

要尽量避开幼儿,给幼儿做出积极正面的诚信榜样,否则会误导幼儿说谎。

比如,有客人来电话或拜访,父母因故不愿应酬,让孩子跟客人说其不在家,于是天真的孩子就说出了那句可笑的谎言:"我妈妈说她不在家。"又如,当父亲不愿意见的客人来访时,母亲便对来访的客人说谎:"他爸不在家。"再如,妈妈不想去上班,就打电话跟领导请假说自己病了,结果领导很爽快地让她在家休息几天。这样的事情很容易让孩子"观察学习"并体会到说谎的好处,进而模仿。

有的家长在教育孩子时会说"你今天好好吃饭,妈妈就带你去游乐场""你把这幅画画完,我给你买好吃的",等等,而家长未必会一一兑现这些承诺,结果孩子就在家长潜移默化的影响下学会了说谎。

**6. 注意避免因不适当的言语而诱导幼儿说谎**

幼儿的思维易受暗示,他们的思路很容易因他人的影响而改变。很多时候,幼儿的说谎是由于成人有意或无意的言语误导与暗示。现实生活中幼儿这一类型的谎言屡见不鲜。

- ◆ 孩子放学回家,妈妈发现孩子的脸上有好像被蚊虫叮咬的小红点,就问孩子:"这是不是被老师打的?"在妈妈生气的逼问下,孩子点头,妈妈就找老师质问她为什么打孩子的脸。家长设计问题让孩子填空,孩子就会顺着家长的思路点头或回答说"是"了。

- ◆ 孩子和小伙伴打架,有的母亲会问孩子:"是不是他先打你的?"孩子受母亲的暗示就会做出与事实不符的回答。

- ◆ 有位妈妈每次到幼儿园接孩子时总爱问:"宝宝,今天有人欺负你了吧?"她儿子不假思索回答说:"是呀!"妈妈又接着问:"是X欺负了你还是Y欺负了你?(X和Y是他们班最喜欢打人的孩子)打疼你了吗?"……此时孩子往往会顺着妈妈的追问而改变自己的思路,说出并不存在的内容。

◆ 贝贝刚满5岁，妈妈时常向他提出让她感到很为难的问题："你想妈妈多一些，还是想爸爸多一些？"每次他都这样回答："都想，一样多。"为此妈妈高兴万分，夸儿子是乖孩子。可是，这样的信息反馈在幼儿内心形成了一种说话要讨好别人的谎言定式，讨好别人所带来的愉快体验进一步暗示和强化了幼儿有意说谎的动机和行为。

◆ 见到孩子满身污泥，妈妈脸有愠色地质问："是不是邻居家的浩然弄的？"孩子当然顺势回答："是的，就是他弄得我满身都是泥。"如果妈妈使用的是非暗示性语言询问——"你是怎么弄脏衣服的"，孩子的回答可能就大不相同了。

◆ 看到家里的花瓶碎了，母亲很生气地责问孩子："是不是小保姆打坏的？"孩子顺势回答："我亲眼看见是保姆姐姐打坏的。"如果妈妈改口问"是谁弄坏花瓶的"，情况可能大不一样。

……

因此，教育者在询问幼儿相关情况时，不要向幼儿提出具有诱导性的问题，否则，幼儿很容易被诱导而说谎。

### （二）幼儿说谎行为的应对措施

当幼儿出现说谎行为时，教育者可以通过以下措施来应对，进而减少甚至消除其说谎行为。

#### 1. 了解幼儿说话的动机

面对幼儿的说谎行为，在处理之前教育者首先要对幼儿说谎的动机进行判断，然后根据其不同的动机进行不同的教育。

**（1）无意的说谎**

如果幼儿编造出不现实的故事，并坚信那是真的，那么这是无意的说

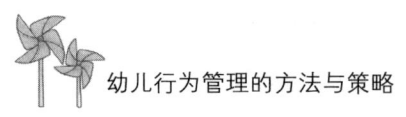

谎。教育者要支持幼儿在编造故事中的想象力和满足感，可以这样对幼儿说："你说的故事真好听，真好玩！"这对幼儿是个积极的信号，让他意识到教育者知道这是他想象出来的故事。随着这方面经验的积累，幼儿逐渐能区分出想象与现实，此类说谎就会逐渐减少。

(2) 引发同情、关注的说谎

如果了解到幼儿说谎是为了得到同情、引起关注、得到关爱等，教育者可以告诉幼儿如何用更好的方法来实现这些目的："如果想让老师抱抱，你就直接告诉老师，老师很愿意抱抱你。如果老师不能抱你，那肯定是因为老师正在忙，老师有空了肯定会马上抱你一下的！"

(3) 掩盖错误的说谎

如果幼儿说谎是为了掩盖做错的事情，如幼儿说"我没有拿走小敏的玩具"，教师可以这样对他说："老师知道你是一个好孩子，每个人都会偶尔做错事，没关系的。老师也知道你很想玩小敏先玩的玩具，我们和小敏谈谈，看看怎么解决这个问题。"让幼儿学会与人沟通交流，则其在这方面犯错的机会就会减少，说谎的机会也就减少了。

(4) 为能购物而说谎

有些幼儿为了让家长给他买喜欢的玩具，会谎称是老师让买的。对于幼儿的这种说谎，教育者应该告诉幼儿："今后你想买玩具就告诉妈妈，如果你能说出三个理由，并且是合理的，妈妈就给你买。"这既有利于幼儿以不说谎的方式达到自己的目的，又可以培养孩子的思维能力和语言表达能力。

## 案例3-18 你该如何应对

一天早上要上幼儿园时，儿子告诉妈妈说，老师让小朋友自己带一瓶水，今天幼儿园没有喝的水。当时妈妈感到有些奇怪，将信将疑。和儿子一起到了幼儿园，妈妈便向吴老师了解此事。吴老师否定了必须带水的说法，妈妈和儿子都有些尴尬。

后来了解到，儿子也想像姐姐那样上学时背着书包再带上一瓶水，可是他怕妈妈不答应，于是就用老师让带水的谎言来说服妈妈。

如果你是孩子的妈妈，会如何教育孩子？

**(5) 为逃避适应不良而说谎**

如果幼儿谎称自己被××小朋友打了，下周不想去幼儿园了，而家长知道没有人打过他，家长的回应方式应该是针对幼儿谎言背后的感受："我知道你去幼儿园不开心，但妈妈相信，过一段时间你就会慢慢发现其实上幼儿园是很好玩的。"这时幼儿说谎和不想去幼儿园只说明幼儿对幼儿园适应不良，因此，教育者要帮助幼儿融入到班级的各项活动和小伙伴群体中，绝对不能训斥幼儿。如果幼儿真的与同伴有冲突，教育者就应该帮助他学会解决问题，如引导他想象真的有人打他该怎么办："你可以愤怒地瞪着对方表达你的不满。""你可以大声地说：'请你不要打我！'""你可以说：'你再打我，我就告诉老师！'""你可以大声地喊：'我不喜欢这样！'""你可以大声地说：'你再这样，我就生气了。'"如有必要，教育者还可以教幼儿一些简单有效的自我防卫术。当幼儿适应幼儿园集体生活并从中获得快乐后，其这方面的谎言就会消失。

**(6) 为了逃避某件事而说谎**

面对类似的说谎，教育者不妨先看一下幼儿想要逃避的事情是否是原则性的。如果是原则性的，就不能妥协；如果是非原则性的，就尊重幼儿的意见。比如，幼儿想在家里玩，不想跟父母去公园，就说自己的肚子疼。这个时候不妨尊重一下孩子的意愿，但可以使用一下"小伎俩"，比如，特意当着孩子的面吃冰激凌，等他要吃的时候，拒绝其要求并反问他："你不是

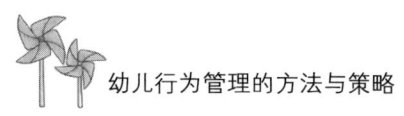

肚子疼吗？肚子疼的时候是不能吃冰激凌的。"这样可让孩子意识到用说谎表达意愿很容易给自己带来麻烦，进而降低说谎的概率。如果幼儿试图用说谎逃避该做的事情，比如，为了不去幼儿园而装作肚子疼，家长就不能让步了，要鼓励孩子勇敢地面对。当然，幼儿逃避去幼儿园，说明幼儿对幼儿园的生活适应不良，教育者在了解其真实原因的基础上，应教会其正确地应对所面临的困境。

**（7）为取悦教育者而说谎**

幼儿有时想取悦家长而又没有实际成绩，往往会有意说谎。例如，有个幼儿在老师指导大家剪红五星的过程中，留下一颗红五星放进口袋，回家后向妈妈夸耀说："妈妈，我今天得了一颗小红星。"妈妈说："得了小红星不是该贴在'好孩子专栏'里吗？"幼儿又说："老师叫我拿回来让爸爸妈妈看的。"出现这类说谎行为，说明幼儿没有安全感，没有获得妈妈喜爱的自信。因此，教育者平时要注意对幼儿安全感的充分关照，不要用爱来威胁幼儿，比如，不要对孩子说："你再不……妈妈就不喜欢你了。"幼儿有了安全感，感受到教育者的爱是永恒的，就不会为了爱而去说谎。

**（8）为了尊严而说谎**

有时候幼儿说谎是为了维护自己的尊严。对于幼儿这一类型的说谎，教育者可以看透，不可以说透，要让幼儿在他人面前特别是在同伴面前保持尊严。

## 案例3-19　我是出汗

起床的时候，宝强发现小鹏的床上湿了一大片，就大呼："喔！小鹏尿床了！喔！小鹏尿床了！"这马上引来了许多小朋友围观。小鹏怒目瞪着宝强，十分坚定地说："我不是尿床，我是出汗，我今天出了好多汗！"

范老师走过去一看，小鹏的床单上果然湿了一大片。看到小鹏那紧张的样子,范老师马上意识到,小鹏很可能是真的尿床了。

范老师看在眼里,却附和小鹏大声地说道:"哇,今天小鹏出了那么多的汗!"看热闹的小朋友们随即散去。

这时,范老师安慰小鹏说:"出汗了没关系,一会儿我帮你把褥子洗了晾晒干就行了。你先去小便吧。"

过了一会儿,范老师悄悄地把小鹏带到一间无人的屋子里,帮他换上干净的衣服,然后提醒他:"今后上床前要记得去小便;起床后,尿急就先去小便。"

小鹏腼腆地笑着对范老师说:"谢谢范老师!"

范老师在关键时刻为小鹏保住了面子和尊严,她看到了小鹏对尊严的需要,没有在小朋友们面前说穿小鹏的"小伎俩"。

**(9) 为了恐惧而说谎**

刘晓芳在上厕所时,不小心将一块手绢掉进池子里冲走了,她回家后告诉外公说是班上的牛俊勇扔进去的。刘晓芳之所以说谎是因为外公平时对她很凶,她惧怕外公的训斥和打骂,只好说谎。

哲人罗素曾说过:"孩子不诚实几乎总是恐惧的结果。"对于幼儿因害怕受罚而说谎,教育者只有帮幼儿消除相关的外部压力,才能使幼儿的说谎行为减少甚至消失。

总之,面对幼儿的说谎行为,教育者要理解其说谎的"苦衷",明白其要达到的目的,然后采取适当的方法让幼儿学会通过正确的途径达到目的。

**2. 正确应对幼儿犯错误**

宁宁是个乖巧的孩子,但妈妈却说宁宁很爱说谎,如:宁宁中午在幼儿园没有睡觉,却总说自己睡了,结果下午回家没一会儿就犯困了;在家

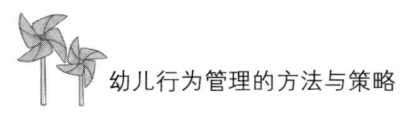

里若是宁宁干了坏事，只要问他，他就说没干。后来调查得知，原来宁宁的妈妈对他管教甚严，他若犯错，轻则会罚站，重则会挨打。幼儿的许多说谎行为是被教育者"逼迫"出来的。

犯错误是幼儿的权利。由于经验有限，能力有限，幼儿在成长的过程中犯些错误是很正常的，另外，犯错误也是幼儿成长所必需的。面对犯错误的幼儿，教育者应该做的不是批评惩罚幼儿，而是让幼儿从所犯错误中获得成长。

许多幼儿在做错事后说谎，其根本原因是担心被教育者批评惩罚。因此，面对做错事的幼儿，教育者应保持冷静，不应责骂幼儿，而要帮助幼儿分析导致错误的原因，让幼儿明白其错在哪里，今后如何避免再犯。在这种氛围里，幼儿就会毫无顾忌地向教育者坦承自己的错误，并虚心向教育者求教如何避免犯类似的错误，而不会说谎以逃避惩罚。

### 3．及时进行教育

幼儿最初说谎时，无论出于什么动机，总是比较紧张的，怕被教育者知道而遭到批评、惩罚，但他总是抱有一种侥幸心理，以为教育者不一定在意他的话，肯定会相信他的。最初几次说谎如果没有被教育者识破，也没有受到批评，那么，他就会暗自得意，以后说谎的次数会更多；如果被教育者识破而受到批评，后面他就不敢轻易再说谎了。因此，教育者应及早发现幼儿的说谎行为，并对其进行及时的教育，努力引导他以不说谎的方式来面对问题和困境。

### 4．帮助幼儿认识说谎行为将导致的严重后果

教育者可以采用多种方式来帮助幼儿清楚地认识说谎行为所导致的（对自己的、对他人的、对社会的，对人的、对事的）严重后果。

教育者发现幼儿说谎，要告诉幼儿说谎得到的只是自欺欺人的短暂快乐，可失去的却是人身上最宝贵的品质——诚实。说谎虽然能一时骗过别

人，但终究会被发现，遭到别人的厌恶。另外，还要告诉幼儿，说谎者在说谎的过程中和说谎后，会内心紧张、焦虑、纠结、矛盾，个人的正常生活和学习都会被打乱，寝食难安，生活得很不开心。让幼儿认识到说谎对自己的害处，有助于幼儿减少说谎行为。

教育者还可运用经典故事，帮助幼儿认识说谎行为所导致的严重后果。如通过《牧羊的孩子》《金斧头》《匹诺曹》等关于说谎的故事，让幼儿明白说谎者最终将自食其果，下场可悲。

另外，教育者可给幼儿讲《诚实的列宁》《乔治·华盛顿和樱桃树》《手捧空花盆的孩子》等关于诚实的正面故事，让幼儿知道诚实对人、对事的意义，进而提高他们在犯错时勇于承认的概率。

## 案例3-20 抵制诱惑游戏的实验

有这样一个抵制诱惑游戏的实验，首先将受试幼儿分为三组，在游戏开始前，分别给三组小朋友讲一则故事，研究故事对后续游戏中幼儿说谎行为的影响。

A组听的故事是《狼来了》，最后说谎的小男孩和羊都被狼吃掉了。

B组听的故事是《匹诺曹》，匹诺曹每次说谎鼻子都会变长。

C组听的故事是《乔治·华盛顿和樱桃树》，小华盛顿主动承认错误，爸爸表扬了他说实话的行为。

三个故事的结局不同。

实验表明：C组幼儿说谎的人数和次数明显少于A组和B组幼儿。

也许很多人会认为《狼来了》或《匹诺曹》的故事能更有效地减少幼儿的说谎行为，因为故事的主人公因为说谎而受到了严厉的惩罚，可以起到一定的震慑作用。然而实验结果恰恰相反：听了《乔治·华盛顿和樱桃树》

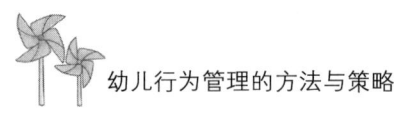

这个故事的 C 组幼儿在后续游戏中表现出了最少的说谎行为。上述实验结果告诉我们：惩罚并不是解决问题的唯一途径，与其向孩子灌输谎言被拆穿的恐怖，不如引导孩子享受说实话的喜悦。

此外，教育者还可根据电视、网络或生活中的相关实例，和幼儿一起讨论说谎的危害和诚实的好处。讨论时的语言要生动形象，教育者不能干巴巴地讲原则，可以让幼儿讲讲自己的感受，讲自己在面对类似的问题时该如何行动。

如果运用了上述这些方法，幼儿还是说谎甚至更严重了，建议教育者带幼儿进行心理咨询。如果幼儿总是不由自主地说谎，那么他可能在自我意识上有严重的问题。

## 八、幼儿黏人行为的预防与应对

幼儿黏人行为，是指幼儿靠近教育者的所有行为，包括走动地跟随教育者、拥抱教育者、抓住教育者的胳膊，或拉着教育者的衣服等行为，有时还伴随哭闹行为。黏人是幼儿常见的一种问题行为，当幼儿感受到压力和不安时，更加容易黏人，并且其发生的程度更加强烈。当幼儿所依赖的教育者不在场时，该幼儿就会六神无主地到处找该教育者，或哭泣着不停地问："××去哪儿了？"许多时候他们还拒绝参加班级的所有活动，甚至不吃、不喝、不睡、不去幼儿园。

幼儿的黏人行为严重地影响到幼儿本人的正常学习和生活，甚至还影响到被黏者的正常生活和工作。请看下面几位妈妈对孩子黏人行为的描述：

"可黏我了！"

"每天我上班都要经历一场生离死别！"

"上厕所都要跟着！"

"走哪儿都要拽着我的衣角，或者扯着我的衣服，烦！"

"才一会儿没看到我，宝宝就开始哭。"

"妈妈不在身边就吃不好、睡不好，郁郁寡欢。"

"每次到了幼儿园，都舍不得妈妈走。"

"不记得打什么时候起，女儿也开始黏我了，上班前一定要'妈妈抱抱'。"

"我走到哪儿，宝宝就跟到哪儿，生怕妈妈不见了。"

"我上厕所的时候，她也要在门口用小手敲门。我在卫生间待的时间稍微久一点，她就要求爸爸把她的小马桶搬进来，要和妈妈并排坐！"

……

教育者应该掌握预防和应对幼儿黏人行为的方法与策略。

### （一）幼儿黏人行为的预防

教育者可以从以下几个方面来预防幼儿黏人行为的发生。

**1. 为幼儿创设安全的心理环境**

黏人是幼儿缺乏安全感的一种表现。如，某幼儿总是缠着李老师，李老师问她为什么不去和小朋友们一起玩，她回答："我不想和那些小朋友玩，我怕他们欺负我。"因此，教育者要努力为幼儿创造充满安全感的心理环境。

（1）家庭心理安全环境的建构

家庭要为孩子的健康成长提供安全的空间。为此我们给家长提出了如下建议：

◆ 让孩子感受到家庭的温暖。家里人要相互关爱，家长对孩子的言行要给予温暖的回应，微笑、鼓励、肯定、支持应成为亲子活动中家长的习惯。父母感情不和,不要在孩子面前表现出来。

◆ 家庭生活要有序、有规律。家庭生活要有规律,物品摆放要有规则,让孩子感受到周围的一切都是可以预测的,是有序的,而不是混乱的、无序的。

◆ 任何时候都不要对孩子说"……我就不要你了",以免孩子产生可能被教育者抛弃的顾虑而更加黏人。

◆ 每天与孩子在幼儿园门口告别时,最好告诉孩子,妈妈要去做什么,什么时间回来,妈妈会在他放学前过来接他……并且要说到做到,绝对不能晚接孩子。

◆ 不要用其他人和事来吓唬孩子以达到所谓的教育目的。

◆ 不要把自己内心的不安传递给孩子,如,不要时常在孩子面前愁眉苦脸、不要在孩子面前无缘无故地发脾气等。

◆ 经常通过亲密动作,如拥抱孩子、亲一下孩子的脸或手、拉拉孩子的手等来密切亲子关系。

◆ 经常带孩子外出与其他小朋友一起玩,或者约其他小朋友到家里来玩。

◆ 真心陪伴孩子。父母陪伴的质量远远比陪伴时间的长短重要。高质量的陪伴表现为父母是否了解孩子的需求,是否能对孩子的需求做出及时的、积极的回应,而不是父母在家时间的长短。如果父母24小时都陪在孩子身边,但心不在孩子身上,时常心不在焉(看电视、玩手机或忙自己的其他事情),对孩子不理不睬,孩子一样不会有安全感。因此,我们倡议:有"手机控"毛病的家长,回家后改用"老年机"(一种只能用来接听和打出电话的手机),这样才能全身心地陪伴孩子。父母每天都要抽出1小时以上的时间专门陪孩子玩,陪孩子聊天,不要将孩子完全交给保姆、玩具、电子产品等。

- 不要因为孩子犯错误而打骂他。家庭仅仅满足孩子的物质需要是不够的。孩子需要亲情,需要心理安全。然而,在日常生活中我们经常看到另一种情景。父母大发脾气,以惩罚恐吓孩子,大声斥责,甚至施以体罚。有些父母认为,这样对孩子进行教育是为了不把孩子惯坏。事实上,当父母这样做的时候,往往会引起孩子的恐惧和痛苦,很难达到目的。此时,许多孩子所感受到的恐惧是失去父母之爱的恐惧。

- 不要用消极的语言吓唬孩子,如发现孩子不听话,不能对孩子说:"把你送去幼儿园,让老师教你。""再哭,妈妈就把你丢在幼儿园里,不接你回家了。""你再不听话,我就把你送给……"否则,孩子内心会更加不安,会更加黏父母。

**(2) 幼儿园心理安全环境的建构**

幼儿上幼儿园后,幼儿园成为影响幼儿安全感的两个最重要的因素之一。为了有效应对幼儿的黏人心理与行为,幼儿园也应该努力为幼儿的健康成长提供安全的心理环境。为此我们给幼儿园教师提出如下建议:

- 不要在幼儿面前发火。教师发火,会在幼儿心中留下阴影,会让幼儿长时间地处于不安状态。

- 不要用威胁的方式来教育幼儿。比如,不能对幼儿说:"……我就不要你了!""……我就把你送去小小班!""再不……我就把你从三楼扔下去。""再不……就让你妈妈再也不来接你了,晚上让你一个人待在幼儿园给大灰狼吃掉。"

- 当幼儿受到威胁时,教师要主动及时地给予保护。

- 幼儿的过错都会得到原谅。教师不应该因幼儿犯错误而记恨幼儿,要以积极的心态看待幼儿犯错误。犯错误,说明幼儿在不断

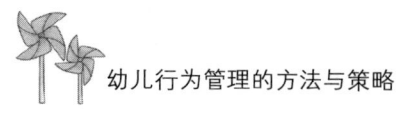

尝试新的事物，说明幼儿会因此而不断地进步；犯错误是幼儿成长所必须经历的，教师不仅应该允许幼儿犯错误，甚至应该鼓励幼儿犯在他们这个年龄应该犯的错误。

- 禁止嘲笑和辱骂幼儿。
- 杜绝恐吓幼儿的现象（如，教师吓幼儿、幼儿吓幼儿）。
- 尊重是无条件的。
- 心平气和地接受每个幼儿的现状，不苛求每一个幼儿。
- 自由活动时间在教室里巡视，跟每个幼儿都待一会儿，对于那些特别需要注意和关爱的孩子要多花一些时间。
- 不允许幼儿恶意排斥他人。
- 营造幼儿园里的快乐氛围。与孩子打交道时，微笑应该成为教师的一种习惯。
- 进行仪式性的亲热活动：每天教师至少拥抱孩子2次，每次至少拥抱8秒钟；每天留5分钟让幼儿相互拥抱。
- 建立科学合理的做事流程。从入园的第一天开始，努力将幼儿参加的各项活动流程化，帮助幼儿了解各方面的流程，经过训练让幼儿学会按照流程做事，这样可以减少幼儿的不安全感。

### （3）尝试寻找幼儿黏人的原因

当幼儿出现黏人行为时，教育者要留意到底是哪些因素引发了幼儿的不安。教育者可以从以下因素中一一查找核实：

- 是家里的弟弟妹妹出生？
- 是近期搬家了？
- 是家人生病或过世了？
- 是幼儿想逃避某些问题或弱点？
- 是幼儿缺少感兴趣的玩具或活动？

- 是幼儿近期在幼儿园碰到自己无法解决的麻烦了?
- 是幼儿近期与好朋友分开了?
- 是大人陪他的时间明显比以前少了?
- 是家人在幼儿面前表现出了强烈的冲突?
- 是教育者对幼儿太严厉,期望值太高了?

……

只有教育者了解引发幼儿不安的因素并努力消除这些紧张源,幼儿才能轻松愉快地健康成长。

### 2. 增强幼儿的适应能力

幼儿黏人有时是因为幼儿适应不良,是幼儿自我保护的一种表现。我们在调查幼儿黏人的原因时,就有幼儿说自己黏人的理由是:"我不想和那些小朋友玩,我怕他们欺负我。""那些小朋友动作灵活,反应快,我没法做得像他们一样好,和他们一起玩,我觉得自己会被嘲笑。""我喜欢和崔老师在一起,这样,我就不用做不会做的事情了,做不好也不会被嘲笑。"

可以说,幼儿黏人有时候就是因为他们在做人做事方面碰到了自己无法有效应对的问题。教育者应该重视对幼儿做人做事能力的训练,让他们能有效地独自应对各种做人做事方面的困境,并从中体验到快乐。

- 教会幼儿有效应对小伙伴的攻击性行为的技能——"怒目警告""语言警告""向老师求助""向家长求助",等等,并且创设相应的情境,不断演练,使其运用自如。幼儿能有效应对后,就不会因为惧怕小伙伴而黏着教育者了。
- 教会幼儿与人交往的技巧——轮流策略、分享策略、共赢策略、交换策略、支持策略,等等。幼儿掌握这些技能后,就能在与小伙伴的交往中体会到乐趣,就不会总是黏着教育者了。
- 尝试把有黏人倾向的幼儿和另一个可能与他玩得来的幼儿联结在

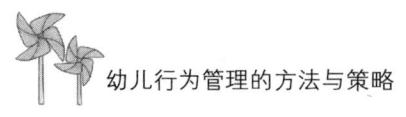

一起，引导他们一起玩，让他们在玩的过程中找到共同的乐趣。看到他们合作玩得很起劲时，教育者就可以适当地离开他们了。

◆ 引导有黏人倾向的幼儿和另一个幼儿玩需要两个人一起玩的游戏，比如桌面游戏。让幼儿通过游戏建立友谊，从合作玩耍中得到快乐，有利于减少幼儿的黏人行为。

◆ 教会幼儿做事的技巧。在各种学习、生活、游戏活动中，教育者要教会幼儿相关的基本技能，让幼儿不断演练，熟能生巧，在各项活动中都有"独窍"，形成一定的优越感。这样，他们就不用担心被别人取笑了，进而在与小伙伴们一起学习、生活、游戏时获得快乐，其黏人的动机也就减弱了。

◆ 每天用5分钟左右的时间来和喜欢黏人的幼儿单独相处，并且告诉他："我有5分钟时间来单独陪你一个人，你看看，我们能一起玩些什么游戏呢？"时间到了就结束这一陪伴活动，并且告诉他："如果明天你不黏人的话，老师还会抽出时间来陪你玩。"这样做，既满足了幼儿黏人的需要，又让其学会了适当控制自己随时随地都想黏人的欲望。

◆ 要加强对幼儿表达自己愿望的能力的训练。可让幼儿大声地、大胆地、连贯地表达自己的想法和愿望，比如，让幼儿学会说"我要小便""我要喝水""我要大便""老师，帮帮我……""我不想跟他玩"，等等。幼儿学会表达自己的愿望后，就会得到及时的帮助，这样有助于他更好地适应幼儿园的集体生活。

### 3. 降低幼儿黏某人的欲望

当孩子到了8个月大进入"黏人"期时，为了避免孩子过分黏某一个人，教育者平时就应该注意尽量避免某个人过分黏孩子或被孩子黏，保证孩子与除妈妈之外的其他家人、朋友、老师有相当的相处机会。

在家里，如果孩子长期只和妈妈在一起，可能会让孩子形成对妈妈一个人的过度依恋，表现出离不开妈妈，离开妈妈就焦虑、哭闹；如果让爸爸等人更多地参与到育儿过程中来，可以避免孩子对妈妈的过度依恋。如果能让孩子觉得与每位家庭成员在一起都有安全感，都有乐趣，孩子就不会刻意地、特别地去黏某一位家庭成员，其黏人程度也就被降低了。

在幼儿园里也是一样，幼儿从进入幼儿园第一天开始就对某位老师有好感，进而特别黏这位老师。面对这种情况，被黏老师要主动将幼儿引向其他老师，而未被黏上的老师也应该主动与该幼儿交流、玩耍，让他也能从未被黏上的老师那里找到快乐和安全感。

平时切不可因为幼儿特别黏某位老师，而以"××，你的×老师来了"来逗弄幼儿，否则，该幼儿会更加黏这位老师。

为了让有黏人倾向的幼儿的黏人意识和倾向得到更好的降低，教育者还可以对其待在被黏者身边的时间做出严格限制，比如指着计时器告诉他："我抱你两分钟后，就会帮你找个地方玩，或者帮你找个好朋友一起玩。"

教师还可以建立轮流制：将那些吃午饭或外出活动时总喜欢黏在老师身边的幼儿，按照姓名列表，轮到某个幼儿的时候，让他把自己的名字划掉，下一回就轮到其他小朋友和老师待在一起。这对幼儿来说是一个可操作的具体办法，他有机会接近教育者，看到教育者，但轮到别人时，他就得离开。幼儿也知道这是公平的方法，他们很容易认可和接受。这样，在轮流的过程中，幼儿黏人的倾向就减弱了。

幼儿教师和家长可开展合作，在园内和园外安排喜欢黏人的幼儿和同班的小伙伴或者同一小区里的小朋友一起玩，建立友谊。这样做能激发黏人幼儿与和同伴一起做游戏的动机，进而减弱其只黏一个人的欲望。

### 4. 注意与有黏人倾向的幼儿交往的艺术

为了更好地促进有黏人倾向的幼儿的健康发展，教育者在与他们交往

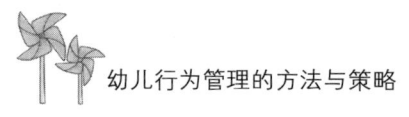

时应该注意以下几点要求。

**（1）不宜抱得太多**

对具有黏人倾向的幼儿，拥抱或者一直抱着的次数太多，反而会助长他的黏人倾向。因此，教育者在他黏人的时候，略微关注一下就可以了。

**（2）正确与孩子分离**

教育者离开时，要记得向幼儿说明理由，平时也可以和幼儿一起玩捉迷藏的游戏。让幼儿明白教育者只是离开了，并不是"消失"了，教育者还会出现或回来的。比如，家长要去厕所洗手，可以先告诉幼儿："我先去洗手，等洗完手一定会回来，如果你不放心可随时来看我，我就在洗手间里洗手。"等你洗完手记得一定要回到幼儿身边。家长经常如此，孩子就会悟出：爸爸妈妈只是暂时离开我，离开后还会回来的。随着这种经验的积累，幼儿就不会因担心爸爸妈妈离开后不回来而要黏着父母了。

平时，要让孩子知道：妈妈不在身边，随时可以给妈妈打电话。如果让孩子知道妈妈对他的爱和在乎，那么孩子对分离就不会有那么多焦虑情绪了。

注意分离前的仪式。出门前预留出5~10分钟时间和孩子告别，跟孩子拥抱和亲吻，给孩子撒娇的机会，满足孩子表达依恋之情的愿望。如，有位妈妈和女儿形成了一套告别的流程：拥抱，挥手，约定回家的时间，飞吻……姥姥还编了一套送别词，每天孩子都要叽里呱啦地像背儿歌一样背出来，看上去像个仪式。有了这个仪式，孩子可以在心理上对妈妈的离开有一个缓冲。有的家长则相反：担心孩子黏着不容易走开，便悄悄离开。这种方式反而会增加孩子的不安全感，因为他不知道家长什么时候就会突然"失踪"，更会一步不离地跟着家长。

另外，父母长时间离开有黏人倾向的孩子时，可以时不时地给孩子打个电话，表示对他的关爱之情；如果条件许可，办完事回家别忘了给孩子带些他喜欢的礼物，让孩子有个意外的惊喜，同时，也让孩子体会到父母在外时仍然惦记着他，这样，孩子就不会担心父母不爱自己了。

父母外出回来，最重要的事情就是立即与孩子亲近：放下手机，抱抱孩子，亲亲孩子，然后陪他玩。不论孩子玩什么，父母都要热情洋溢地参与，这样可以很好地纾解孩子一天见不到爸爸妈妈的焦虑不安的情绪，进而减少其非要黏着父母并与父母一起外出的欲望。

**（3）在游戏中保持适度的距离**

教育者可鼓励喜欢黏自己的幼儿一起做有"距离"的游戏，如，教育者可对黏人的幼儿说："你坐（站）到我对面去，那样我才能看到你可爱的脸，更清楚地听你说话。"引导他到你对面去，一起玩桌面游戏或下棋。当有其他幼儿加入或者他自己玩得很开心时，教育者就可以择机离开了。经过长期的训练，喜欢黏人的幼儿就能慢慢地适应与教育者保持距离，而不是整天要与教育者紧紧地黏在一起。

**（4）说积极的话，做积极的事**

父母不要在孩子面前对别人说这些具有负面暗示性的话，如"不带孩子，我哪儿都不去""我家孩子最喜欢黏着我了"等，因为这些话相当于在鼓励孩子黏人。

带着幼儿与其他许多人相处的时候，教育者要表现出热情、合群、健谈，为幼儿树立一个在陌生人面前自信交往、表现自我的榜样，这将有利于有黏人倾向的幼儿走出自我，走向同伴。

## （二）幼儿黏人行为的应对措施

当幼儿出现黏人行为时，教育者可以通过以下措施来应对，进而减少甚至消除其黏人行为。

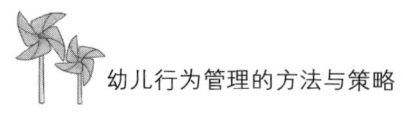
幼儿行为管理的方法与策略

### 1. 不同的黏人行为，不同对待

如果幼儿只是偶尔有黏人行为，教育者抱过之后，幼儿的黏人需要得到满足，能很快转向其他事情，这就是正常现象。就像教育者特别是妈妈，有时也会对幼儿又亲又抱一样，幼儿的黏人行为也只是表达自己对教育者的一种依恋而已。教育者可以想想：是不是只有在你有事忙碌而忽视幼儿时，他才向你寻求拥抱呢？

而对于孩子过度黏人的意识和行为，教育者则要意识到：幼儿的心理正处于不安之中，这时幼儿需要的不是批评，更不是威胁，而是关怀——越是喜欢黏人的孩子，越是需要教育者的真诚关怀。因为教育者的批评和威胁，不仅不会消除幼儿内心的不安，反而会增加幼儿内心的不安，进而可能会使幼儿黏人的欲望更加强烈。教育者应在幼儿表现出黏人行为时，尽量通过亲密的动作和行为与他们"黏一黏"，以满足其正常的心理需求。

许多时候，幼儿黏人是因为他学会了通过黏人这种行为得到想要的东西并避免自己不想要的东西。比如，在某些情况下，幼儿黏人是因为他不想尝试新事物或者冒险，因为那样会引起他的焦虑情绪。又如，幼儿由于缺乏与人交往的技能，所以为了避免与人交往过程中的痛苦，就选择黏在对其没有伤害的人身边。对于幼儿的逃避式黏人行为，教育者需要做的不是纵容，而是教会幼儿有效应对相关困境的方法和策略。

#### 案例3-21 无助的孩子

晓明，4岁多，到幼儿园门口时缠着妈妈久久不肯进幼儿园。妈妈问其原因，晓明回答说："陆军小朋友打我。"妈妈说："你可以告诉孙老师。"晓明说："孙老师不管。"妈妈又说："那你可以告诉卢老师呀。"晓明又回答："卢老师很凶，我不敢告诉她。"

晓明处于心理不安之中，却找不到一个愿意帮助他或者保护他的人，这使得他觉得幼儿园是不安全、不可靠的地方，于是，就缠着妈妈不愿意进幼儿园。

教育者应该是幼儿心理安全的坚强后盾，不能放弃自己的责任，而应该努力保证每个幼儿心理的安全，让幼儿感觉到在幼儿园里、在社会上，他是受到教育者保护的。当幼儿内心体验到足够安全的感觉时，其黏人意识和行为就会减少甚至消失。因此，当幼儿面临不安处境而他自己又无能为力时，教育者要及时伸出援助之手，帮助其摆脱困境。

### 2．不要吓唬幼儿

不要对有黏人行为的幼儿说："你再这样，我就真的不要你了。"教育者的威胁只能让幼儿更加忧心忡忡，内心的紧张情绪并不会减少，更不能消除幼儿的黏人行为，甚至还会进一步激发幼儿的黏人倾向和行为。

### 3．不取笑，不批评，不漠视

当幼儿出现黏人行为时，教育者不应该取笑他。有的教育者喜欢取笑黏人的孩子，称其为"跟屁虫"，这种做法不妥。黏人是幼儿依恋行为中的一种，十分正常，每个人都有依恋他人的倾向，只不过有些人严重一些、强烈一些，而另一些人则弱一些而已。教育者不应该批评，更不要惩罚幼儿，此时的幼儿正处在不安之中，他更需要的是关心、同情、爱护。

当幼儿在公共场合表现出黏人行为时，教育者不要跟孩子说："别人都在玩，你怎么不去？黏着我干吗？！"或者孩子玩了一会儿跑回教育者身边，却被推开："玩得好好的，干吗要回来黏着我，你知不知羞呀？自己去玩！烦！"这样做会让幼儿伤心、难过。

当幼儿出现黏人的表现时，很多教育者的处理方式就是：你来黏我，我也不理你；不管你怎么黏着我，我照样做我自己该做的事情。遭遇教育者如此漠视的幼儿，会认为教育者不爱他了。为了找回教育者的爱，幼儿

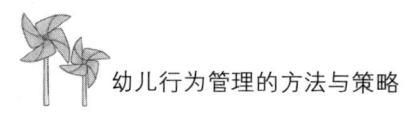

可能会表现得更为黏人,生怕被教育者抛弃、遗忘。

当幼儿来黏你,而你恰好手头有事要做时,可以告诉他,让他耐心地等几分钟,等你做完事一定会陪他。这样做能让幼儿感受到教育者还是爱他的,只是暂时没有空陪他而已,这样可以减少其焦虑不安的情绪。

### 4.果断告别

在需要分离时,教育者的果断告别可以减少幼儿的"蛮缠"。比如,妈妈要出门上班时,要与孩子告别:"妈妈一会儿就要上班了,晚上回来再和你玩,你是个好孩子。"说完就走,要走得坚决一点,不要一步三回头,要让孩子知道"哭是没有用的",同时不要忘了,等孩子有进步时,要及时给予表扬甚至奖励。又如,孩子在幼儿园门口死死缠着妈妈不肯放手,这时妈妈可以采取以下简单告别的方式:

教师:"小勇跟妈妈说再见!"

妈妈:"小勇再见!妈妈下午5点半来接你!"说完就走,不要犹豫。

相信随着幼儿年龄的增长、经验和能力的提升,他们将逐渐学会从与人交往中获得快乐,同时学会独处技能,进而享受到独处的快乐。

## 九、幼儿偷拿行为的预防与应对

偷拿,就是指幼儿未经过物权所有者准许,把别人的东西随便拿走的行为。它与成人的偷窃行为是不一样的,幼儿偷拿别人的东西时,大部分都是因为他们没有物权概念和意识。虽然幼儿的偷拿行为不同于成人的偷窃行为,但是从长远来看,偷拿行为对幼儿的健康成长极为不利,如果不能及时纠正,幼儿会认为偷拿这种行为是被允许的,进而造成道德观念混乱,最终使偷窃成为一种习惯。

## 案例3-22 一位痛苦焦虑的妈妈

4岁多的伟琪跟妈妈去小区里的超市。回到家里，妈妈发现伟琪的口袋里竟莫名其妙地多出了一些东西——一部玩具小汽车、几粒奶糖、一小包旺仔小馒头。妈妈对此感到很吃惊，继而高声地质问伟琪："这些东西是哪里来的？"伟琪低头不语。妈妈更加生气，手指着伟琪的脑门大声呵斥："是不是我买东西时，你拿店里的？你才这么小就偷东西，我管不了了，我要把你交到警察局去！"伟琪被吓蒙了，"哇"的一声大哭起来。

过了一段时间，妈妈又发现伟琪的口袋里有好几个玩具小人，然后问伟琪是哪儿来的，伟琪支支吾吾地说是捡到的。妈妈又想起上次去超市的事，气得就要扇伟琪耳光。此时的伟琪害怕极了，小声地回答妈妈说："是我在幼儿园表现好，老师奖励我的。"妈妈打电话向当天带班的老师了解情况。老师说她没有用小人来奖励过小朋友，当天也没有表扬过伟琪，只是几天前她带孩子们去玩具室玩过，那里有许多玩具小人。妈妈一听，转身就给了伟琪几巴掌。这下子伟琪真的被吓坏了，他用惊恐、哀求的眼光看着妈妈。看着孩子可怜的神情，妈妈的眼泪也流了出来，她抓住孩子的臂膀，声泪俱下："伟琪，你为什么要这样？上次的毛病没改，你现在竟然又学会撒谎了！"

后来，妈妈在伟琪的书包里、抽屉里，总会发现一些陌生的小玩意儿。伟琪的性格也日渐内向甚至孤僻了。

幼儿偷拿别人的东西，如果得不到及时有效的教育，将会成为一种习惯。因此，教育者应该有效地预防和应对幼儿的偷拿行为。

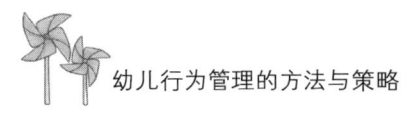

## （一）幼儿偷拿行为的预防

教育者可以从以下几个方面来预防幼儿偷拿行为的发生。

### 1. 充分关照幼儿的各种需要

许多时候幼儿偷拿别人的东西，是他们的正常需要未得到满足所致。比如：幼儿出于好奇将幼儿园里的温度计拿回家测量各种物体的温度；幼儿因为嫉妒而将小伙伴的玩具拿回家；幼儿与小伙伴发生矛盾或摩擦，受到教育者的指责或批评后，出于报复心理，用拿走别人珍爱之物让对方伤心来发泄内心的不满；幼儿想多玩一下而将幼儿园里的玩具带回家；幼儿长时间被老师和小伙伴们冷落或忽视，为了引起大家对他的关注而偷拿别人的东西，而每次偷拿后他都被老师批评——如愿地得到老师的关注。

因此，教育者在平时的各项活动中，要对每个幼儿的需要给予充分的关照，将其纳入课程体系并作为重要的课程目标和内容，让每个幼儿在学习和生活中都体会到尊严，感受到被关爱、被接纳、被欢迎，体验到成功和快乐，这样幼儿因心理需求得不到满足而偷拿别人东西的行为就会逐渐减少。

### 2. 对幼儿进行物权概念和意识的教育

幼儿偷拿别人的东西，很重要的原因是他们缺乏物权概念，在他们的观念里，自己喜欢的东西都是可以随便拿的——因为在家就是这样的，他们不知道别人的东西是未经同意不能拿的，也不知道未经别人允许就拿别人的东西是不好的。因此，教育者要有意识地对幼儿进行物权方面的教育。

#### （1）标识物品的归属权

在家里或幼儿园里教育者要将归属于不同主体的物品，特别是相同或相似的物品贴上相应的标识。教育者要时常提醒幼儿这些物品的归属权以及相同的东西也不能互用或共用；告诉幼儿互用或同用杯子、毛巾、牙刷等的害处,让幼儿尊重别人的物权——别人对自己的物品有使用和处置权,所有人都应该无条件地尊重。

### 案例3-23 独享还是分享

吴柳军发现雷鸣手上拿着一块巧克力,于是过去套近乎,然后说:"给我吃点?"雷鸣很果断地回答道:"不给!"吴柳军说:"老师说,有好东西要分享的!"雷鸣仍然很果断地回答道:"我就是不给!"吴柳军说:"你不给我吃,我就去告诉老师!"雷鸣毫不犹豫地将一整块巧克力塞进了嘴巴。

最后,吴柳军气乎乎地去邓老师那里告了雷鸣的状。邓老师走过去批评了雷鸣不会与小伙伴分享。雷鸣很委屈,吴柳军则自鸣得意。

上述案例中,吴柳军和邓老师都应该尊重雷鸣对那块巧克力的所有权。雷鸣可以独享也可以分享,这是他的权利。吴柳军不应该对雷鸣的物品有非分之想。邓老师不仅不应该支持吴柳军分享雷鸣的巧克力的要求,还应该向吴柳军说明,巧克力是雷鸣的,他有权那样做。当然,邓老师私下还可以跟雷鸣说,如果有好东西能与人分享,同伴肯定很快乐,他们有好东西时,也会与他分享的。但邓老师不应该批评雷鸣,因为雷鸣所做的并没有错。

**(2) 建立租借体系**

对于可以共用的物品,可以建立租借制度,让幼儿共享、分享。

租借体系不仅满足了不拥有物权的幼儿的需要,而且强化了幼儿的物权意识——这东西不是我的,是人家的,我只能借来用,最后要还回去。

◆ 建立一个班级图书馆,幼儿可以借那些并不昂贵的图书。制定明确的规则:规定每人最多可借多少本书,可以借阅多久;幼儿可借图书数量=公有图书的人均数量+自己提供的共享图书的数

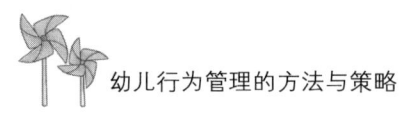

量；借满数量后，前面的不还，后面就不能借；逾期不还者，不仅不能再借，而且要按逾期时间长短罚款；借阅的图书不得损坏，否则要赔偿。建立检查系统，记录下谁借了什么东西，并且孩子和家长可通过手机APP（应用程序，Application的缩写。——责编注）了解到自己所借的图书及应归还的日期。

◆ 建立一个班级教玩具租赁公司，幼儿可以从公司里租借自己喜欢的教玩具回家玩。其模式与图书借阅基本相同，幼儿可借玩具数量＝公有玩具的人均数量＋自己提供的共享玩具的数量；供租赁的教玩具应该是比较耐用、不易损坏的。教玩具的来源：一是，幼儿园班级自有的教具和玩具；二是，本班幼儿甚至是本园其他班幼儿提供的。幼儿园建立一个可借教玩具库，幼儿可在网上查阅到这些教玩具的图片和玩法等。

图书、教玩具租借体系的建立，不仅有利于幼儿建立物权概念，而且有利于幼儿形成共享意识、责任意识、爱心意识；另外，由于可以租借，幼儿就没有必要从幼儿园里偷拿自己喜欢的东西回家了。

## 案例3-24 "偷"磁铁

有一天，岳老师发现磁铁少了6块，她问孩子们谁看见了，孩子们都说没看见。第二天一早，张环宇的姥姥送他来幼儿园时悄悄对岳老师说："张环宇把小磁铁拿回家去了，我和他妈妈为这事还揍了他一顿，告诉他不能把幼儿园里的东西拿回家。他也认错了，您别批评他了。他让我告诉您，请别再告诉另外两位老师。"姥姥走了。岳老师把张环宇叫到跟前问他："你为什么把小磁铁拿回家呢？"张环宇说："我们家刚刚装修完了，我想看看哪些东西能被磁铁吸住，就把磁铁拿回家了。我想等用完了再把它送回来。"

许多时候幼儿将幼儿园里的教玩具带回家仅仅是为了探索，而非据为己有。张环宇被揍，有点冤。这都是教育者不了解幼儿的心理所致。

**（3）教育者要做尊重物权的榜样**

幼儿是喜欢模仿的，模仿是幼儿行为发展的一个重要途径，因此，在尊重别人的物权方面，教育者要为幼儿树立良好的榜样，如：教育者不得随便翻幼儿的书包、口袋，更不要不经幼儿同意就用幼儿的物品；父母要用孩子的铅笔，一定要先问问他，如果孩子同意借给你，别忘了说声"谢谢"，用完之后，要当面归还，还要说声"谢谢"，如果孩子坚决不肯借，也别勉强，因为东西是孩子的。

### 案例3-25 我想把画展示在墙面上

一次，幼儿园接待外国朋友参观，其中一位客人很喜欢胡明宇小朋友的绘画作品，想得到一张。李老师说："请您稍等，我去跟他说。"不一会儿，李老师回来对客人说："对不起，胡明宇希望能将画展示在墙面上。"外国朋友回答说："没关系！谢谢！"

如果幼儿不愿意将自己的东西送给别人，任何人都不得暗示、强迫幼儿把东西送给别人——无论这个"别人"多么重要。教育者也不能用夸奖和赞赏来刺激幼儿把自己的东西送给别人。强制幼儿将自己的东西送给别人就意味着教幼儿强行拿走别人的东西——这对幼儿形成正确的物权概念和意识是十分不利的。

### 案例3-26 问题出在哪里？

美术活动中，小雨带来了一盒新的水彩笔，恰好同桌的欣欣忘了带，希望借用一下。看到此景，老师说："小伙伴应该互相帮助，愿意分享的孩

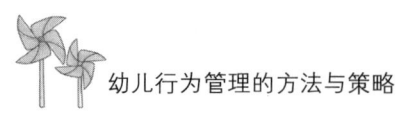
幼儿行为管理的方法与策略

子才是最棒的！"小雨很快就把水彩笔借给了欣欣。可是，后来欣欣借的次数多了，小雨就不再借给欣欣彩笔了。这时候欣欣就动手抢，并说小雨小气、不是好孩子。

教师鼓励幼儿分享的同时，忘记了对幼儿物权的尊重，进而误导了欣欣——让她觉得别人的东西自己都可以无条件地使用和占有。

在家里，父母也应该为孩子树立尊重家人物权的好榜样，帮助孩子形成尊重家人物权的意识和习惯。如果父母不尊重孩子的物权，不尊重其他家人的物权，那么，它的影响将是极其负面的。比如，有的孩子就曾看见母亲搜父亲的口袋而后将搜到的钱或香烟（或许母亲是为了让爸爸戒烟）没收了，孩子不知道母亲是出于什么动机这样做，只知道母亲在"未经父亲允许"的情况下偷偷拿走了父亲的东西。母亲的这种行为会对孩子造成潜移默化的影响，孩子在家里或幼儿园里也可能会在"未经他人允许"的情况下偷偷拿走别人的东西。

有的父母有偷盗的不良行为或爱贪小便宜，随便拿单位的东西。幼儿生活在这种环境中，受到不良榜样的影响，也会出现偷拿别人东西的行为。

### （二）幼儿偷拿行为的应对措施

当幼儿出现偷拿行为时，教育者可以通过以下措施来应对，进而减少甚至消除其偷拿行为。

#### 1. 及时发现，及时教育

教育者不要将幼儿偷拿别人东西的行为不当回事，因为偷拿多了，幼儿就会不断地尝到偷拿的"好处"，进而养成偷拿别人东西的习惯，届时就很难改掉了。因此，在幼儿刚出现偷拿别人东西的行为时，就应该有针对性地对其进行教育，让其逐渐树立物权意识，不乱拿别人的东西，一旦幼儿在这方面形成了习惯,想再矫治就难了。因此,对于幼儿偷拿别人东西的行为要及时进行教育,并且注意方法。

当然,教育者在未掌握充分证据之前,不要给幼儿妄下结论。在这方面宁可错过,也不可冤枉任何一个幼儿,否则,对幼儿心灵所造成的伤害是无法估计的。

### 2. 同理心技术

如果看到幼儿偷拿别人的东西,教育者要支持他的需要和感受。比如,教育者可以对他说:"你真的非常喜欢那个玩具,很想拥有它吗?我希望我可以给你,但是别的小朋友也要玩,明天你就可以玩了。我们来列个名单吧,把喜欢这个玩具的小伙伴的名字都写上,我把你的名字放在第一个。"教育者不要批评幼儿,要冷静地要求他把东西放回原位。如果是可以租借的玩具,则给他办理租借手续,并祝他玩得开心,嘱咐他按时归还。

家长也可以使用同理心技术来教育孩子。比如,孩子从玩具店拿回一条玩具项链,妈妈可以这样跟孩子说:"我知道你一定特别喜欢这条项链,但你悄悄拿走它,我非常生气,因为这样做是不对的。请把项链还给阿姨。"或者说:"我知道你一定特别喜欢这条项链,但你悄悄拿走它,我感到很难过,别人会因此觉得你不是好孩子。你可以告诉妈妈,也许我会买给你。"在利用同理心表示理解孩子的同时,可用清晰正面的语言告诉孩子规则是什么,提醒孩子记得,但不要指望孩子每次都会完全遵守规则。当下一次面对类似的情境时,如果孩子试图遵从规则,即使他们表现得还不够好,也要予以表扬和肯定。

### 3. 万万不可给幼儿贴上"小偷"的标签

根据社会标签理论,在发现幼儿偷拿别人的东西后,不应该给幼儿贴上"小偷"这样的消极标签。

幼儿偷拿别人的东西,许多时候并不是真正意义上的偷窃,如果用

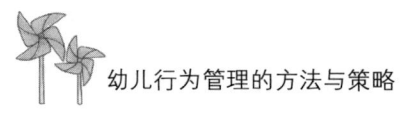

"小偷""贼"等外号来谩骂幼儿,挖苦幼儿,久而久之,幼儿真的会"承认"自己就是"小偷",就是"贼"。"小偷"和"贼"将会成为幼儿今后发展中的一个难以逾越的大障碍,幼儿以后可能真的会成为小偷甚至惯偷。

**4. 重视维护幼儿的尊严**

当发现幼儿偷拿别人的东西后,教育者要注意以尊重性原则来处理问题。

- ◆ "偷拿别人的东西"是幼儿的隐私,绝对不宜公开。
- ◆ 偷拿别人东西的幼儿不需要大家的帮助,不需要在小伙伴面前检讨反思,不需要小伙伴们提供改正意见。
- ◆ 绝对不可因幼儿偷拿别人的东西而对其进行体罚,特别是在幼儿出现偷拿行为的初期。

### 案例3-27 永远的经典

萨沙是个五年级学生,他的一个同班同学有几支彩色铅笔,这在当时是十分贵重的。这位同学把彩色铅笔放在教室的柜子里。有一天,彩色铅笔突然不见了。大家十分难过。毫无疑问,除了本班同学外,谁也不可能拿走。苏霍姆林斯基想,拿走彩色铅笔的可能是最喜欢画画的萨沙。

"谁也没有拿走彩笔,"苏霍姆林斯基竭力使孩子们相信,"只是出了个差错。有人忘了把彩笔放回柜子,他把彩笔带回家了,现在彩笔正在他家的桌子上,明天他一定会放回原处的。"

清晨,苏霍姆林斯基来到学校,突然听到有人翻篱笆进来了,是萨沙。"发生了什么事,萨沙?""彩笔……""放回柜子里去吧。""教室的门关着,该怎么办呢?"孩子绝望地问道。"给我吧。不要和任何人谈起这件事……也不要对别人讲你犯了错误。我把彩笔拿回家搁一天,使用一下。"

萨沙松了口气,紧张的心情缓和下来了。他们进入教室时,从孩子们的眼神中，苏霍姆林斯基看到了期待与不安。

"彩笔在我家里。"苏霍姆林斯基愉快地对孩子们说，"我自己也弄不清怎么会把彩笔放进了我的皮包，我要画一棵池塘旁的小白桦。明天我就把彩笔带回来。"苏霍姆林斯基和萨沙的目光相遇了，萨沙的眼神中流露出对苏霍姆林斯基的感激。

这是一个关于慈悲的故事。苏霍姆林斯基用一个教师深沉的悲悯之心和宽容的爱心融化着、温暖着每一个孩子的心灵。

苏霍姆林斯基的教育故事告诉我们：面对幼儿的偷拿行为，重点不在于找出谁偷了，也不在于简单地制止幼儿的偷拿行为，而在于如何做更有利于幼儿的健康发展。

## 十、幼儿自慰行为的预防与应对

幼儿自慰行为，是指幼儿用手或其他方式摩擦自己的生殖器让自己感到舒服或刺激自己的现象。幼儿自慰行为表现为：用手玩弄或抚摩生殖器；用他人的身体或其他物品摩擦生殖器；用力夹腿、两腿交叉用力（女孩居多）。幼儿在自慰的时候往往伴有面红、出汗、握拳、四肢屈曲、呼吸急促、神情迷离、表情痛苦状等，这是获得快感的表现。

由于受到中国传统性观念的影响，幼儿自慰行为是教育者面临的一个比较棘手的、尴尬的问题，因为难以启齿，大家都羞于公开地正面谈论这一问题，要么夸大了它的负面影响，要么不好意思拿到桌面上来公开地谈论。正因为如此，教育者对幼儿自慰行为有许多误解及错误的应对方式。我们有必要研究幼儿的自慰行为，进而促进幼儿的健康发展。

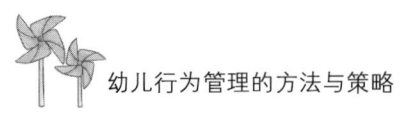

## （一）幼儿自慰行为的预防

教育者可以从以下几个方面来预防幼儿自慰行为的发生。

### 1. 让幼儿的生活忙而充实起来

教师要确保课程和活动是个别化的、具有挑战性的，无聊是导致幼儿自慰行为的最普遍的原因。教师要努力让幼儿的活动具有个性、挑战性、丰富性：有动的，有静的；有个人的，有小组的，有集体的；室内的，有室外的；有智力的，有体力的；有速度的，有力量的；有记忆的，有想象的，有思维的……在各种活动中，教师要充分关照幼儿的各种心理需要，让其每天、每时、每刻都受到一定的挑战，让生活活动和学习活动充满趣味性，这就要求幼儿园以游戏为幼儿的基本活动，多增加各项活动的自主性——每天没有来园之前幼儿就想好了今天去幼儿园要玩什么游戏、要探索什么秘密、要和谁一起玩……幼儿在幼儿园里有与自己玩得来的好伙伴，过着一种自主的、丰富而充实的生活，就能充分享受到学习、生活、交往的乐趣。活动内容丰富了，活动形式多样了，这样的多彩生活有利于减少幼儿的自慰行为，甚至可以让幼儿忘记自慰行为。

尽可能地让幼儿用手的活动来"占住"他的手。教师最好是和他玩需要双手协调活动的游戏，比如串珠子、搭积木、玩拼图、吹肥皂泡泡、投球入筐、敲打锅铲出声、开动惯性小汽车等。幼儿的手被丰富而有趣的活动"占住"了，自然就没有自慰的欲望和时间了。

### 2. 让幼儿有释放身心能量的机会

身心积聚的能量达到一定程度后，就会寻找宣泄的出口和路径，自慰行为就是幼儿宣泄身心能量的一个出口和路径。如果身心能量能得到及时的释放，幼儿的自慰行为就会明显减少，甚至被其他宣泄方式取代。因此，教育者每天都要为幼儿提供大量表达和释放能量的机会。教育者可以引导幼儿通过音乐释放、表演释放和游戏释放等方式来释放身心能量，也可给幼儿一些填充玩具（如软球体等），让他抱着或者敲打，以满足其寻求安抚和刺激的需要，进而减少自慰行为。画画、玩沙、玩水也具有表达和释放身心能量的作用。

**3．不要逗弄幼儿的生殖器**

有些教育者出于对幼儿的疼爱，经常触摸或玩弄幼儿的外生殖器，特别是喜欢逗弄男孩子的阴茎，幼儿的生殖器在反复受到刺激并产生快感后，即使教育者不去逗弄，幼儿自己也会去抚弄以寻求快感，久而久之，就形成了自慰的行为习惯。

小男孩刚睡醒时有尿意，生殖器通常是硬挺着的，这是小男孩正常的生理现象，教育者不必故意强调，比如说："小鸡鸡又硬又挺，羞羞羞！"因为这样说会将小男孩的注意力引向生殖器，孩子可能因好奇而偷偷地触摸，最终会助长其自慰行为。

**4．培养幼儿良好的生活习惯**

**(1) 做好外生殖器的卫生工作**

幼儿的生殖器是很敏感的部位，如果卫生工作没有做好，幼儿就会有不适感，这时幼儿就会经常用抓挠的方式来消除生殖器上的不适感，并且在这种抓挠的过程中一次次地体验到快感，这又会激发幼儿不断地抓挠生殖器，进而形成自慰的行为习惯。因此，教育者要协助幼儿做好外生殖器的卫生工作。

**(2) 培养幼儿良好的睡眠习惯**

教育者要共同培养幼儿良好的睡眠习惯，比如：上床就睡，不在床上玩；早上醒了就起床，不赖床；如果幼儿躺在床上还没睡着，可以把他的手放在被子外面，也可以在幼儿手上放一件他感兴趣的玩具，等等。这些做法有利于降低幼儿利用睡眠时间自慰的概率。

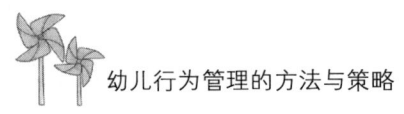

### (3) 让孩子穿合适的衣服

家长要让孩子穿较为宽松柔软的内衣、内裤,平时不穿紧身裤,以免刺激生殖器。

## (二) 幼儿自慰行为的应对措施

当幼儿出现自慰行为时,教育者可以通过以下措施来应对。

### 1. 心平气和

自慰行为问题虽然是老生常谈,可对它产生误解并为此背上精神十字架的大有人在。教育者对幼儿的自慰行为要心平气和,要看到其积极意义。

《性医学》(吴阶平等,1982)一书中指出:"有一些临床证据证明,那些强烈压制自己的性情绪而从来没有手淫的青少年,在成年以后反而难以适应成年人的性生活,也有情感紊乱的危险。"

美国妇产专家、性学专家玛斯在《人类性反应》一书中写道:"手淫不是病,也不是反道德的可耻行为,手淫是一种性自慰。"

心理学界和司法界认为,适度的手淫对青年的性犯罪可起到缓冲作用,可暂时解除性饥饿。

一位学者曾说:最聪明的人才会手淫,傻子没有能力玩弄自己的生殖器。

上述是相关学者对成人手淫积极性的描述,当然,从本质上看,幼儿的自慰行为与成人的手淫是不同的,它是求知欲、好奇心和生理需要的表现,是一种性感觉行为,不是性欲行为。但我们不能否认,幼儿的自慰行为同样具有积极意义。

- ◆ 自慰行为在一个幼儿身上经常发生是在提醒我们:该幼儿存在严重的情绪问题,经常自慰说明该幼儿处于无聊或焦虑状态。
- ◆ 有自慰行为习惯的幼儿大多较灵敏、较聪明,也正因为智商较高、领悟能力较强，他们能从偶然的活动中体验到快感，并较快地掌握获得这种快感的方法。

◆ 幼儿自慰行为能给幼儿带来某种程度上的快感和情感上的满足，还可以帮助幼儿打发无聊的时光，在一定程度上宣泄或者缓解其内心的紧张和郁闷，进而避免其产生更为严重的心理问题。

人类学家曾对各种族儿童进行了大量的实地调查研究，发现幼儿玩生殖器极其普遍，它是幼儿生长发育过程中的正常现象，同时也是一种自然的、健康的行为。任何年龄的孩子自慰都是正常的，孩子偶尔触摸、玩弄性器官是生长发育过程中的正常现象，只要不是频率过高就不要紧。自慰行为并没有我们想象中那么"坏"。教育者只有心平气和了，才能理性地应对幼儿的自慰行为，注意自己的语言、行为、态度和表情，不至于在处理过程中给幼儿带来伤害。

**2. 尊重幼儿**

当教育者发现幼儿在自慰时，切不可将之公布于众，不可以打骂、羞辱或讥笑幼儿。因为自慰是很正常的行为，只是幼儿寻找自我刺激和快乐的一种方式，并不是什么可耻的事情。

自慰行为本身并不会给幼儿的身心带来负面影响，教育者发现幼儿自慰行为后的大惊小怪以及错误应对才是问题。据研究，幼儿时期自慰行为延续为隐蔽的手淫行为的可能性极小，一般到了上学年龄，这种行为会大大减少甚至消失。至于青春期的手淫行为，是孩子长大后的生理特征和成长环境决定的，与幼儿期的自慰行为没有根本联系。而教育者的责罚、羞辱则会导致幼儿处于矛盾冲突之中，他们既感受到自慰行为的快感，又对自己的行为感到十分忧虑、紧张和愧疚，最终会导致幼儿成年后的性心理和性行为障碍。

教育者正确的做法是，当发现孩子有自慰行为时，可向其提供更有吸

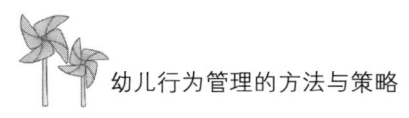

引力的娱乐活动,以转移其注意力,使之逐渐淡化自慰欲望。

### 案例3-28 与孩子共商对策

又到了午睡时间,利老师依次给每个小朋友睡前的一个拥抱。当拥抱到纪小琦时,利老师轻声地对她说:"我们班上有些小朋友有不好的习惯。比如,何伟喜欢拔头发,丁宏云喜欢咬手指,万小宝捡地上的东西吃……这些习惯会影响身体健康。你说该怎么办呢?"看着利老师十分温和的眼神,纪小琦立即回答:"老师说过,只要改正坏习惯就是好孩子。"利老师马上回应道:"对,小琦真聪明,但老师发现小琦身上也有一个不好的习惯,你猜猜是什么呢?"纪小琦有点不好意思地低下头答道:"我睡觉时喜欢摸屁股。妈妈说,睡觉摸屁股很丑……"利老师马上面带微笑地说:"让老师帮助你,我们一起把它改掉,好吗?"纪小琦高兴地答应了。

为了帮助纪小琦改掉不良习惯,利老师制订了一个循序渐进的计划:第一周,让纪小琦摸着老师的手慢慢入睡;第二周,睡觉时让纪小琦将小手放在被子外面,允许她抱着自己喜欢的布娃娃一起睡;最后教纪小琦以正确的睡姿入睡。与此同时,利老师细心地观察纪小琦的点滴进步并及时给予表扬和鼓励;平时经常与纪小琦的妈妈保持联系,让妈妈了解孩子的午睡情况。

三个多月后,纪小琦便在精神放松的状态下把睡觉时喜欢自慰的习惯改掉了。

上述案例中,利老师没有批评,更没有责骂纪小琦,而是在启发的基础上与她商量对策,最终在利老师循序渐进的诱导和不断鼓励下,纪小琦改掉了睡觉时自慰的行为习惯。

### 3. 同理心技术

教育者私下里可以和有自慰行为的幼儿说:"我知道这样做很神奇,但是别人看到你触碰生殖器会感到很难过的、很尴尬的。你可以在家里这样做,但是在幼儿园里不可以,在公共场合更不可以!我们一起想想,你可以做点其他的什么事情。"可转移幼儿的注意力,带他去做些有趣、有益的活动。

### 4. 反思预设的活动

幼儿在进行自慰,说明他对当前的活动感到很无聊。教师应该利用这一预警信号,改变预设的活动方式,甚至改变原来预设的活动内容。为此,教育者要增强活动的游戏性,适度增加活动的挑战性,让每个幼儿都能学会,都能有机会表现自己,都有机会获得同伴的尊重,让幼儿的各种需要在活动中得到充分满足,进而将幼儿带入一种发自内心的、快乐的状态,或者给幼儿其他选择,做能让他们更加投入的活动。

幼儿乐在游戏、学习、生活中,其自慰意识和行为就会被冲淡。

当幼儿的自慰行为已经减少甚至消失时,教育者就不要再提及此事。如果问题仍旧存在,可以和颜悦色地给孩子讲讲这样做可能会对其生殖器有影响,但不要言过其实地吓唬他。对幼儿的自慰行为教育者要以引导为主,要注意在日常生活中培养孩子活泼、开朗的性格和人际交往能力,使他将更多的注意力放在自身之外,较多地参加群体活动,努力避免自慰行为成为其今后发展的障碍。

## 十一、幼儿孤僻行为倾向的预防与应对

幼儿孤僻行为倾向,就是指幼儿孤独乖僻、不合群,极少主动与他人交往,与他人经常合不来,喜欢独来独往,表现为经常孤独离群的行为状态。具有孤僻行为倾向的幼儿往往表现出极度内向、胆怯的性格特质,他们往往会回避在公共场合讲话,而在熟悉的场合(如家里、亲友面前)则谈笑风生,且无情感、语言、思维和行为的异常表现。

本书所谈的有孤僻行为倾向的幼儿不是指患有孤独症的幼儿。前者更多的是幼儿主体选择的结果,而后者更多的是由先天因素所致;对于前者幼儿园教育和家庭教育大有可为,对于后者幼儿园教育和家庭教育则难有作为。

在幼儿园里通过观察可以发现,有孤僻行为倾向的幼儿具有以下典型表现:

- ◆ 参加集体活动不积极。进行集体活动时,他们只是旁观者,不愿投身其中,哄他们不听,拉他们不去,说他们不睬。
- ◆ 不喜欢与人说话。与自己无关的,他们不说;与自己有关的,他们懒得说;知道的不想说,不知道的更不会胡说;他们从不与别人争论,别的幼儿想与他们争论,他们都不搭腔。
- ◆ 不主动帮助别人。有的幼儿对别的小朋友的困难漠不关心,视而不见,从不主动去帮助别人,碰到别人求助时,他们往往是被动相助。
- ◆ 不主动向别人求助。一般不向别人求助,迫不得已才向别人求助。

这种孩子给人的感觉就是老老实实,不说话,不惹事,不主动交往。正因为如此,其问题往往容易被教育者忽视,而他们也不能得到及时的教育。

**案例3-29 小威父母的期望**

小威今年4岁多了,长得虎头虎脑,样子很讨人喜欢,但他性格很孤僻,不愿与同伴交往,一天到晚都很安静,在父母的怀里待上一小时也不闹。比他小的孩子去抢他的玩具,他只知道哭。平时他最爱做的游戏就是"过家家",但总是一个人做游戏,从不与同伴合作。

小威的父母看到别的孩子那么调皮,总是感叹说:"唉,我家小威要有他们一半调皮就好了!"

孤僻行为倾向是一种不健康的表现,它不仅影响幼儿的生活质量,也影响幼儿的发展,使他们无法从与人交往中获得快乐,他们也很难从别人那里得到有益的成长经验。因此,教育者应帮助具有孤僻行为倾向的幼儿早日走出心理困境。

## (一)幼儿孤僻行为倾向的预防

幼儿孤僻行为倾向的诱因较为复杂,可能由神经生物学因素引起,但大多为心因性因素(如焦虑、紧张、恐惧、压抑、忧郁、挫折、不安等)所引起。教育者可以从以下几个方面来预防幼儿的孤僻行为倾向。

1. 为幼儿提供安全、温暖的心理环境

(1) **教育者要温和、温暖**

幼儿教育不提倡"严师出高徒",幼儿更需要温和、温暖的教育者,因为温和、温暖的教育者能给幼儿带来安全感。而教育者,特别是家长往往对幼儿的各个方面都提出了十分严苛的要求,幼儿稍有差错,教育者就心生不满,然后就施暴(身体施暴或心理施暴),幼儿终日在恐慌中度过,处处小心翼翼,不敢乱动,不敢乱说,甚至会封闭自己——因为不说不动,就

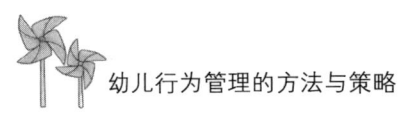

不会犯错误，就不会受到批评和惩罚。

教师不应是高高在上的发号施令者、布置任务者，而应温和、热情、快乐，蹲下来和幼儿说话，每天多抱一抱幼儿、亲一亲幼儿，和幼儿同唱同跳，同"疯"同乐，与幼儿一起专注地观察蚂蚁搬家，无拘无束地对话和玩耍，让幼儿在幼儿园生活中感到温暖、自由，从而心情愉快并逐步敞开心扉接受他人。

有一位教师曾带过一个孤僻内向的名叫婧婧的女孩，她刚来幼儿园时整天抿着嘴、低着头，不让抱，老师跟她说话她理都不理，早来晚回，一副"独行侠"的模样。三个同班教师商量后决定，在婧婧面前干脆少说话、多行动：头发乱了给她梳，出汗了帮她擦，指甲长了给她剪，鞋带散了给她系，并经常伴以爱抚的动作，如摸摸头、拉拉手、拍拍肩膀，常从家里给她带小食品、小玩具。总之，老师们给了她比其他幼儿更多的关爱。当婧婧第一次主动地大声叫"老师"时，老师们抱着她转了好几圈，流下了激动的泪水——是老师们的爱和温暖感化了孤僻的婧婧。

**(2) 教育者的要求不要超越幼儿的能力**

许多家长将社会压力转嫁给幼儿，望子成龙、望女成凤心切。许多父母在不良早教机构的蛊惑下，为了"不让孩子输在起跑线上"，违背幼儿的身心发展规律，将小学的写字、拼音、算术等学科知识及不顾幼儿兴趣和基础的艺术技能训练强加给幼儿，让幼儿承受巨大的身心压力，许多幼儿力不从心，学业压力让他们少年老成，经常受到批评和指责，情绪消沉。

**(3) 营造一种友善且相互尊重的心理氛围**

如果幼儿"露丑"时受到嘲笑，甚至受到批评指责，那么沉默不语可能就会成为他们自我保护的一种策略——不做，不说，不与人交往就不会犯错，就不会被嘲笑。

因此，教育者要注意培养对别人的"丑"的尊重和接纳。每个幼儿无论如何表现自我，都会被尊重和接纳，这样他们才会自由地表现自己，才会放心地去与他人交往，进而体验到交往的乐趣，否则，他们就会变得自闭、孤僻，不喜欢交往。

**（4）家庭要和睦**

家庭和睦可以给孩子带来安全感，这样孩子就会相对活泼开朗一些。而家庭不和睦，夫妻三天一小吵、五天一大闹，甚至大打出手，等硝烟过去，接着冷战，不回家、不做饭，谁还顾得上孩子？生活在这样的家庭中，孩子精神紧张，焦虑不安，自卑自责，久而久之就变得沉默寡言，不喜欢与人交往。

### 2．增强幼儿的体质

体质弱，会让幼儿缺乏活动的耐性和持久性，容易被同伴冷落，处于这种状态中的幼儿会采取回避社会、回避人际交往的方式，用孤僻来保护自己。因此，教育者，特别是父母要加强对孩子身体素质的训练，并且将身体素质训练与某些体育技能项目和交往联系起来，比如，让孩子练习游泳、跆拳道、拳击、跳绳、篮球、足球、乒乓球、羽毛球等，让孩子的身体素质在得到提高的同时，形成对某项体育项目的兴趣甚至特长，这样可以增强孩子在同伴面前的自信心，同时，也为其融入团队生活提供了切入点。

### 3．在情绪和行为上为幼儿树立良好的榜样

幼儿是喜欢模仿的，同时，幼儿的情绪又是易感染的，为了避免幼儿沉默孤僻，教育者应该为幼儿提供良好的情绪和行为榜样，同时，为幼儿创造人际互动活跃、积极的环境。

在调查中我们发现，在幼儿园的各种活动中，一些教师所带的班级总是沉闷无声，而另一些教师所带的班级则很活跃。不同的班级主流人际气氛的出现，与带班教师平时的主流情绪和行为有着密切的关系：一个极端沉闷、忧郁、神经质的教师很难带出一个主流人际气氛活跃的班级；而能

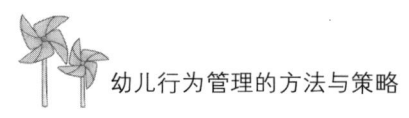
幼儿行为管理的方法与策略

带出主流人际气氛活跃班级的教师都是活泼开朗、积极向上的教师。

因此,为了能给幼儿带来积极的影响,教育者无论是外向的还是内向的,在面对幼儿之前一定要首先调节好自己的情绪。特别是当你在工作、生活中碰到不如意的事时,更需要调节好自己的情绪,努力以积极的情绪和行为带动、感染每一个幼儿,以促进幼儿的健康发展。

**4.多给有孤僻倾向的幼儿提供表现的机会**

在幼儿园里,教师最关注那些聪明、活跃的幼儿,并把绝大多数答问机会、表演机会、做事机会、当小头目的机会、在同伴面前抛头露面的机会给了他们,而那些沉闷、孤僻的幼儿往往很少得到表现的机会,这就进入了一个恶性循环:越是孤僻、内向、胆小的幼儿,越难得到表现的机会;越难得到表现的机会,幼儿就越孤僻、内向、胆小。

教育者应该努力促成师幼互动中良性循环的形成:对于孤僻、内向、胆小的幼儿,要循序渐进地给予他们适当的表现机会;然后,经过不断锻炼,使其越来越大胆、外向,进而获得更多的表现机会。教师可以利用一切机会,想方设法让具有孤僻倾向的幼儿帮忙做点事情,比如,帮老师去拿支笔、帮老师搬把小椅子、帮老师推一下黑板、饭前当报餐员、充当老师的小助手帮老师擦桌子或分勺子,等等,这样不仅能让他们与教师、同伴有简单的互动,还能增强他们在班内的存在感及自信心,有利于他们形成大胆、开朗、大方的性格,进而激发他们与人交往的欲望。

**案例3-30 人人都有表现机会的"圆圆圈活动"**

活动时间:每周一上午。

活动形式:小朋友们在活动室里围坐一圈,每人自我表现2分钟。

活动的内容:

◇ **将自己心爱的物品向小朋友们展示**

如，5岁的佳勇把手中的玩具亮了出来："瞧，这是火箭！"他按了一下开关，火箭便发出声音，红光一闪一闪的。小朋友们大叫："哇，真酷！"佳勇得意地说："昨天爸爸带我去公园，我乖，爸爸就给我买了它。"

◇ **将自己近来学会的本领进行2分钟左右的即兴表演**

幼儿展示的本领有：讲故事、跳舞、唱歌、小魔术、讲笑话、做滑稽动作等。

活动准备：家庭配合，做好相关的物质准备和技能准备。

"围圆圈活动"是每个幼儿自我表现的舞台，在"围圆圈活动"中，小朋友们机会均等，每个幼儿都有可能在2分钟左右的时间里成为小伙伴们关注的焦点。让每一个小朋友面对大家来自由地表现自己，不仅有助于增强小朋友们的自信心，满足他们自我表现的需要，还能让他们学会欣赏他人。

家庭可以成为幼儿自我表现的舞台，家长可从以下几个方面来支持幼儿的自我表现。

- ◆ 客人来时，让孩子给客人表演一些拿手节目。
- ◆ 训练孩子的某些特殊技能，然后与老师商量，让其在幼儿园里有表现的机会。
- ◆ 每天让孩子讲一件幼儿园里发生的趣事。
- ◆ 每天都安排一定的时间让孩子展现一下在幼儿园里学到的本领。

随着自我表现机会的增加，幼儿会变得越来越开朗，越来越喜欢在人前表现自己，并喜欢与人交往。

**5. 发现和培养幼儿的特长，并为每个幼儿提供适宜的展示机会**

幼儿不喜欢与人交往，跟其有较严重的自卑心理有密切关系。而培养特长，让幼儿看到自己的长处，让幼儿的小伙伴们发现他的长处，这对幼

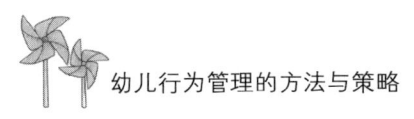

儿走出自卑是十分重要的。因此，教育者要加强对幼儿特长的发掘和培养，并给他们提供展示的平台。

如果有孤僻倾向的幼儿在舞蹈、唱歌、讲故事、书法、绘画、下棋、折纸、对某种玩具的熟练操作等某一方面有特长，教师就让其在小朋友们面前展示一下，这样可以增强幼儿的自信心，使幼儿逐渐变得开朗、外向。

平时教师要善于发现每个幼儿的特长，对于那些没有特长的幼儿，教育者可根据他们的天赋，给予适当的训练，让其具有一定的特长，以便能在其他小朋友面前"炫耀"一下，以让其获得自信心和成就感。

另外，对于那些没有特长的孩子，教师还可以采取"提前教"的方式，让其比其他幼儿先学会某种知识或技能，然后让其当着全班小朋友的面表演，这同样可以让其获得成就感和自豪感。

6．培养幼儿的交往意识和能力

幼儿孤僻，不喜欢与人交往，与其缺乏交往意识和能力有很大的关系。因此，教育者要有意识地以各种手段和方法培养幼儿的交往意识和能力。

**(1) 各项活动交往化**

①增加教学活动的交往性。

为了增加幼儿在教学活动中的交往机会，教师应该尽量减少组织严密、纪律苛刻的教学活动时间，增加幼儿自由地与人交往的时间；减少大集体活动时间，增加幼儿小组活动时间；让幼儿与同伴在教学活动中合作承担一定的任务，并相互协调共同完成；让幼儿之间、师幼之间有时间和机会互动，等等。

针对具有孤僻倾向幼儿的人际交往方面的缺陷——不知如何参与到别人的游戏中，不知怎样与同伴分享食物、玩具，也不知怎样对同伴友善的行为做出回应，更不知如何解决同伴之间的矛盾，等等，教师应利用教学活动向幼儿传授这方面的知识技能，如，利用故事《三只蝴蝶》《金色的房子》《小黄莺唱歌》,儿歌《客人来了》等,引导幼儿学会一些礼貌用语和行为,教会他们友善地与同伴相处、关心帮助同伴等。

②让生活活动成为幼儿交往的重要平台。

幼儿园的生活活动包括来园、离园、进餐、睡觉、盥洗、散步、自由活动、节日活动等。

如果教师注意挖掘,生活活动也能使幼儿增加与人交往的机会。如,在户外散步活动中,教师可以根据性格互补原则,安排内向的幼儿跟外向的幼儿、被动型幼儿与主动型幼儿结对子,手拉着手散步,这有利于增加幼儿间交往的机会。又如,午餐时,教师可让幼儿轮流帮老师分发碗筷、收拾餐具,并且允许幼儿在进餐的过程中与同伴说说话,甚至还可以根据幼儿性格互补的原则,安排不同性格的幼儿同桌进餐。吃饭时说说话,有利于形成良好的进餐心理环境,有利于幼儿的身心健康,希望教师不要为了让孩子们吃得快一点而让他们过着哑巴似的生活。再如,午睡起床后,教师可让幼儿相互帮助穿衣、叠被,互相检查仪表整洁等,这也有利于促进幼儿之间的交往。

在节日活动中,教师可把传统的表演节目改为开展一些趣味游戏活动,让大、中、小班的所有小朋友一起参加到游戏中来,不同年龄班的幼儿在一起活动,无拘无束,他们会感到特别有趣。幼儿无形中扩大了自己的交往范围,同时又享受到节日的快乐,并体验到交往的乐趣及同伴之间的友好相处、互相帮助的快乐。在活动中,教师可鼓励那些交往能力强、友善的年长幼儿主动邀请那些不敢交往的年幼幼儿,与他们一起做游戏,这对于年幼幼儿增强交往欲望和享受交往乐趣会有一定的帮助。

③游戏活动让幼儿在快乐的情绪中自然地与同伴交往。

真正的游戏活动是幼儿自愿、自主参与的,幼儿能从活动的过程中获得乐趣。如果用心去挖掘就会发现,许多游戏是在培养幼儿的交往兴趣和

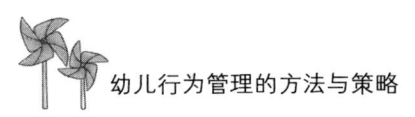

互助精神,使他们体会合作和分享的快乐,如,有教师组织幼儿开展关于"我喜欢的玩具"的主题游戏活动,建议幼儿把家中自己喜欢的一件玩具带到幼儿园里来,向同伴介绍玩具的名称、功能及玩法,每个幼儿在活动中都很认真地向同伴介绍了自己的玩具,有的幼儿还手把手地教同伴玩自己的玩具。这样的游戏活动,促进了幼儿与同伴之间的交往,增进了他们的友谊,也让他们获得了分享的快乐和交往的快乐。

另外,教师可多提供一些需要多人合作、沟通才能玩的玩具,以促进幼儿之间的协商与交流。

教师还要关注那些经常独自沉迷于某一玩具或游戏的幼儿,有意识地引导他们多参加与他人合作才能玩的活动。

**(2) 家园合作提高幼儿的交往意识和能力**

家长可从以下几个方面与幼儿园合作培养幼儿的交往意识和能力。

①激发孩子与同伴交往的欲望。

如,家长在接孩子回家的路上可经常问孩子:今天和哪个小朋友玩了,玩了什么有趣的游戏,和老师说了些什么等。这样问,有利于引导和培养幼儿与人交往的欲望,同时发现与人交往的乐趣。

②正确指导孩子与人交往的技能。

许多调查发现,孩子缺乏正确的交往技能,往往与家长的误导有关系。因此,让父母教会孩子与人交往的正确技能具有十分重要的意义。父母应该教会孩子掌握积极的交往技能和原则,如商量、合作、尊重、互惠、同理心、分享、宽容、文明礼貌,别人说话时要专注地倾听,看到并欣赏别人的长处等;而尽量避免消极的交往,如以牙还牙式地解决冲突,强行抢夺自己想要的玩具等。

掌握了与人交往的技能后,幼儿才能享受到交往的快乐,才会有与人交往的欲望。

③提供孩子与同伴一起玩耍的机会。

家长购买了玩具后，让孩子请同伴来家里玩耍，让孩子在自己熟悉的环境里轻松地和同伴进行交谈和玩乐，让孩子学会和别人分享。家长不能怕弄脏自己家而拒绝孩子向其同伴发出邀请，不要排斥孩子的同伴上家里来玩。

有的家长最讨厌孩子的同伴到家里来玩，其实，他们也不是讨厌孩子的伙伴，而是讨厌孩子们弄脏弄乱了房间，殊不知房间的"富丽堂皇，一尘不染，一丝不乱，赏心悦目"却让孩子失去了伙伴，失去了社会适应性的发展条件。父母给孩子营造宽松的氛围是很重要的，这样有利于发展孩子的交往意识和能力。

家长还可以选择适当的玩具来促使孩子与人交往。如孩子孤僻、不合群，就要考虑为他准备一些需要几个孩子一起才能玩的玩具，使他在与同伴共同玩耍中得到乐趣；还可为其多准备些户外游戏的玩具，促使他与小朋友交往、相互协作。

④让孩子拥有一些与其他孩子共有的爱好。

如果孩子会游泳、会溜冰、会骑车，就会有很多与同伴交往的机会。否则，他在众多活动中就只是个旁观者。

⑤"带出去""请进来"。

家长要尽可能地创造机会和条件让孩子与同伴交往。比如：放手让孩子出去玩；请周围的小朋友到家中来和孩子一起玩；利用节假日，带孩子到外地玩、看展览、走亲戚、访朋友。在这些活动中，有意识地增加孩子与人说话的机会，让他感受到与人交往的快乐。

⑥父母要尽可能多地抽出时间和孩子玩耍。

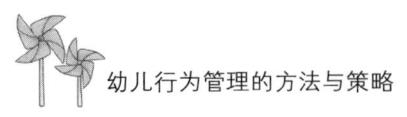
幼儿行为管理的方法与策略

**案例3-31　花钱买爸爸一天的陪伴**

以下是一则电视广告中的情景：

星期天了，一位父亲因为工作太忙，即将出门。这时他的孩子手捧着自己平日里最珍爱的存钱罐站在他的面前。罐里面是孩子平时一元一角存下的零花钱。孩子问爸爸："爸爸，你一天能赚多少钱？我用这些钱买你一天的时间！请你陪陪我！"

广告中的孩子渴望与爸爸交往，可是爸爸却没有时间陪伴他。现在的孩子在家庭中的活动主要以玩玩具、玩手机、看电视、上网打游戏等为主，他们面对的是冷冰冰的、毫无生命的物体，这也正是造成许多孩子性格内向、孤僻的一个重要原因。

**（二）幼儿孤僻行为倾向的应对措施**

当幼儿出现孤僻行为倾向时，教育者可以通过以下措施来应对。

**1. 要善于观察并及时发现有孤僻行为倾向的幼儿**

教师平时总是较多地关注那些外向、活跃、聪明的幼儿和喜欢"闹事"、不断给教师制造麻烦的幼儿，而对于内向、孤僻、不惹事、不具有破坏性的幼儿则很少给予关注，这是一个教育误区。

每个幼儿的成长都需要教育者的关注，从紧迫性、必要性来看，具有孤僻行为倾向的幼儿更需要教育者的关注。我们建议，当教师发现幼儿具有孤僻行为倾向时，应给他们一些特殊"照顾"，根据其内向、害羞、表现欲不强等心理行为特点，帮助他们从交往中获得乐趣，如：给其分配为同伴服务的任务；给其安排只有与人合作才能玩的活动项目；鼓励交往能力强的幼儿主动与其结伴交往。教师还要主动与这些幼儿交往，特别是在其他幼儿面前表现出自己乐于与这些幼儿交往。教师这样做会给其他幼儿做出良好的示范。

有位教师给我讲了这样一个故事：

在她的班里，有个女孩长得很不好看，小朋友们不喜欢亲近她，也不和她一起玩。教师注意到了这个情况，曾经在班里讲了好几次，号召小朋友们和那个女孩一起玩，但效果不明显。有一天，教师在组织游戏时站在这个女孩旁边，拉着她的手和小朋友们一起做游戏。第二天，那个女孩的妈妈送孩子入园时对教师说："老师，谢谢您！谢谢您对我孩子的关心！"教师感到莫名其妙，一问才知道，原来昨晚女孩回家后非常高兴地对妈妈说："妈妈，老师可喜欢我了，她今天拉了我的手。"女孩对教师"拉拉手"这一行为的反应如此强烈，大大出乎教师的意料，而更出乎其意料的是，其他幼儿也由此改变了对这个女孩的态度，他们纷纷模仿教师的行为，主动去和这个女孩交往，并一起做游戏。

### 2. 循序渐进

幼儿孤僻倾向的形成不是一朝一夕完成的，而要消除幼儿的孤僻行为倾向也不要指望通过一两次活动就能解决。在应对幼儿的孤僻行为倾向时，要有足够的耐心，并且要循序渐进，不能急于求成，欲速则不达。

在幼儿园见习时，我曾经看见过这样的例子：

#### 案例3-32 游戏中的"主角"

一位老师为了使极度内向的幼儿变得主动、积极，进而提高他们的交往意识和能力，因此在许多游戏中都安排这些幼儿担任"主角"。但由于准备不足，这些幼儿在游戏中名义上是"主角"，实际上还是"配角"。比如，在娃娃家游戏中，常常看到能力强的幼儿扮演的"儿子"或"女儿"指挥着能力弱的幼儿扮演的"爸爸"或"妈妈"做这做那……

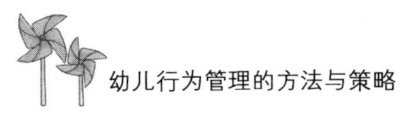

这位老师的教育意图是好的,但是由于没有注意循序渐进,那些能力弱的幼儿虽然在老师的安排下当了主角,但是他们的能力并没有因此而得到提高,相反,教师的这种善意的安排还给他们增加了不少的烦恼,降低了他们参加游戏的乐趣。幼儿的心理发展和变化需要一个循序渐进的过程,我们绝对不能指望只通过一两次活动就能改变,急功近利是不现实的,也是有害的。

有许多教师认为,为了促进有孤僻行为倾向幼儿的交往意识和能力的发展,幼儿越不想或越怕回答问题,教师越应该多"点名"让他们回答,让他们有更多的锻炼和发展机会。这样做是不妥的,因为他们不举手很可能意味着他们没有准备好,如果教师硬要求他们起来回答问题,不但不能达到锻炼的目的,反而会增加幼儿的挫败感,使其变得更加自卑,更加内向,更加不愿意在同伴面前发言。

### 案例3-33 老师,你为什么不提问我的孩子呢?

一位家长参加幼儿园开放日活动后,问当天带班的黄老师:"黄老师,你为什么总是不提问我的孩子呢?这样会不会影响她的发展?"黄老师听后这样回答家长:"你的孩子比较内向、胆怯,没有准备好、没有绝对的把握,她是不会举手的。如果我上课时强行提问她,她会更加紧张,反而不利于孩子的健康成长。"接着黄老师又说:"我们近期正在准备开展……主题活动,你们在家和孩子准备相关知识或技能,如果没有这方面的书,我可以借给你们。你们准备好后,告诉我,我一定给她表现的机会。届时,即使她不举手,我也会给她机会,让她尝试来讲讲。"

我非常赞同上述案例中黄老师的做法。黄老师所提出的锻炼沉默、内向孩子的策略与方法符合循序渐进原则的要求。

### 3. 找准时机，及时介入交流

其实，从本质来讲，虽然幼儿孤僻内向，但其内心仍然向往能与人交往，特别是与同伴交往。因此，教育者特别是幼儿园教师应充分挖掘和利用适当的时机，激发、强化幼儿与人交往的意识和欲望。

如，在玩拍照（利用旧手机的拍照功能）游戏时，教师邀约幼儿为自己拍照，在拍照的过程中，教师有意摆出各种可亲可爱的造型配合，让他感觉到老师是和蔼可亲的，是愿意与他亲近的，是喜欢他的。

又如，在游戏环节中，当教师发现幼儿独自一人玩耍时，走近他，与他聊聊他感兴趣的事情，聊聊他在家的表现，聊聊今天谁送他来幼儿园的，聊聊新鞋子是谁买的、在哪儿买的……要让幼儿感觉到，老师是关心他、喜欢他的。例如，大班下学期，小朋友们学武术操时，张老师发现平时十分孤僻内向的杨帆在教室的空地上翻跟头，每次翻完后他脸上总会露出满足的笑容。于是，张老师故意与他套近乎，问他是跟谁学的翻跟头，他告诉老师是和班上学跆拳道的王伟学的。张老师特意请王伟来和杨帆交流，平时，也时不时地提醒王伟利用学习武术活动与杨帆交流学习武术的经验。

### 4. 多给幼儿肯定和鼓励

如果教育者经常抓住幼儿的一点小过错随意批评、否定幼儿，甚至指责训斥幼儿，幼儿很可能会丧失自尊心和自信心，感到自己很笨、很坏。这种自我体验几经反复固定下来，就会使幼儿形成自卑、孤僻的性格，总认为自己什么都不行，没有一个人喜欢自己，面对同伴时，总是缩在一旁不敢出声，不敢参与集体活动，心情压抑。

对于有孤僻行为倾向的幼儿，教育者要多发现他们的闪光点，要多表扬、多激励。对于幼儿的小过错，教育者不应直接否定，而应采用"三明治原则"，让幼儿看到自己的长处和希望。

苏霍姆林斯基说过："教育人就是教育他对未来的希望。"而教育者给

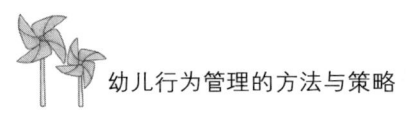

幼儿希望的一个最重要的方式,就是发现并引导幼儿发现自己的优点,而不是让幼儿每天都强化自己所谓的缺点。否则,幼儿就会陷入深深的自卑之中,进而关闭与人交往的大门。

**案例3-34　幼儿需要激励**

教学活动开始了,付小虹老师教小朋友们背古诗。最后请几个小朋友来背背看的时候,有几个幼儿高高地举起了手,付老师刚想请他们中的一个来背,这时她突然发现晓静的手举了起来。晓静看了看那些高举的小手,又迟疑地把手放了下去。付老师立刻请她试背,她涨红了脸,用很轻的声音背了一遍。"晓静你背的是什么呀?我们一点都没有听见!"小朋友们嚷嚷起来,晓静有些不安了。付老师连忙笑着肯定她说:"晓静,你背得都正确,就是声音小了点儿,小朋友们没听清楚。请你再响亮地背一遍,好吗?"付老师请小朋友们静静地听。晓静看了看付老师,终于鼓起勇气又背了一遍。这次,晓静背诵的声音很响亮,背的内容全部正确,小朋友们也都听清楚了。大家为晓静的进步鼓起掌来。

幼儿的成长需要大家的鼓励,特别是需要教师的鼓励。付老师不仅没有因为晓静的声音小而否定她,还在小朋友们面前公开表扬她背得正确,让晓静看到了自己的优点,也看到了希望,这样她才有勇气去获取后面的成功。相反,如果晓静这次背诵因声音小而被老师否定,还被小伙伴们取笑,那么晓静今后就不敢再举手在大家面前表现自己了。

具有孤僻行为倾向的幼儿特别需要教育者的肯定和激励。教育者要拥有善于发现的慧眼,每天都能发现每个幼儿的优点和进步,然后不断地跟他们说:"你又进步了,如果能……就更好了。"要让他们不断地受到激励,不断地获得前行的信心,逐渐走出封闭的自我,走向健康发展的轨道。

## 十二、幼儿逆反心理行为的预防与应对

幼儿的逆反心理行为是指幼儿为了维护自尊或满足自身某方面的需要,而对对方的要求采取相反的态度和言行的一种心理行为状态。

3岁左右,幼儿进入了人生的第一个叛逆期,这时幼儿的逆反心理行为表现为:

- ◆ 自我意识萌动。
- ◆ 好奇心增强。
- ◆ 喜欢自己的事情自己做,特别不希望别人对"自己的事情"进行干预。如果"自己的事情"经常遭到教育者的反对和制止,他们就会与教育者对着干——经常喜欢对教育者说"不"(喜欢顶嘴,而且对教育者要求做的事他们都坚决反对。越是教育者让他们做的,他们越是坚决不做)。
- ◆ 喜欢破坏东西,有暴力倾向(自我意识觉醒,不合心意时就会摔东西泄愤,与小朋友相处时往往会推搡甚至殴打其他小朋友,或者硬抢别人的玩具)。
- ◆ 爱发脾气(进入叛逆期后,以前听话乖巧的幼儿会变得暴躁,情绪不稳定且不受控制,一旦要求不能马上被满足就又哭又闹、乱发脾气)。
- ◆ 不理睬教育者(无论教育者说什么,他们就是"我行我素",只顾着做自己的事情。比如,睡觉的时间到了,教师提示幼儿将自己的衣服叠好再上床睡觉,有些幼儿像没听见一样,扔下上衣和裤子就上床睡觉)。

幼儿出于认识上的逆反以及情绪和行为上的对抗,对于教育者的批评、

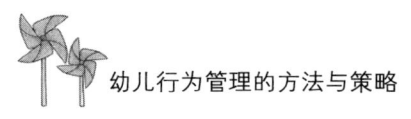

劝导,动不动就反驳、对立——你要我这样,我不仅不这样,反而要那样。这种情形让教育者很恼火,教育者越恼火就越会训斥他们,但这种训斥似乎起不了多大作用,反而增加了他们的反感,进而让幼儿更加叛逆。如果与教育者作对成为一种习惯性思维、态度和行为,那么,幼儿今后就很难管教了。幼儿不能听进教育者正面的教导,甚至刻意与教育者唱反调,这样增加了教育的难度,给教育者增加了许多麻烦,而且这种为了反对而反对的思维、态度和行为一旦成为幼儿的习惯,其心理发展就会出问题,导致人格扭曲,情商低劣,他们将很难与人相处,甚至长大组建家庭后也很难与爱人和谐相处。因此,教育者要研究并掌握应对幼儿逆反心理行为的策略与方法,引导幼儿往正确的方向发展,进而促进幼儿心理的健康发展。

## (一)幼儿逆反心理行为的预防

教育者可从以下几个方面来预防幼儿的逆反心理行为。

### 1. 教育者要认识到逆反心理行为的积极一面

许多教育者,特别是那些缺乏耐性的父母,十分讨厌幼儿的逆反心理行为。他们认为,孩子的逆反心理行为就是不听大人的教导,就是向父母提出挑战。因此,孩子顶嘴时,他们往往非常恼火,除了吼叫和训斥孩子外,有时还会痛打孩子。其实,教育者没有必要对幼儿的逆反心理行为大动肝火,因为幼儿的逆反心理行为对其发展以及对我们的教育都有着十分重要的积极意义。

#### (1)幼儿的逆反心理行为包含许多积极的心理品质

逆反心理行为是幼儿自我意识发展的结果,它说明幼儿自我意识强,有独立思考的意识和能力,有创新求异的意识和能力,有个性,有主见,有活力,勇敢,外向。

教育者要善于发现幼儿逆反心理行为中蕴含的创造性品质和开拓意

识,并合理地给予引导。

### 案例3-35 人人都要听妈妈的话

有一天晚上,外婆来了,凤娟就陪外婆看电视。9点多时,妈妈对凤娟说:"快去睡觉,都快10点钟了!"外婆说:"我难得来一次,今天又是星期六,就让凤娟多看一会儿吧!"妈妈不同意,凤娟只好悻悻地去卧室了。这时,妈妈又说:"好孩子要听妈妈的话,脸色干吗这么难看?!"凤娟听到这句话,马上回了一句:"妈妈,人人都要听妈妈的话吗?"妈妈说:"那当然啦!"凤娟笑了:"那你干吗不听你妈妈的话?!外婆叫我多看一会儿,你干吗不听你妈妈的话?!"

凤娟顶嘴很有水平,妈妈哑口无言,坐在旁边的爸爸忍不住笑了起来。

从上述案例中,可以看出凤娟是很聪明的,同时,凤娟也是比较有胆量的,要不然,她内心即使有不满情绪,也只会忍气吞声。

**(2) 逆反心理行为能防止其他一些更为严重的不良心理品质的形成**

幼儿顶嘴,是他们对教育者的"不合理"要求的公开抗争,也是一种心理宣泄,这样的幼儿不会有畏缩心理、压抑心理,也不会懦弱、保守、逆来顺受,以此来保持心理平衡。同时,由于敢于抗争,大人对他们提出要求时不得不三思而行,这样,就可以避免更多的心理压力和心理伤害。

**(3) 幼儿出现逆反心理行为是教育者教育不当的一种提示**

幼儿做错了事,教育者批评不得法,幼儿不服气;或者,幼儿没做错事,教育者冤枉了他,他抗辩申诉;又或者,幼儿不想马上去做某件事,教育者硬逼着他去做,他坚决不从,等等。在这些情况下,幼儿不一定全对,但教育者确实做得不太妥当,这时幼儿顶嘴、叛逆并不是什么坏事,它可以让教育者反思自己的教育方式、方法、内容是否正确、合理,进而不断提

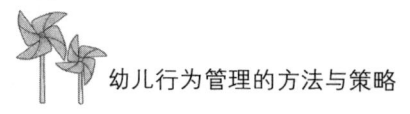

高教育的科学性和合理性。

相信，在了解幼儿逆反心理行为的上述积极意义后，再次面对幼儿的逆反心理行为时，你很可能会心中暗喜，以平静的心态理智地对待幼儿的逆反心理行为。

**2．培养幼儿的规则意识和行为习惯**

教育者要注意对幼儿规则意识和行为习惯的培养，让他们知道什么事情可以做、什么事情不可以做，各种事情该怎么做、该什么时候做。比如，从孩子2岁开始，父母就规定孩子起床、吃饭、玩耍、洗澡、睡觉的时间。俗话说，习惯成自然，幼儿的生活形成规律、在各种活动中形成良好习惯后，可以减少许多不必要的对立、执拗情形。

为了培养幼儿的规则意识，教育者要注意以下几点。

**（1）规则要具体、明确**

规则要具体、明确、清晰，简单易记。如，站队规则是"站队时与别人保持一个拳头的距离，不得有身体接触"，让幼儿一听规则就知道该怎么做。

**（2）注意幼儿的特点**

规则要符合幼儿的年龄特点，循序渐进，年龄越小越简单。

比如，禁止乱跑的规则：

3—4岁，走路，不要跑；

4—5岁，楼道内、室内不得奔跑；

5—6岁，进入楼内，在任何地方都不能跑。

又比如，生活自理的规则：

3—4岁，把鞋子放整齐；

4—5岁，把鞋子放整齐，衣服叠好；

5—6岁，把鞋子放整齐，衣服叠好，放在固定的地方。

### (3) 规则不宜过多

某方面的规则要求不宜过多。一般来说，单个项目的规则要求最多不要超过4条，3条最佳。规则要求少，幼儿才能记住，才能在行动中做到。

### (4) 注意一致性原则

在培养幼儿的规则意识和行为习惯方面，教育者要注意做到规则要求前后一致，不同教育者的声音、态度一致。幼儿的规则意识和行为习惯需要较长的时间才能建立起来，这就要求教育者有足够的耐心。一个规则的推出至少要坚持21天才能初步成为习惯，坚持3个月才能达到行为自动化的程度。幼儿一旦形成了规则意识和行为习惯，则其在做相应的事情时很少会出现逆反的情绪和行为。

规则可以帮助教育者坚定立场，知道自己应该坚守的底线在哪里，不至于因执拗的幼儿软磨硬泡而放弃原则。

## 3．不给幼儿做逆反的榜样

教育者的一言一行都容易成为幼儿学习的榜样。教育者，如果在幼儿面前经常说"不""不行""不要""不准这样"等，那么，这些词语也很容易成为幼儿的口头禅，还会成为他们的一种处事态度。一方面，如果教育者经常以否定的方式来回应别人的要求，特别是以否定的方式来回应幼儿的要求（不管其要求合理与不合理），这种处事的方式就会传递给幼儿，让他们在潜移默化中也学会以否定的方式来回应别人的要求。另一方面，幼儿的要求被教育者果断地以"不"的方式拒绝后，幼儿会觉得委屈，其逆反心理会进一步增强。教育者在回应幼儿的要求时，如果要否定，一定要给幼儿一个合理的解释。如果幼儿的要求是合理的，教育者暂时做不到，要对幼儿做出解释，并告知今后在什么时候、什么条件下可以满足他的要求。幼儿理解后，其逆反心理行为就会减少。

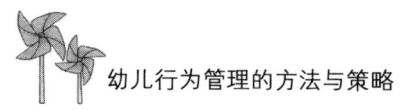
幼儿行为管理的方法与策略

### 4. 充分关照幼儿的需要

幼儿产生逆反心理行为的根本原因是其需要特别是心理需要得不到满足。当幼儿的自主需要、自我表现需要、求知需要、尊重需要受到忽视时，他们最容易出现逆反心理行为。

比如，在教育幼儿时，事无大小，教育者总是唠唠叨叨，没完没了：一会儿说要注意这，一会儿说要注意那；一会儿说这样做不行，一会儿又说那样做不行。如果自主需要长时间得不到满足，幼儿就会对教育者产生逆反心理。教育者正确的做法应该是，在安全的前提下放手让幼儿去探索、去发现，允许幼儿尝试，允许幼儿失败。

又比如，有的教育者对幼儿的期望值过高，他们不顾幼儿的素质和能力，不考虑幼儿的兴趣爱好，硬要幼儿去做他们难以做到的事情，其结果只能是失败。一次次的失败让幼儿的成就需要无法得到满足，自尊心无法得到维护，因而很容易引起幼儿的对立情绪，导致逆反心理行为：你越让我去做，我越不去做；你越让我去学，我偏不去学。教育者正确的做法应该是，对幼儿提出要求应该注意量力性原则，让幼儿"跳一跳就能摘到树上的果子"。这样，幼儿每次经过努力都能完成任务，既可满足幼儿挑战的需要，又可让幼儿享受到成功的喜悦，进而对做人、做事都充满自信心，这样幼儿不仅不会产生逆反心理行为，还会喜欢上相关的活动。

**安全需要**

妈妈在公共澡堂给3岁多的小翠洗澡后，让小翠到外面等妈妈洗完后一起回去。但是，不管妈妈怎么说，小翠就是不愿意在外面等，还大哭起来，非要进去找妈妈。妈妈很气恼，对小翠大声地斥责，并决定让小翠哭着在外面等，好让小翠学会"听话"。

○**教育建议**：要么让小翠和妈妈一起进去，要么找个孩子熟悉的人在外面陪着小翠。

**安全需要**

利平去楠楠家玩。看到楠楠的遥控小飞机，利平很想玩，但是楠楠大声地对利平吼道："这是我的遥控小飞机，不是你的，我不要跟你一起玩！"尽管妈妈大声呵斥，但是楠楠还是不愿意把遥控小飞机借给利平玩。

○教育建议：妈妈要让楠楠明白，利平只是想玩一下小飞机而已，不会带走，不会弄坏；还可让他们一起玩，享受一起玩的乐趣。

**自主需要、好奇需要**

周末，爸爸要带宏云去公园玩，宏云找出两双自己喜欢的鞋子，每双选了一只穿在脚上。爸爸一看，宏云不仅把鞋子穿反了，而且穿的还不是一双，就要给宏云重穿。宏云很生气，无论爸爸怎么说都不行。爸爸一气之下把宏云刚穿上的鞋子脱下来，给他正确地穿上一双鞋子。宏云又哭又闹，就是不出家门。爸爸没办法，最后还是让宏云穿上了不是同一双的鞋子去公园。

○教育建议：只要没有安全问题，爸爸就让宏云穿不是同一双的鞋子吧，这样可满足他的好奇心。

**好奇需要、成长需要**

吃早饭的时候，妈妈给浩浩盛了小半碗稀饭，里面放了一把他专用的勺子。浩浩看见妈妈用筷子夹菜，也要用筷子夹菜。妈妈说："你用不好筷子，还是用勺子舀吧。"可他偏不干，也不吃饭，哭闹着要用筷子，妈妈怎么说也不听。妈妈没办法，最终还是给了他筷子。他用筷子笨拙地夹着菜，以致桌子和身上撒的都是菜，脸上也弄得脏兮兮的。

○教育建议：妈妈应支持孩子探索使用筷子，让其掌握其中的技巧。

**探索需要**

妞妞家的鱼缸里面养了很多漂亮的小金鱼。一天，妞妞的父母正在吃

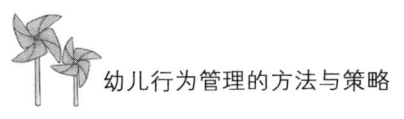

早饭时，妞妞捉住一只小鸡走到鱼缸旁，想把小鸡放进鱼缸里。妈妈见了大声训斥道："妞妞，我都告诉你多少次了，不能把小鸡放进鱼缸里！""我看看小鸡会不会游泳，我想让小鸡和小鱼做好朋友。"妞妞说着又把手里的小鸡放了进去，妈妈立即拿出小鸡，并且打了妞妞的屁股："叫你下次再这样！说了多少次你都不听话，打你的屁股！"

○教育建议：妈妈应该让孩子了解小鸡在水里的状态，然后提出解决方案。

### 好奇、探索需要

贝贝3岁，爸爸明明告诉过他不要弄家里的真皮沙发，可他居然拉开沙发套的拉链，非要扯出里面的东西看看。

○教育建议：爸爸可以和孩子一起去探索，了解沙发的秘密。

### 探索、寻求刺激的需要

3岁的敏敏，每次出门专挑坑坑洼洼、崎岖不平的路走，每次看到台阶都要上去沿着走，就连马路两边的绿化带也不放过。妈妈不让她沿着台阶走，说那样危险，她就站着不动。妈妈过来牵她的手，她挣脱妈妈的手，继续沿着台阶走。

○教育建议：尊重幼儿探索、寻求刺激的需要，提醒其在追求刺激的同时注意自我保护。

### 独立行动需要

妈妈叫3岁多的丁小坤过来，要拉着他上楼梯，可他却站在那里一动不动，像是没有听见。妈妈拉起他的手说："走吧，孩子！"丁小坤说："别拉我！我自己走上去！"从妈妈手中挣脱之后他又说一遍："我自己走上去！"说罢，他回到原来站的地方，然后才一个人一级一级地上楼梯。

○教育建议：妈妈要尊重孩子的独立倾向，并发展其相关能力。

**独立行动需要**

3岁多的乐乐正在和妈妈搭积木,爸爸下班回家后也想参与其中,可是乐乐却很不乐意。无论爸爸怎么讨好,妈妈怎么哄劝,乐乐就是不愿意让爸爸一起玩,而且大发脾气,把积木全部推倒了。

○教育建议:父母要尊重、支持、欣赏幼儿的独立意识和行为。

需要是人行动的源动力,幼儿的任何逆反心理行为都可以找到相对应的心理动力源。了解幼儿逆反心理行为背后的需要,有利于教育者从根本上预防不良需要导致的幼儿逆反心理行为,同时也有利于正确引导合理需要所引发的逆反心理行为。

### 5. 给幼儿选择的权利

对于逆反倾向比较严重的幼儿,为了避免其逆反行为的产生,教育者在不违反大原则的问题上,可以给予幼儿一定范围的选择权利,这样,既可以满足幼儿的自主需要,又可以避免幼儿的非理性逆反行为。比如,外出穿什么样的衣服、鞋子,可以让幼儿自己选择;外出吃饭,可以让幼儿点一两个在一定价格范围内的他喜欢的菜;外出游玩,也可以让幼儿选一两个在一定价格范围内的他喜欢的项目,等等。

**剥香蕉**

A 家长把剥好的香蕉给孩子,他大吵大闹,非要自己剥,硬要家长把皮再放回去。

B 家长在剥香蕉之前问孩子:"我们剥一根香蕉吃好不好?是我给你剥呢,还是你自己剥?"孩子回答:"我自己剥!"这样就避免了孩子大吵大闹。

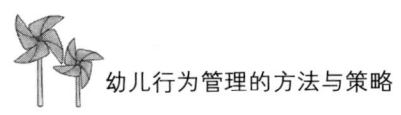

**周末外出游玩**

A 家长问孩子:"我们周末要出去玩,你想去哪里玩呀?"

B 家长问孩子:"你想去动物园还是想去水族馆?"

B 家长比 A 家长更有教育艺术,他既照顾到了孩子的自主需要,又避免了孩子乱回答、乱表达。家长对孩子回答的否定,会造成孩子的不快甚至与家长之间的冲突。

大方向由教育者确定,大方向里的小方向由幼儿选定,这既保证了大方向不出问题,又满足了幼儿的自主需要,可以防止幼儿逆反心理行为的产生。

### 6. 建立预警机制

幼儿的逆反心理行为与教育者要制止其当前的活动有一定的关系。一般而言,幼儿对当前活动的兴趣越浓,活动被突然制止后其逆反心理行为就越严重。为了避免幼儿这方面的逆反心理行为,教育者可根据具体情况建设预警机制。

(1) 三级预警机制:5—3—1—结束

幼儿对当前活动的兴趣特别浓时,教育者要建立三级预警机制,即在活动结束前 5 分钟、3 分钟、1 分钟分别提醒幼儿可以玩耍的时间(教育者对小朋友们分别说"你们还可以玩 5 分钟""你们还可以玩 3 分钟""你们还可以玩 1 分钟")。

(2) 二级预警机制:3—1—结束

如果幼儿对当前活动的兴趣一般,则教育者可建立二级预警机制,即在活动结束前 3 分钟、1 分钟分别提醒幼儿可以玩耍的时间。

预警机制,可以以当前活动结束为预警目标,也可以以随后的活动为预警目标。比如,要吃中午饭了,可小朋友们还沉浸在室外游戏当中,教育者可以根据具体情况采取"三级预警机制""二级预警机制"。比如,教育者可告诉幼儿:"还有5分钟我们就要排队回教室吃饭了,你们现在可以准备了。""还有3分钟我们就要排队回教室吃饭了,你们现在可以准备了。""还有1分钟我们就要排队回教室吃饭了,你们现在可以准备了。"

如此预警,体现的是对幼儿的尊重,同时也符合心理学的相关原理,它可以减弱甚至避免幼儿在活动停止时产生逆反心理行为。

### (二)幼儿逆反心理行为的应对措施

当幼儿出现逆反心理行为时,教育者可以通过以下措施来应对。

#### 1. 让幼儿知道做事的界限

当幼儿无理叛逆时,教育者要立场坚定,让幼儿清楚能做和不能做的事的界限。比如,该睡觉了,左威还要看电视,父亲跟他说:"你可以穿你爱穿的T恤睡觉,你可以选一个故事听,但你不能看电视,因为睡觉时间到了。"如此一来,左威就知道上床睡觉时间是不能改变的,其他方面是可以改变的。

教育者平时要让幼儿知道每件事情的底线,这样,幼儿就知道每件事情的界限,其逆反心理行为就会减少。

#### 2. 选择法

当幼儿对教育者的要求产生逆反心理行为时,教育者不用急着执行自己的意见,不妨试着让幼儿自主地去选择。如,早晨准备吃早饭了,萌萌说不想吃,妈妈说:"现在是吃早饭时间,吃好早饭后,你还要去学弹钢琴。如果你现在不想吃,可以去看一下绘本或者听一个故事,但是10分钟后你必须过来吃早饭。你想选择哪一个?"萌萌说:"我要听故事,你真是我的好妈妈。"这种自主的、多项选择的方式是幼儿喜欢的,他们非常喜欢自己

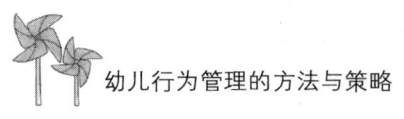

拿主意、做决定,这样既达到了教育者的目的,又满足了幼儿的自主需要。

**孩子不想吃药**

A 家长:你必须吃药。

B 家长:我知道你不喜欢吃药。你吃药时想加点蜂蜜还是加点糖?

**孩子不听话,总是敲桌子**

A 家长:别敲桌子。

B 家长:敲桌子让我很烦。你要么别敲,要么到房间里去敲。你自己决定。

**孩子在搭积木,不想睡觉**

A 家长:你现在睡觉去。

B 家长:你该上床了。你想现在睡觉,还是先在床上玩一会儿?你要是困了就叫我。

**孩子不想回家**

A 家长:不许玩了。

B 家长:我们再过一会儿就要回去了,你想再玩一次秋千还是滑滑梯?

**孩子在看电视,不想睡觉**

A 家长:你该睡觉去了。

B 家长:还有20分钟你就该睡觉了。你可以再看一会儿电视,然后就去睡觉;或者你现在就准备好睡觉,那样你还能有时间在床上玩一会儿拼图。

**孩子不肯睡觉**

A 家长:时间已经很晚了,你现在必须睡觉了,明天你还要上幼儿园。

B 家长:如果你现在还不想睡觉,可以选择再玩10分钟或者听妈妈讲一个故事。你选择哪一个?

## 第三章 幼儿不良行为习惯与应对

**孩子不愿意洗手**

A 老师:"吴明,现在去洗手好吗?我们要吃点心了!"吴明转过脸来对着老师,双手藏在身后,非常大声地回答:"不!"

B 老师:"吴明,你是现在洗手呢,还是等你把玩具都放好以后再去洗手?"吴明回答说:"老师,我把玩具都放好以后再去洗手。"

**孩子不愿意穿衣服**

A 家长:你给我快点穿上衣服,要不然等一下我就打你。

B 家长:到穿衣服的时间了,是你自己穿还是妈妈帮你穿?(或者:到穿衣服的时间了,你是穿裙子呢,还是穿短裤?)

我们应该向 B 教育者学习,这种选择法在与有主见的幼儿打交道时非常奏效,即使教育者给出的方案不是幼儿原来想要的,但是他们喜欢自己拿主意、做决定的感觉,所以能接受并进行选择,而且因为方案是自己选择的,所以他们也会非常乐意地去执行。

教育者应该思考:面对幼儿的逆反心理行为,我们给幼儿机会让他们做出决定了吗?还是仅仅告诉他们该做什么?如果是前者,那说明我们比较专业;如果是后者,那说明我们在应对幼儿的逆反心理行为方面还不够专业。

### 案例3-36 不!我要爬回去

室外活动结束了,小朋友们应该从操场上回教室了。可是4岁多的俊明还是站在离教室门最远的地方,一副不愿意马上回教室的样子。郝老师走到他跟前对他说:"俊明,现在该回教室了!"俊明冲郝老师笑了笑,回答说:"不。"为了说服俊明,郝老师告诉他在教室里会做很多有趣的游戏,说尽了一切好话,可惜都不管用。下一节课的上课时间要到了,郝老师别

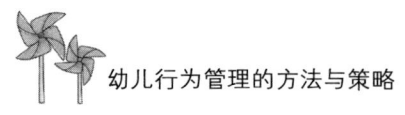
幼儿行为管理的方法与策略

无选择，必须回教室了。为了给俊明留面子，郝老师还是耐着性子对他说："俊明，要么我像抱着小婴儿那样把你抱回教室，要么你像个大男生一样自己走进去。"这已经是郝老师能想到的最后一招了。可是令郝老师失望的是，俊明的回答仍然是"不！"。

后来俊明提出了自己的解决办法：他不愿意像郝老师最初要求的那样走回去或者被抱回去，而是要自己爬回去。

虽然俊明这样的方式很慢，也很不舒服，但是郝老师的目的就是要他回教室，于是郝老师答应了他的要求，转身准备离开。

俊明真的双膝跪地，一点一点地爬。铺了沥青的操场表面很粗糙，他那样爬肯定是相当难受的。郝老师每隔一会儿就会听到俊明在操场上小跑时脚下发出的声音。可是只要郝老师一转过身去看，他就又回到原来爬行的状态。

出于对俊明的爱怜，郝老师不再转身去看，反正自己的目的已经达到了；而俊明除了膝盖很痛，也为自己能想出解决问题的办法而感到自豪。

面对俊明的逆反心理行为，郝老师值得肯定的有三点：试图以有趣的活动将俊明吸引回教室；尝试给俊明选择的机会；尊重并体谅俊明。郝老师不足的地方有二：第一，不了解俊明逆反心理行为的动机是什么，因此所提供的选择没有吸引力；第二，为俊明提供的二选一的项目中，有一个项目很难做到——像抱着小婴儿那样把俊明抱回教室。一个4岁多的孩子重20千克左右，抱着这么重的孩子穿过操场回到教室真的不容易。教育者在给幼儿提供选项时，一定要注意自己能说到做到。

当幼儿和你争夺主动权时，一定要记住自己真正想要达到的目的是什么。要幼儿乖乖听话的办法有很多，不妨试着给他一定的选择权，让他觉得自己并非事事都要服从大人的安排，在一定程度上他也可以掌控局面。

只要他提出的要求合理，又能达到你本来的目的，你不妨变通一下接受他的提议。

### 3．后果法

教育者用后果法来化解幼儿的逆反心理行为，比命令和口头说教更加有效。比如，一天傍晚，爸爸与小东散步时，小东看到西瓜摊就非要买西瓜。爸爸说："离家太远，把西瓜抱回去太累人，不要买。"小东不高兴了："我要买西瓜，你不买；你让我好好学习，我偏不好好学习。"爸爸略一思量，对小东说："买西瓜可以，你要自己拿回家。"小东抱着买的西瓜走，一会儿就累得满头大汗，一路歇了几次才把西瓜抱回家。相信，今后小东不会在同类事情上执拗、逆反了。

后果法采取的是自作自受的教育方法，它不会引发幼儿对教育者的进一步逆反，同时由于印象深刻，幼儿在同类事情上就会更加容易地接受教育者的建议。

### 4．冷处理法

当幼儿处于激烈的逆反情绪状态时，教育者与其沟通是没有效果的。他听不进教育者讲的道理，也不可能向教育者屈服。教育者越跟他讲道理，他可能越觉得自己有道理，此时，教育者可采取不理睬的态度——不批评、不沟通、不理睬，等幼儿的情绪平静后再跟他沟通，这样幼儿才能听得进其话语。幼儿的逆反情绪一般维持在10分钟左右，在这10分钟里，可允许他申辩，甚至允许他哭闹，等他的情绪平静，思维恢复正常后，再跟他谈话，让他说出那样做的理由，教育者再说出自己不允许他那样做的理由。当然，如果幼儿提出的理由很有道理，同时又不违背相关原则，那么，教育者也可以满足幼儿的要求。这样做，可让幼儿了解到教育者是愿意与他沟通的，同时也是讲道理的，于是幼儿对教育者的逆反心理就会逐渐减弱。

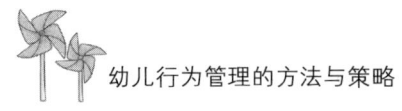

#### 5．转移注意力法

幼儿的情绪和注意力具有不稳定性和容易转移性，在面对幼儿的逆反心理行为时，只要将他们从即时、即景转移走，他们就会忘记原本的方向和目的。比如，3岁多的俊军非得让妈妈给他买遥控小飞机，起初妈妈给俊军讲不买的道理，可俊军根本不听妈妈说的话，自顾自地重复"我要遥控小飞机"这句话。于是，妈妈抱起俊军说："哇，那里有音乐喷泉，我们赶快去看看吧。"俊军看着会随着音乐跳舞的水，早把"遥控小飞机"忘了。遭遇幼儿的逆反心理行为时，教育者要沉着、冷静，将幼儿的注意力引向他感兴趣的其他事物。

#### 6．幽默法

当幼儿出现逆反心理行为时，教育者换一种幽默的表达方式，有时候会取得意想不到的效果。比如，妈妈要求孩子饭前先洗手，孩子就说："吃饭前就不洗一下手。"而如果妈妈接着说："好，那不洗一下，就洗两下吧。"孩子就会高兴地配合洗手，好像是他占了上风。再比如，在幼儿园，有的孩子不好好吃饭，这时老师可以说："别的小朋友都是大口大口地吃饭，他们会长成'高朋友'。你如果不吃饭的话，就会变成故事里的'矮朋友'，天天仰着脖子看别人，多累啊！我们赶快大口大口地吃饭！"这时，幼儿可能真的就会大口大口地吃饭。教育者运用与平时不同的语言给幼儿一种幽默感，幼儿就会乐于接受教育者的建议。

#### 7．替代法

在教育过程中，为避免幼儿逆反，不要一味地要求幼儿不要做某事、不能做某事，可以告诉幼儿正确的做法以及可以做的事情，让幼儿知道自己该做什么和做事的方向好过单纯地制止他。比如，孩子喜欢打妈妈，只要简单地告诉他："不能打妈妈，这样妈妈会痛。"很多时候，幼儿打人，只是因为他不知道怎么和别人接触，而且掌握不好力度。妈妈应该提供解决方案：

"我知道你喜欢妈妈,你可以轻轻地摸,也可以轻轻地抱。"妈妈要给孩子做出示范,让他知道正确地向妈妈表达爱的方法,这样孩子就不会打妈妈了。

8. 正面引导法

面对幼儿的逆反心理行为,用正面积极的话语来引导更有效果。想告诉幼儿不能做什么或想阻止幼儿的不良行为时,教育者不要轻易地说"不",因为"不"字会引起幼儿的好奇心,强化他想尝试的欲望。比如,幼儿总喜欢捏班上的花草,教师可以说:"那些花朵多娇嫩呀,宝贝只能用手指轻轻地碰一下。"而不要说:"不要把花捏碎了!"前者让幼儿知道应该怎么做,后者会激发幼儿去捏那些花草的欲望。

9. 说声"谢谢"法

在要求幼儿做什么事或者不让幼儿做什么事时,可以先用谢谢"堵住"他的嘴。比如,幼儿总是把整理好的玩具丢到地上,教师跟他们讲道理、罚站都没用,怎么办?如果我们说:"哎哟,玩具怎么掉到地上了,你能不能帮老师捡起来呀?谢谢!"教育者在幼儿达到要求之前先谢谢他,这一招很有用。老师和家长们不妨试一试。

俗话说"三岁看大,七岁看老",3岁是幼儿成长的关键期,教育者要认识到"第一反抗期"是幼儿心理发展过程中的正常阶段,尊重理解幼儿,对幼儿进行科学的教育与指导,使他们顺利度过这一阶段,为其一生的发展奠定良好的基础。

## 【参考文献】

[1] Essa E. 幼儿问题行为的识别与应对 [M]. 王玲艳,张凤,刘昊,译. 北京:中国轻工业出版社,2011:216-221.

[2] Mckay G D, Mckay J L, Eckstein D, Maybell S A. 培养孩子的交往能力 [M]. 付艳霞,译. 北京:中国轻工业出版社,2002:17,37.

[3] Saifer S. 幼儿教师工作高效应对策略 [M]. 曹宇, 译. 北京：中国轻工业出版社, 2012: 200-202, 207-208.

[4] 巴洛克. 如何面对害羞的孩子 [J]. 何素萍, 译. 湖南教育, 1995(7/8): 21.

[5] 蔡伟忠. 幼儿常规建立的道与法 [M]. 北京：中国农业出版社, 2012: 13-14, 44.

[6] 陈惠惠. 试析幼儿的逆反心理及家庭教育对策 [J]. 教育导刊：下半月, 2016（6）: 85-88.

[7] 陈俊雅. 不合群幼儿的家庭教育策略指导初探 [J]. 早期教育：教师版, 2011（Z1）: 44-45.

[8] 陈忻. 以柔克刚, 应对逆反初始期 [J]. 父母必读, 2013（4）: 98-101.

[9] 董会芹. 学前儿童说谎的一般特征及与母亲教养方式的关系 [J]. 山东师范大学学报：人文社会科学版, 2014（4）: 73-81.

[10] 董淑珍, 蒋波. 对幼儿逆反心理的反向思考 [J]. 教育导刊：下半月, 2002（Z3）: 53-54.

[11] 杜春娟, 迟艳杰. 幼儿"偷拿"行为分析及对策研究 [J]. 天津师范大学学报：基础教育版, 2015（4）: 69-72.

[12] 范元涛, 邹梦溪. 试析幼儿"说谎"行为的原因 [J]. 教育导刊：下半月, 2013（8）: 32-33.

[13] 高海霞. 关于幼儿说谎现象的思考 [J]. 传奇·传记文学选刊：理论研究, 2011（2）: 140-142.

[14] 高蕊. 引导代替惩罚——以中班幼儿破坏行为为例 [J]. 山东教育：下半月, 2017（11）: 4-6.

[15] 郭丽华. 幼儿被关注心理面面观 [J]. 教育导刊, 2007（9）: 30-31.

[16] 郝平, 李桂军. 孤僻幼儿教育的探索 [J]. 山东教育：下旬, 2003(10):

45-46.

[17] 黄蔷薇．试论儿童说谎研究的进展与启迪[J]．徐特立研究：长沙师范专科学校学报，2008（1）：29-33．

[18] 基斯特，基斯特．帮助你的孩子克服害羞[J]．贾素平，译．中国翻译：下半月，1994（1）：61-62．

[19] 蒋波．论儿童逆反心理中的积极因素[J]．上海教育科研，2002（8）：60-60．

[20] 科特曼．幼儿教师88个成功的细节[M]．李旭晴，译．上海：华东师范大学出版社，2010：40-41，45-46，128．

[21] 李传英，李姗泽．影响5岁幼儿有意说谎的因素及教育对策思考[J]．中国德育，2008（3）：30-33．

[22] 李静，闫静．幼儿害羞心理分析及应对策略[J]．内蒙古教育，2011（2）：29-30．

[23] 李婷．"轻松"式谈话让幼儿不再说谎[J]．今日教育：幼教金刊，2014（1）：38-39．

[24] 李燕，等．害羞儿童早期干预项目及其未来展望[J]．学前教育研究，2014（9）：45-51．

[25] 里德尔-利奇．儿童行为管理[M]．刘晶波，译．南京：南京师范大学出版社，2009：45．

[26] 玲玲．帮助幼儿摆脱害羞[N]．中国妇女报：为了孩子·宝贝专版，2001-04-18，（007）．

[27] 刘伟，张振．儿童说谎行为及其干预方法的研究综述[J]．吉林省教育学院学报，2010（11）：125-127．

[28] 陆春燕．嘉怡咬人了——走进孩子的生活[J]．山东教育，2014(32)：57-58．

[29] 马志国. 害羞是成长的节点 [J]. 中华家教, 2017 (10): 26-27.

[30] 祁海芹. 儿童说谎现象心理分析及教育对策 [J]. 教育科学, 2011(5): 90-92.

[31] 秦玲玲. 父母教养方式对幼儿害羞的影响研究——基于情绪调节策略的作用 [D]. 开封: 河南大学, 2016.

[32] 宋雪玲. 治疗幼儿不合群的"良方"[J]. 山东教育: 下旬, 2003(Z3): 95-96.

[33] 孙安平. 正确对待孩子的"逆反"行为 [J]. 教育导刊: 下半月, 2013 (11): 75-77.

[34] 汪伟伟, 胥兴春. 幼儿寻求教师关注的问题表现、成因及对策 [J]. 特立学刊, 2014 (4): 30-33.

[35] 王亚珺. 孩子"悄拿"他人物品是"偷"吗 [J]. 早期教育: 家教版, 2016 (10): 26-28.

[36] 王悦敏. 基于情绪控制与社会技能训练的害羞儿童干预研究 [D]. 上海: 上海师范大学, 2014.

[37] 邬佩华. 从"呵斥"到"呵护": 陪伴孩子顺利度过第一个"叛逆期"[J]. 山西教育: 幼教, 2017 (12): 19-21.

[38] 武建芬, 王秋利. 从说谎策略看幼儿心理理论的发展 [J]. 幼儿教育: 教育科学, 2017 (4): 44-48.

[39] 肖川. 大师谈教育心理 [M]. 重庆: 西南师范大学出版社, 2009: 69-70.

[40] 徐有为. 幼儿说谎行为的影响因素及管理策略分析 [J]. 基础教育研究, 2016 (11): 83-85.

[41] 徐宇晨. 儿童说谎行为成因及其应对策略 [J]. 基础教育研究, 2011 (12): 67-68.

[42] 杨明，杨飞龙．幼儿说谎行为的心理原因及教育措施［J］．黑龙江教育：理论与实践，2016（10）：45-46．

[43] 张璟，曾素萍，唐日新．从个体心理发展的角度解读幼儿说谎现象［J］．教育导刊：下半月，2015（5）：36-39．

[44] 张敏丽．"四步涂饰法"干预"偏孤僻"幼儿融入集体［J］．家教世界，2017（11）：32-34．

[45] 张晓玲，冯海英．从诠释学取向的记录看幼儿的"咬人事件"［J］．幼儿教育：教育科学，2015（4）：13-17．

[46] 章剑和．孩子为啥这样害羞［J］．教育导刊：下半月，2009（6）：57-58．

[47] 郑三元．儿童的需要与成人的教育方式［J］．幼儿教育，2000（Z1）：18-19．

[48] 郑晓云．幼小衔接期儿童逆反行为归因与调适策略：以朵朵为例［J］．教育导刊：下半月，2010（8）：26-29．

[49] 仲美芳．案例分析幼儿哭闹的原因及对策［J］．教育导刊：下半月，2014（6）：67-68．

[50] 周长秋．如何看待幼儿的说谎现象［J］．幼儿教育，2001（6）：15-16．